KB127060

담대한 전환

담대(膽大)한 전환_대한민국 산업미래전략 2030보고서

2021년 10월 22일 1판 1쇄 발행

저자　　　한국공학한림원·산업미래전략위원회
발행자　　정지숙
디자인　　김보나

발행처　　(주)잇플ITPLE
주소　　　서울 동대문구 답십리로 264 성신빌딩 2층
전화　　　0502.600.4925
팩스　　　0502.600.4924
홈페이지　www.itple.info
이메일　　itple333@naver.com
카페　　　http://cafe.naver.com/arduinofun

ISBN　979-11-91198-11-9　13320

담대한
전환

담대한 전환을 향하여

대한민국 산업의 미래, 어디로 가야 할 것인가. 모두가 가슴 깊이 품고 있는 화두지만 어디서부터 어떻게 실마리를 풀어야 할지 거대담론만 오갈 때, 시작은 저의 작은 제안이었습니다. 먼저, 한국공학한림원에 '산업미래전략위원회'를 만들었습니다. 이어 대한민국 공학계 석학들과 산업계 리더들로 구성된 공학한림원 회원들을 대상으로 실시한 '한국 산업의 구조전환'에 대한 설문 조사가 도화선이 되었습니다.

모두 기다렸다는 듯, 들불이 일어나듯 중지(衆志)를 모아주셨습니다. 산업 전반에 팽배해 있는 위기의식들을 더 이상 외면하거나 방관하지 않고, 함께 현재를 진단하고 미래를 예측해 정확한 전략과 방안을 찾아보자는 의지였습니다. 그야말로 한국공학한림원만이 할 수 있고, 한국공학한림원이 반드시 해내야 할 국가 명운이 달린 과업이었던 것입니다.

한국공학한림원은 그동안 학계, 산업계, 국가기관 등에서 공학 및 기술발전에 혁혁한 공적을 세운 석학과 리더들의 그룹으로서 각 분야의 의견을 수렴하고, 국가 정책을 자문하고, 공학 인재 양성을 지원하는 허브 역할을 해왔습니다. 그러나 4차 산업혁명과 미·중 패권경쟁, 코로나 팬데믹의 위기 앞에서 이제 한 발 더 나가 우리 산업의 미래전략을 제시하는 사령탑 역할을 담당해야 하는 막중한 소임을 깨닫는 계기이기도 했습니다.

'이대로 가면 우리 경제는 향후 5년 이상 성장률 하락으로 장기 침체에 빠져들 것이다. 대외 불확실성, 변동성을 이겨낼 수 있는 본원적 경쟁력을 확보할 수 있도록 한국 산업구조를 전환해야 한다'는 경고음이 울렸습니다. 한국공학한림원 '산업미래전략위원회'는 더 늦기 전에 전략산업별로 구조전환 방안을 마련해 국가의 지속성장을 추진하기 위한 프로젝트에 돌입했습니다.

2019년 첫 오픈 포럼을 시작으로 2020년, 2021년 3년에 걸쳐 한국 산업의 구조전환 비전과 행동계획인 'Industry Transformation 2030'을 단계적으로 연구해 발표했습니다. 1차연도인 2019년은 한국 경제에 대한 문제 인식과 진단을, 2차연도인 2020년은 구조전환의 방향과 기업 중심의 전략 제시를, 3차연도인 2021년에는 구조전환을 위한 국가적 차원의 아젠다를 발굴했습니다.

이 책은 그 3년간의 대장정을 담은 결과물입니다. 실질적이고 실효성 있는 전략을 도출하기 위해 23개 산업 분야 135명의 전문가 대상으로 서면 인터뷰를 진행한 사상 초유의 과제였습니다. 각 분야의 전문적이고 세밀한 의견을 일일이 다 취합하고 결론을 도출해내는 것은 매우 광범위하고도 지난한 일이었습니다. 한국공학한림원의 집단 지성과 열정, 해내야 한다는 집념이 만든 대한민국 산업사에 길이 남을 이정표가 되었습니다.

이 책은 분명 강력한 파급력을 발휘할 것입니다. 탁상공론이 아니라 우리 산업이 처한 기회 요인과 경쟁력을 철저하게 분석한 결과를 바탕으로 미래시장을 설정하고, 그 수단이 될 미래기술을 도출했기 때문입니다. 더불어 각각의 23개 산업에 대해 산업구조 전환을 구현할 수 있는 실질적 전략과 실천과제를 제시하였습니다.

이 책은 놀라운 미래를 가져올 것입니다. 산업간 융·복합화와 디지털 컨버전스가 가속하는 현실에서 산업구조 전환을 획기적으로 앞당길 G5 메가프로젝트를 제시하였습니다. 또 공격적이고 도전적인 정부의 산업정책과 정책 거버넌스 개편에 대한 요구사항도 담았습니다.

미래는 다가오는 것이 아니라 오늘, 지금, 이 순간을 열심히 걸어서 닿는 목적지와 같습니다. 지금까지 우리산업이 무조건 열심히만 달려 오늘에 이르렀다면 이제는 「산업미래전략 2030」을 통해 우리가 가야 할 명확한 목적지와 자세한 내비게이션이 생겼습니다. 지금까지 산업선진국의 기술을 쫓아가는 추격자였다면 이제는 우리만의 전략과 방책을 가지고 디지털 시대의 새로운 패러다임을 짜는 선도자가 되어야 합니다.

담대한 전환을 꾀할 때입니다.

한국공학한림원은 대한민국 공학 및 산업계가 힘을 합쳐 도출한 「산업미래전략 2030」의 결과물을 책임 있게 실행하는 일에 적극적인 중재자가 되겠습니다. 또 각 산업과 산업, 산업과 정부, 대학과 연구, 인재를 잇는 일에 기꺼이 컨트롤타워가 되겠습니다.

앞으로 각 기업체와 정부가 「산업미래전략 2030」이 제안하는 구조전환 추진전략을 철저하게 숙지하고, 실행한다면 2030년까지 남은 시간은 우리 산업의 미래를 위기에서 구할 뿐 아니라 한 차원 높은 곳으로 올려놓는 골든타임이 될 것입니다.

다시 한번 이 책이 나오기까지 고견을 아끼지 않으신 존경하는 한국공학한림원 회원들과 열심과 성심을 다해 집필에 헌신해 주신 장석권 산업미래전략위원장과 총괄위원 여러분, 도움을 주신 분들께 깊은 감사의 말씀을 드립니다.

어둠이 깊을수록 밝게 빛나는 새벽별처럼 「산업미래전략 2030」이 대한민국 산업의 위상과 경쟁력을 높이고 국민적 자긍심과 역량을 밝히는 희망의 빛줄기가 되기를 기원합니다.

대한민국 산업의 미래가 어디로 가야 할지 알고 싶다면, 지금 「산업미래전략 2030」을 펼치십시오!

2021년 9월

권오경

한국공학한림원 회장

한국공학한림원이 '산업미래전략위원회'를 출범시킨 것은 2018년 가을이다. 돌이켜 보면, '산업미래전략위원회'에 구체적 미션이 주어진 것도 아니었고 활동기한 역시 지정된 바 없었다. 있다면 우리나라의 산업발전 방안을 고민해 보자는 순수한 의지, 그것 하나였다. '산업미래전략위원회'에 주어진 이 미션 아닌 미션은 사실 한국공학한림원의 정체성과 유사했다.

한국공학한림원은 우리나라 산업계와 학계, 그리고 정부나 출연연 등에서 많은 경험과 명성을 쌓아 온 공학 및 기술경영 분야의 전문가들이 모인 자발적 민간기구이다. 반드시 해야 하는 임무가 주어진 것도 아니고, 활동기한이 정해져 있지도 않다. 국가와 사회를 위해 무언가 봉사와 공헌을 해야 한다는 묵시적 동의와 인식이 있을 뿐이다.

'산업미래전략위원회'가 이러한 인식 속에서 가장 먼저 시도한 것은 당시 전 국민적 관심사인 한국경제의 미래에 대해 산학연 전문가의 진단을 받아 보자는 것이었다. 물론 조사대상은 한국공학한림원 회원들이었다. 전기전자정보, 기계공학, 건설환경, 화학생명, 재료자원, 기술경영경제정책에 걸쳐 다양한 경험과 식견을 보유한 회원들의 지식과 현실 인식은 그 무엇보다도 값진 자산이었다.

2019년 초 회원 대상으로 대대적인 설문 조사가 진행됐고, 그 결과 방대한 데이터가 수집되었다. 어떤 사전적 의도나 예상이 개입되지 않은 상태에서 설문 조사 결과는 일종의 충격으로 다가왔다. 조사결과를 한마디로 요약하면, "한국경제가 위험하니, 산업구조 전환을 서둘러야 한다"라는 경고였다.

아무런 경계심을 하고 있지 않던 사람이 어느 날 암 판정을 받으면서 그 시한이 5년밖에 안 남았다는 선고를 받은 셈이었다.

'산업미래전략위원회'는 이를 우리 사회에 경고하고자 발표회를 개최하였고, 언론을 통해 그 경고가 우리 사회에 심각한 메시지로 전달되기를 희망했다. 그러나 한국공학한림원이 던지는 경고의 메시지는 우리 사회 저변으로부터 쏟아져 나오는 수많은 불만과 경고 속에 묻혀버렸다. 경고가 대처방안으로 연결되지 않으면 반향이 없는 메아리와 같다. 암 판정을 받았으나 대처방법을 모르는 환자의 마음이 뇌리를 스쳐 갔다.

2020년에 '산업미래전략위원회'의 활동이 한국공학한림원 전체의 미션으로 확대된 계기는 바로 이것이었다. 문제점만 지적할 게 아니라 해법도 함께 제시해야 하겠다는 책임감이 들었다. 짧게는 20여 년, 길게는 40여 년을 한 분야에 바쳐온 한국공학한림원의 산학연 전문가들이 자신의 지식과 경험을 모아주기 시작했다. 각자 쏟아낸 개방형 설문의 분량은 많게는 30쪽을 훌쩍 넘어갔다. 그러자 산더미처럼 쌓인 개방형 설문 답변을 어떻게 하나의 목소리로 정리하느냐가 새로운 과제로 불거졌다.

5개 산업 섹터, 23개 산업 그리고 산업 내 55개 업종에 이르는 분석단위별로 전문가들의 의견을 취합하고 정리하는 작업이 진행됐다. 이 과정은 수개월에 걸쳐 이루어졌고, 빠진 부분이 없는지, 전문가들의 진단결과를 제대로 취합했는지를 점검하는 것 만으로도 몇 주가 소요되었다. 이렇게 해서 2차연도 설문결과를 축약한 보고서는 분량만 800여 쪽에 달했다. 이를 기반으로 2

차연도 산업구조 전환 추진전략을 도출하는 과정에서는 수십 차례의 분과별 회의, 총괄위원회의, 그리고 분과위원장들과 함께 하는 워크숍이 진행되었다.

2차연도 결과보고회는 1차연도에 제기된 산업구조 전환 요구에 따라 개발된 산업구조 전환 마스터플랜을 대외적으로 알리는 자리로 계획되었다. 그러나 코로나 사태로 인해 오프라인에서 발표하고자 했던 계획은 회원만을 대상으로 하는 온라인 웨비나로 대체되었다. 외부로부터 많은 관심 표명과 자료공개 요청이 있었으나, 내부발표의 형식이 한계로 작용했다. 한국공학한림원이 정부에, 기업에, 그리고 일반 국민에게 던지는 메시지가 제대로 전달될 수 없었다. 매체가 갖는 한계도 있었으나, 전달하고자 하는 산업구조 전환 마스터플랜의 방대함도 한몫했다.

3차연도를 활동시한으로 잡은 '산업미래전략위원회'가 「산업미래전략 2030」을 제시하면서 취한 방식은 책을 발간하는 것이었다. 보고회나 매체가 효과적이지 않기도 했지만, 인쇄용 매체가 방대한 내용 전달에 더 적합하다고 판단했다. 산업구조 전환의 실행력을 높이기 위한 실행 프로젝트로 G5 메가프로젝트가 기획되었고, 이를 포함하여 3년에 걸친 연구 결과는 하나의 책으로 정리되었다. 논리적으로 보면, 1차연도의 문제 인식, 2차연도의 해법제시에 이어 3차연도에 개발한 실행프로그램, 즉 G5 메가프로젝트가 하나의 논리 구조 속에서 완성되었다.

3년은 절대 짧지 않은 기간이었다. 활동기간 동안 경제 상황은 계속 변했고 코로나라는 예기치 않은 사태도 발생했다. 결국 3년간의 활동을 마감하는 작업은 현재 우리에게 닥친 산업구조 전환의 문제를 해결하면서 동시에 과거의 인식을 현재화하여 전체를 재구성해야 하는 작업이었다. 2021년 현재 진행되고 있는 지정학적 대전환, 그린에너지 대전환, 그리고 디지털 대전환을 재조명해야 했고, 오늘의 시점에서 이들 대전환에 대처하는 방안을 산업구조 전환과 함께 강구해야 했다. 이를 비유적으로 묘사하면, 달리는 자동차의 엔진을 업그레이드하는 작업과 흡사하다. 엔진을 고치려면 엔진을 멈춰야 하나 자동차는 멈출 수 없는 상황인 셈이다.

한국공학한림원이 제시하는 「산업미래전략 2030」 보고서는 일부 미래학자들의 무책임한 미래전망과는 다르다. 향후 10년을 염두에 두고 우리나라 산업이 처한 시장 기회와 산업경쟁력을 철저하게 분석한 결과를 바탕으로 미래 목표시장을 설정했고, 그 수단이 될 미래기술을 도출하여 제시했다. 그리고 그 목표시장의 공략과 함께 산업구조 전환을 구현할 실질적 전략과 실천과제를 도출하였다. 23개 산업 각각에 대해 제안한 구조 전환 추진전략을 철저하게 실행하고, 실천과제를 수행한다면, 우리는 분명 2030년 이전에 가시적 성과를 만들어낼 수 있다고 확신한다.

그러나 이러한 추진전략과 과제는 기본적으로 개별 산업 단위나 업종 단위에서 도출된 것이다. 따라서 산업 간 융·복합화가 진전되고, 디지털 전환이 이를 가속하고 있는 현실에서는 보다 미션 중심의 대형 프로젝트를 추진하여 산업구조 전환을 앞당기고 구조 전환의 성과를 높여야 한다. 한국공학한림원이 3차연도에 「산업미래전략 2030」을 마련하면서, 이른바 G5 메가프로젝트의 구상과 계획수립에 전념한 이유는 바로 여기에 있다.

　한국공학한림원이 제시하는 「산업미래전략 2030」은 그런 관점에서 산업구조전환의 마스터플랜일 뿐 아니라, 국가개조프로그램이기도 하다. 그 저변에는 단순한 과업 수준을 넘어, 우리의 자세와 생각과 태도를 통째로 바꾸자는 담대한 도전 의지도 담겨 있다. 한국공학한림원이 「산업미래전략 2030」을 통해서 던지는 메시지는 분명하다. "우리가 미래를 선도하지 않으면, 우리는 우리가 원하는 미래를 향해 한 발자국도 나갈 수 없다." 미래를 향한 담대한 도전에 여러분께서 열렬한 성원과 지지를 가지고 동참해 주시기를 기원한다.

2021년 9월

장석권
한국공학한림원 산업미래전략위원장

· 감사의 글 ·

　「산업미래전략 2030」을 발간하기까지 '산업미래전략위원회' 총괄위원을
비롯한 많은 분의 노력이 있었다. 이분들의 참여와 헌신이 있었기에 3년에
걸친 '산업미래전략위원회' 활동을 「산업미래전략 2030」에 집약해 낼 수 있
었다. 활동별로 도움을 주신 분들은 다음과 같다. 이 작업을 함께 해 주신 모
든 분께 심심한 감사의 말씀을 드린다.

◼ **최종 보고서 집필 및 편집**(한국공학한림원 산업미래전략위원회 총괄 TF)

구분	성명	소속/직위
위원장	장석권	한양대학교 명예교수/KAIST 초빙 석학교수
부위원장	장석인	산업기술대학교 산업기술정책연구센터장/석좌교수
위원	김영민	LG경제연구원 원장/사장
	김영배	KAIST 경영대학 교수
	안현실	한국경제신문 AI경제연구소장/논설위원
	장웅성	인하대학교 융합혁신기술원장/교수

◼ **3차연도 G5 메가프로젝트 발굴 및 초고 집필**

구분	성명	소속/직위
MetaNet	강충구	고려대학교 교수
	장석권	한양대학교 명예교수/KAIST 초빙 석학교수
Hyper Fleet Mobility	이우종	전 LG전자 VC사업본부장/사장
	장석권	한양대학교 명예교수/KAIST 초빙 석학교수

Energy Total Solution	김영배	KAIST 경영대학 교수
	박진호	한국에너지공과대학교 연구부총장
	윤재호	한국에너지기술연구원 태양광연구단장
	이상학	한국에너지기술평가원 수요관리 PD
	이정호	한양대학교 교수
	박영철	한국에너지기술연구원 온실가스연구단장
	한종희	KAIST 박사
	염학기	한국전력기술 박사
	임만성	KAIST 교수
Smart Mega City	나준호	LG경제연구원 연구위원
ACE 소부장 플랫폼	장웅성	인하대학교 융합혁신기술원장
SDI(Smart Digital Initiative) 연구반	장석권	한양대학교 명예교수/KAIST 초빙 석학교수
	강충구	고려대학교 교수
	이우종	전 LG전자 VC사업본부장/사장
	이윤근	한국전자통신연구원 인공지능연구소장
	이현우	한국전자통신연구원 미디어연구본부장

▣ 1, 2차연도 산업미래전략 도출

▼ 산업미래전략위원회(2019년 1차연도, 당시 직책)

구분	성명	소속/직위
위원장	장석권	한양대학교 교수
부위원장	장석인	산업연구원 선임연구위원
위원	김영민	LG경제연구원 원장
	김영배	KAIST 교수
	안현실	한국경제신문 논설전문위원
	김명준	ETRI 원장
	박병국	서울대학교 전기전자공학부 교수
	신경철	유진로봇 대표이사
	허건수	한양대학교 미래자동차공학과 교수
	황기연	홍익대 도시공학과 교수
	손봉수	국토교통과학기술진흥원 원장
	노기수	LG화학 사장/CTO
	장 혁	삼성SDI 부사장
	장웅성	산업부 R&D 전략기획단 MD
	백흥기	현대경제연구원 산업전략본부장

▼ 산업미래전략위원회 분야별 전문 TF(2020년 2차연도, 당시 직책)

전기전자정보 TF ▶

구분	성명	소속/직위
위원장	노종선	서울대학교 교수
위원	강충구	고려대학교 교수
	김명준	ETRI 원장
	김희찬	서울대학교 교수

구분	성명	소속/직위
위원	박병국	서울대학교 교수
	오상록	KIST 책임연구원
	이창희	삼성디스플레이 부사장
	황성우	삼성전자 종합기술원 부원장
외부전문가 참여	박상규	ETRI 부원장
	최영상	삼성전자 종합기술원 상무

기계 TF ▶

구분	성명	소속/직위
위원장	구자겸	엔브이에이치코리아 회장
위원	김용찬	고려대학교 교수
	김용환	서울대학교 교수
	신경철	유진로봇 대표이사
	이대성	한국항공우주연구원 연구위원
	이상봉	LG전자 상근고문
	허건수	한양대학교 교수
	신현수	서울대학교 산학협력중점교수

건설환경 TF ▶

구분	성명	소속/직위
위원장	남순성	이제이텍 회장
위원	김재영	서울대학교 건설환경공학부 교수
	손봉수	국토교통과학기술진흥원 원장
	오영태	아주대학교 교수
	이철호	서울대학교 건축학과 교수
	정광량	동양구조안전기술 대표
	황기연	홍익대학교 도시공학과 교수

화학생명 TF ▶

구분	성명	소속/직위
위원장	이관영	고려대학교 교수
위원	권영운	LG화학 전 전무
	김경원	UNIST 산학협력중점교수
	송재천	성균관대학교 교수
	안경현	서울대학교 교수
	이규성	삼성바이오로직스 부사장
	이준영	성균관대학교 공대학장
	이진원	서강대학교 교수
	정순용	화학연구원 연구위원
	주오심	KIST 책임연구원

재료자원 TF ▶

구분	성명	소속/직위
위원장	신경호	KIST 책임연구원
위원	송용설	아모그린텍 대표이사
	임영목	산업통상자원 R&D 전략기획단 MD
	김교성	포스코 전무
	민동준	연세대학교 교수
	이형철	현대제철 부사장
	신현국	지오엘리먼트 회장
	유석현	두산중공업 상근고문
	장혁	삼성SDI 부사장
	홍순국	LG전자 사장

▼ 산업/업종별 전문가 인터뷰 패널(2020년 2차 연도, 직위 생략)

■ 업종별 패널(112명)

- 강기석, 강병영, 강영종, 권오익, 권태규, 권혁웅, 권혁중, 김건훈, 김경호, 김교성, 김대중, 김동석, 김동주, 김동혁, 김동호, 김동환, 김명환, 김민수, 김병규, 김병석, 김성덕, 김세용, 김영우, 김영환, 김재학, 김진, 김진국, 김진호, 김형국, 김화년, 김희찬, 김희철, 나희승, 남궁은, 노기수, 노태수, 류장수, 문상진, 문영준, 민동준, 박선규, 박정훈, 박준우, 박찬훈, 박춘서, 방효충, 백승민, 서승우, 서영재, 서용석, 서일홍, 서준범, 손동연, 신현수, 안동길, 안종성, 안희성, 여명석, 오상록, 우상모, 유석현, 윤동근, 윤영우, 이강인, 이경태, 이계영, 이규성, 이문용, 이상률, 이성준, 이승욱, 이옥연, 이우현, 이윤종, 이장원, 이정노, 이종욱, 이준혁, 이지수, 이창진, 이학성, 이해창, 이형철, 이호진, 임병연, 임태원, 장승규, 장웅성, 장혁, 전해상, 정대화, 정수화, 정은승, 정찬설, 조대연, 조성한, 조성환, 조정우, 주승환, 주원호, 진교영, 최강림, 최광열, 최영백, 최용석, 최종민, 최종현, 하재주, 한상범, 한재준, 홍용택, 황주호

■ 산업별 대표패널(23명)

- 강충구, 권영운, 김경원, 김낙인, 김병규, 김희찬, 박병국, 박춘서, 송재천, 신현수, 양성일, 오상록, 유석현, 이경태, 이준영, 이진원, 이창희, 임영목, 장혁, 하재주, 허건수, 황기연, 황성우

■ 산업미래전략위원회 간사

김종훈 한국공학한림원 정책·지원팀장/책임연구원

김윤진 한국공학한림원 /연구원

제3부　구조 전환 실행을 위한 G5 메가프로젝트를 제시하다

제4부 산업정책과 정책 거버넌스의 개편을 요구한다

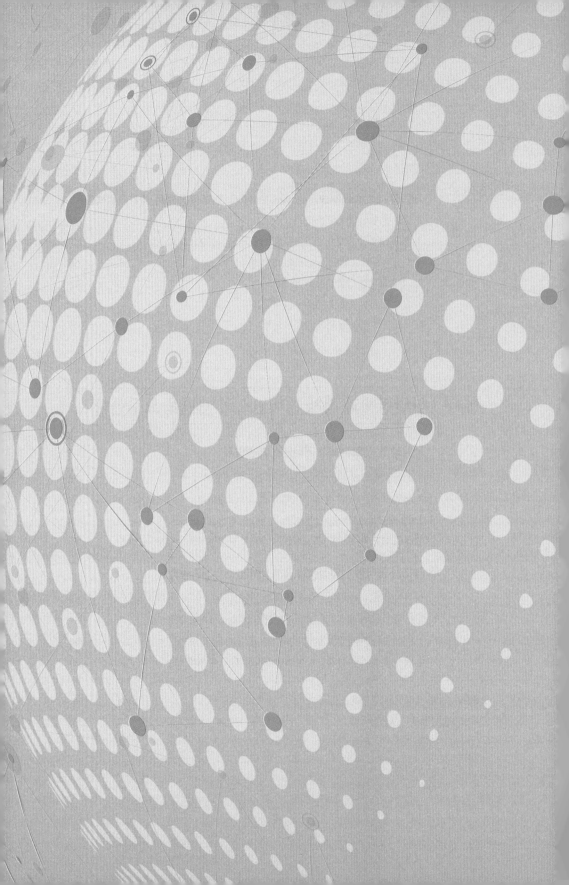

제1부
위기가 엄습하고 있다

제1장
대전환의 시작

1. 대전환과 그 의미

최근 10여년간 우리는 역사상 경험해 보지 못한 커다란 변화를 겪어 왔다. 그 변화의 정도가 과거와 다른 점은 연속적 변화, 현상적 변화가 아니라 불연속적이면서 구조적 변화라는 점이다. 따라서 사람들은 이 변화를 전환, 일명 트랜스포메이션(transformation)이라 한다. 그 변화의 정도가 크고 범위 역시 전면적이고 동시다발적이라는 점 때문에 일명 대전환(great transformation)이라고도 한다.

우리가 현재 경험하고 있는 대전환은 크게 세 가지 정도로 요약할 수 있다. 그 첫째는 1980년 이후 진행되어 온 세계화의 바람이 그 방향을 틀어 탈세계화의 방향으로 진전되고 있는 지정학적 대전환(geopolitical transformation)이다. 이 변화를 가장 극명하게 보여주고 있는 현상은 미국과 중국 사이에 벌어지고 있는 글로벌 패권경쟁과 글로벌 가치사슬(Global Supply Chain)의 디커플링(decoupling)이다.

둘째는 2015년 파리협약 이후 진행된 지구온난화에 대한 대응 조처들이 이제 하나의 패키지 형태로 통합된 그린에너지 대전환(green energy transformation)이다. 내용 면에서는 탄소중립 정책과 수소경제로의 전환이 핵심이다. 탄소중립(carbon neutrality)은 대개 국가 차원의 정책목표로 정립되고 있다. 선진국을 포함한 주요국은 2030년경부터 늦어도 2050년까지 국가 경제 전반에 걸쳐 탄소중립을 실현한다는 목표를 내놓고 있다.

셋째는 2016년 세계경제포럼이 4차 산업혁명이라는 화두를 던진 이래, 전 산업 분야에서 진행되고 있는 디지털화, 자동화, 지능화 바람으로 디지털 대전환, 일명 디지털 트랜스포메이션(digital transformation)으로 총칭된다. 기술적으로 보면, 사물인터넷(IoT) 기반의 빅데이터 수집, 수집된 데이터에 대한 고도의 분석기술인 데이터 애널리틱스, 그리고 수집한 막대한 데이터 기반으로 지능을 구현하는 머신러닝(machine learning)과 딥러닝(deep learning), 마지막으로 이들을 통합된 지능으로 구현한 인공지능 로봇(robot)과 RPA(Robotic Process Automation)가 모두 여기에 포함된다.

이 세 가지 대전환은 장기적으로는 우리에게 새로운 혁신 기회를 제공할 수 있겠지만, 단기적으로는 세계 시장 경쟁 속에서 우리에게 혁신을 압박하는 위협요인으로 작용할 것이다. 우선 '지정학적 대전환'은 대중국 의존도가 높고 제조업 경쟁력이 약화하고 있는 우리 산업에 큰 위협요인이 되고 있다. 그뿐만 아니라, 격화되고 있는 미·중 갈등 속에서 좁아지고 있는 한국의 정치적 입지를 더욱 어렵게 하고 있기도 하다.

그다음 그린에너지 대전환은 우리나라 입장에서 향후 수십 년에 걸쳐 커다란 부담으로 작용할 변화이다. 제조업 중심의 고에너지 소비경제를 가지고 있는 우리나라는 어느 경쟁국보다도 에너지 자립기반이 약하다.

이에 비해 디지털 대전환은 정보통신 분야에서 국제경쟁력을 가지고 있는 우리나라에 위협보다는 기회로 작용할 것이라고 예상할 수도 있다. 그러나 디지털 전환은 단순히 정보통신 인프라에 그치는 것이 아니라, 국가 경제, 산업 전반에 걸쳐 일어나고 있는 대대적인 디지털 혁신을 의미한다. 공급 측면에서는 높은 소프트 경쟁력을 갖춘 글로벌 IT기업들과 경쟁해야 하고, 수요 측면에서는 이를 수용하여 산업 전반의 생산성을 높이겠다는 수요기업의 혁신 의지가 받쳐 주어야 한다. 인공지능 분야에서 선진국과의 격차를 줄이고자 시장주도에 의한 혁신을 시도할 수는 있다. 그러나 인공지능 혁신과 디지털 전환으로 인해 불가피하게 야기될 직업의 변화와 새로이 요구되는 지식과 역량의 변화는 갈등이 첨예화된 노사관계, 그리고 코로나로 인한 청년실업과 소득 양극화 등 사회 전반의 여건을 고려하면 역시 그 진로가 절대로 순탄하지만은 않을 것이다.

이제부터 이 세 가지 대전환의 구체적 모습이 무엇이며, 그것이 향후 한국 경제와 우리나라 산업 경쟁력에 어떠한 영향을 미칠지 구체적으로 살펴보기로 하자.

2. GVC 재편과 지정학적 대전환

글로벌 가치사슬, 즉 GVC(Global Value Chain) 재편을 포함하는 지정학적 대전환(geopolitical transformation)을 주도하고 있는 힘은 매우 많고 다양하다. 〈표 1-1〉은 지정학적 대전환을 이끄는 주도력, 즉 견인차와 그 세부내용을 정리하여 보여주고 있다.* 경제적 측면에서는 보호무역주의로의 회귀, 기술적으로는 인공지능과 적층제조(additive manufacturing), 환경 측면에서는 녹색경제와 청색경제의 추구, 기업환경 면에서는 ESG 규제, 그리고 재구조화 측면에서는 리쇼어링 압력이 지정학적 대전환을 이끄는 핵심 견인차다.

이러한 지정학적 대전환에 따라 향후 글로벌 가치사슬, 즉 GVC와 국가 간 무역 및 해외직접투자(FDI: foreign direct investment) 환경은 크게 바뀔 것으로 예상된다. 〈표 1-2〉는 이를 잘 보여주고 있다. 가치사슬 측면에서는 지역주의의 부상과 GVC 다각화, 그리고 무역과 투자패턴에서는 FDI의 근본적 성격 변화가 두드러지게 부각되고 있다.

사실 지정학적 대전환은 미국의 트럼프 행정부에서, 그리고 영국의 EU 탈퇴, 일명 브렉시트(BREXIT)에서 촉발된 측면이 크지만, 트럼프 행정부에서 극대화된 미·중 갈등은 바이든 행정부로 넘어오면서도 그 근본적 정책 기조는 그대로 이어지고 있다. 다만 통상정책 등에서 바이든 행정부의 입장은 트럼프 행정부의 입장과 다소 다르다. 실제로 바이든 정부의 대중 정책은 첫째 동맹국과 함께 중국의 불공정 관행을 막는 것이고, 둘째는 미·중 관계를 어떻

---

* J. X. Zhan, 'GVC transformation and a new investment landscape in the 2020s: Driving forces, directions, and a forward-looking research and policy agenda,' Journal of International Business Policy(2021), 4, 206-220 에서 일부 발췌하여 재구성.

<표 1-1> 지정학적 대전환의 견인차와 구성요소

견인차 (driving forces)	구성요소 (key elements)
경제적 거버넌스의 재정렬	• 다자주의(multilateral system)에서 지역주의(regionalism), 쌍무적 시스템(bilateral system)으로 전환 • 자유무역에서 보호무역으로의 전환 • 국제표준이나 세계표준을 저해하는 지정학적 갈등 심화
기술과 새로운 산업혁명	• 공급사슬(supply chain)의 디지털화 • 로봇과 인공지능에 의한 자동화 및 시스템화 • 3D 프린팅에 의한 분산형 적층제조(additive manufacturing)와 대량고객화(mass-customization)
지속가능성 규제	• 녹색경제(green economy) 및 청색경제(blue economy)의 추구 • 지속가능한 제품/제조 프로세스로의 전환 • SDG(Sustainable Development Goals) 섹터의 개발 및 육성
기업의 사회적 책임	• ESG(Environmental, Social and Governance) 표준 및 규범 • 부패, 횡령, 탈세, 반경쟁적 행위 방지를 위한 국제적 노력 • 지속가능성의 비즈니스 모델화
탄력적 재구조화	• 변동성, 불확실성, 복잡성, 모호성에 대한 대비 • 유연성과 탄력성을 확보하기 위한 노력 • 지정학적 긴장과 리쇼어링 압력에 따른 GVC의 다변화

<표 1-2> 지정학적 대전환에 의한 가치사슬 및 글로벌 무역/투자패턴의 변화

분야	핵심적 특성 10가지
가치사슬의 재편	• 글로벌리제이션의 약화, 지역주의(regionalism)의 부상 • 파편화된 GVC에서 집중화된 가치사슬로 전환 • 플랫폼 기반의 가치사슬 지배구조 • 가치사슬 및 오프쇼어링에서 서비스 비중 증가 • 안보 차원에서 보다 탄력적인 GVC 다각화
무역과 투자패턴	• 효율추구 FDI의 쇠락, 그리고 지역시장 개발형 FDI 부상 • 중간재 무역 거래에의 하방압력 • 대량생산에서 대량고객화로 이전 • 인프라 및 공공서비스에의 FDI 증가 • 녹색경제와 청색경제에의 FDI 신장

게 다룰지를 미국 외교의 중심으로 되돌려 놓는 것이다.*

이러한 기조하에 바이든 정부가 수립한 통상 3원칙은 이러하다. 첫째, 국내 투자를 통해 미국 제조업을 부흥시킨다. 즉 미국을 중심으로 글로벌 공급망을 재편하고 첨단기술투자를 미국 내로 유치한다. 둘째, 노동 및 환경정책을 중시하는 통상교섭을 추진한다. 그 예로서 환경 문제에 있어 가치 중심의 국제 협력을 추진하면서 인권문제를 압박수단으로 활용한다. 셋째, 제재 관세 등 징벌적 수단의 활용은 가급적 자제한다. 실제로 추가 관세는 단계적으로 폐지하되, 대신 동맹을 활용한 대중 압박을 구사한다.

이러한 내용은 2021년 3월 3일 백악관이 발표한 '국가안보전략 잠정지침(Interim National Security Strategy Guidance)'에 잘 나타나 있다. 이 지침은 중국을 '경제, 외교, 군사, 기술력을 결합해 안정적이고 개방된 국제 질서에 지속해서 도전할 잠재력이 있는 유일한 경쟁자'로 명시하고 있다. 이 지침의 핵심 내용은 〈표 1-3〉과 같다.

미국의 대중국 압박정책을 담은 이 지침의 목적은 '기술의 디커플링'이며, 분야별로 여러 근거법을 통해 제재수단을 강구하고 있다. 가장 기본적인 근거법은 2019년 국방수권법(NDAA: John S. McCain National Defense Authorization Act for Fiscal Year 2019)이며, 이외에 수출 제재는 수출통제개혁법(ECRA: Export Control Reform Act), 수입 제재는 '889조 특정 통신 및 영상감시 서비스 또는 장비의 금지' 조항, 그리고 투자 제재는 외국인투자위험심사현대화법(FIRRMA: Foreign Investment Risk Review Modernization Act)에 기초하고 있다. 이를 통해 수출 제재는 수출 가능 품목에서 배제하고 수입 제재는 정부조달 품목에서 배제하는 방식으로 정책을 구사할 수 있다.

---

* 연원호, '바이든 시대, 미·중 간 기술패권 경쟁 전망과 시사점,' 미래변화 대응을 위한 소재 부품 산업혁신 정책포럼 발표자료, 대외경제정책연구원, 2021년 5월 6일의 내용 중 일부 발췌 및 인용.

〈표 1-3〉 미국 국가안보전략 잠정지침(2021년 3월 3일)의 핵심내용

특징	설명
동맹 강조	미국은 동맹 없이 독자적으로 국가안보를 확보할 수 없음
첨단기술 투자	점차 공세적으로 변화하는 중국의 전략적 도전에 맞서 과거 플랫폼 및 무기체계에서 벗어나 미래 군사 및 국가안보를 결정지을 최첨단 기술과 역량에 투자
글로벌 리더십	공세적이고 권위주의적인 중국이 아닌 미국이 글로벌 어젠다를 선정하고 다른 국가들과 함께 미국의 이익과 가치를 반영하는 새로운 국제규범(global norms)과 합의를 형성
중국의 도전에의 응전	미국의 핵심 강점을 활성화하는 것만으로는 불충분하고, 중국 정부의 행동이 미국의 이익과 가치를 직접 위협할 경우 중국의 도전에 직접 응전

대표적 예로서 NDAA 2019 Sec. 889에 의해, 1단계로 미국 정부 기관(연방정부, 군, 정부 소유기업 등)은 화웨이(Huawei), ZTE, 하이크비전(Hikvision), 다후아 테크놀로지(Dahua Technology), 하이테라(Hytera) 등 5개 회사의 제품과 더불어 이들이 제조한 상품이 들어가는 타사 제품의 조달을 금지하였고(2019년 8월 13일 시행), 2단계로 이들 5개 회사의 제품을 사내에서 사용하는 세계 모든 회사와 미국 정부 기관과의 거래가 금지되며, 이들 회사제품 구매와 관련된 어떠한 자금조달도 제한되었다(2020년 8월 13일 시행). 또한, 2021년 3월 22일 발효한 ICT 공급망 제재에서는 제재대상 기업을 적국(foreign adversaries)의 모든 ICT 기업으로 확대했고, 미국 내 규제대상 역시 정부뿐 아니라 미국 내 민간사업자까지로 확대하였다.

3. 탄소중립과 그린 에너지 대전환

탄소중립만큼 빠른 시간에 주요 화두로 오른 아젠다는 드물 것이다. 사실 지구온난화가 이슈로 부각된 이래, 1997년의 교토의정서를 거쳐 2015년 파리협정(Paris Agreement)이 이루어지기까지 30여 년의 시간이 흘렀다. 그러한 협약에 의해 실제로 EU 및 유럽 국가는 2002년 에너지 자급률 향상과 온실가스 감축이라는 두 가지 목표를 달성하고자 장기에너지 계획을 발표하였고 원자력 활용과 해상 풍력발전 단지 건설에 나서기도 했다.

길게 보면, 1992년 시작된 기후변화협약에서 1997년 교토의정서, 그리고 2015년 파리협약을 거치면서, 온실가스 배출 규제는 점차 강화되었다.* 예컨대, 교토 체제하에서는 감축 의무 부담국가 40여 개국, 전 세계 온실가스 배출량의 22%가 대상이었던 반면, 파리협정 체제하에서는 197개국, 온실가스 배출량에서는 전 세계의 95.7%까지 확대되었다. 더 나아가 교토의정서는 주로 온실가스 배출량에 집중했지만, 파리협정은 감축뿐 아니라 적응, 재원, 기술이전, 투명성 등 다양한 분야를 포괄하고 있다.

이러한 국제협약에 의한 규제는 목표 면에서도 점차 강화되었다. 파리협정은 온도 목표를 구체화하여 지구 평균 온도 상승을 2℃보다 훨씬 아래로 유지해야 하고, 1.5℃까지 제한하도록 노력한다고 규정하고 있다. 파리협정을 통해 규제방식 역시 근본적으로 달라졌는데, 교토의정서가 개별 국가에 온실가스 감축 목표를 하향식으로 할당하는 방식이었다면, 파리협정은 각 당사국이 스스로 온실가스 감축 목표(NDC: Nationaly Determined Contribution)를 상향식

---

* 외교부, 파리협정(Paris Agreement) 의의 및 특징, 2017-05-29,
  https://www.mofa.go.kr/www/brd/m_20152/view.do?seq=365390

<표 1-4> 교토의정서와 파리협정의 규제항목 비교

교토의정서	구분	파리협정
기후변화협약 Annex 1 국가(선진국)	감축 대상	모든 당사국(NDS)
온실가스 감축에 초점	범위	감축, 적용, 이행수단(재원, 기술이전, 역량 배양) 포괄
온실가스 배출량 감축(1차: 5.2%, 2차: 18%)	목표	온도 목표(2℃ 이하, 1.5℃ 추구)
하향식	목표 설정	상향식(자발적 공약)
징벌적(미달성량의 1.3배 페널티 부과)	의무준수	비징벌적(비구속적, 동료 압력 활용)
특별한 언급 없음	의무 강화	진전 원칙(후퇴 금지 원칙) 전 지구적 이행 점검(매 5년)
매 공약 기간 대상 협상 필요	지속성	종료 시점 없이 주기적 이행 상황 점검

으로 설정하도록 하였다. 〈표 1-4〉는 규제목표와 방식에 있어서 교토의정서와 파리협정을 비교한 것이다.*

이러한 자발적 기후협약에 따라 선진국들은 이미 21세기로 접어들면서 전통적 화두인 '에너지 수급 안정'과 '기후변화협약 준수'라는 두 가지 목표를 달성하기 위한 다양한 노력을 경주하였다. 그 결과, 미국은 OPEC에 의한 석유 위기를 겪는 과정에서 일명 '셰일 혁명'을 일으켰고 그 결과 석유 수입국에서 석유 수출국으로의 전환에 성공했다. 유럽 역시 원자력 에너지, 수력발전 및 풍력발전과 같은 재생에너지 개발로 에너지를 대부분 자급하게 되었다.**

근년에 들어 기후변화협약의 진전은 두 가지 확연한 변화를 띄게 된다. 하나는 파리협약의 연장 선상에서 선진국을 중심으로 나타난 탄소중립 선언이고, 다른 하나는 기후변화협약이 GVC 재편과 지정학적 대전환과 맞물리

---

* 외교부, 파리협정(Paris Agreement) 의의 및 특징, 2017-05-29에서 재인용.
** 한국공학한림원, '탄소중립을 향한 에너지 산업의 도전과 과제,' NAEK VOICE 50호.

면서 국가 간 무역 장벽화의 수단으로 부각되고 있다는 점이다. 탄소 국경세 (Carbon Border Adjustment)와 RE100(Renewable Energy 100%)이 그렇고, 다양한 규제수단으로 확대 발전할 수 있는 ESG(Environmental, Social and Governance) 규제가 그러하다.

우선 탄소중립을 보면, 2021년 4월 현재, 전 세계 137개국이 탄소중립의 목표 연도를 발표하였다. 대부분의 국가가 목표 연도를 2050년으로 설정하고 있다. 다만 선진국 중에서 비교적 여건이 좋은 국가들은 2050년보다 다소 앞당겨진 탄소중립 달성 연도를 발표했다.* 대표적인 예가 우루과이 2030년, 핀란드 2035년, 오스트리아와 아이슬란드 2040년, 그리고 독일과 스웨덴 2045년이다. 그 외에 우리가 알고 있는 대부분의 국가는 2050년을 탄소중립 실현의 목표 연도로 설정하고 있다. 다만 예외적으로 중국이 목표 연도를 2060년으로 설정한 것, 그리고 호주와 싱가포르가 2050~2100년으로 특정 연도를 명시하지 않은 것이 특기할 만하다.

우리나라 역시 대부분의 국가가 설정한 목표, 즉 2050년까지 탄소중립을 달성하겠다는 계획을 2020년 10월 28일 대통령이 국회 시정연설을 통해 발표하였다. 그 후속 조처로 2020년 12월 7일 '2050 탄소중립 추진전략'이 발표되었다. 〈그림 1-1〉은 환경부가 발표한 '2050 탄소중립 추진전략 체계도'이다. 비전 목표로서 '적응적(adaptive) 감축에서 능동적(proactive) 대응'을 설정하였고, 경제구조의 저탄소화, 신유망 저탄소 산업 생태계 조성, 탄소중립 사회로의 공정전환, 그리고 탄소중립 제도적 기반 강화로 구성된 3+1 전략을 제시하였다.

전 세계 많은 국가가 이렇게 탄소중립을 달성하는 연도를 내걸고 공공연

---

* Visual Capitalist, Race to Net Zero: Carbon Neutral Coals by Country,
https://www.visualcapitalist.com/race-to-net-zero-carbon-neutral-goals-by-country/

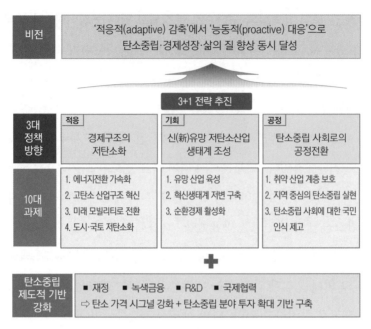

〈그림 1-1〉 우리나라의 2050 탄소중립 추진전략 체계

하게 약속하고 있는 것은 일종의 자율규제다. 저변의 메커니즘은 다른 국가로부터 받는 사회적 압력(peer pressure)의 성격이 짙다. 따라서 아직 탄소중립의 여파로 국가 간에 어떠한 외형적, 정량적, 경쟁 구도상의 변화가 발생할지 불투명하다. 그러나 전 세계에서 이미 137개국이 참여한 이상, 탄소중립은 미래 에너지 생산 및 소비시장의 구조를 근본적으로 바꿀 대전환임이 분명하다.

탄소중립과 같은 기후변화 협약이 단순히 시장 환경을 결정짓는 규제를 넘어서서 국가 간 무역장벽과 자국 시장 보호 수단으로 강구되고 있는 과정은 다소 복잡하다. 단순하게는 탄소 배출량이 많은 국가에서 생산된 제품에 대해 탄소배출세를 부과하는 것으로부터 출발해서 2035년부터는 EU 내 신규 휘발유와 디젤 차량의 판매를 전면 금지하는 구조적인 조처에 이르기까지 다양하다. 탄소배출세의 부과 대상으로는 철강, 시멘트, 알루미늄, 비료, 전기제품 등이 있고, 이들의 주요 공급 국가로서 우리나라를 비롯하여 터키, 우크라이나, 이집트, 러시아, 중국 등이 가장 크게 타격을 입을 것으로 예상된다.[*]

EU의 경우, 2035년부터 휘발유와 디젤 차량의 판매를 전면 금지하는 조처의 논리적, 실증적 근거는 유럽 환경운송협회(Transport & Environment)의 2018년 11월 보고서, '유럽 자동차의 탈탄소 로드맵 (Roadmap to Decarbonising European Cars)'이다. 이 보고서의 분석결과에 따르면, 2035년까지 100% 탄소배출 제로 차량의 생산만으로는 EU에서 설정한 2050년까지 탄소중립을 실현하기 어렵다. 그것을 달성하려면 2035년에 휘발유와 디젤을 사용하는 내연기관(ICE: Internal Combustion Engine) 차량의 생산판매를 전면 금지해야 한다. 유럽의 환경운송협회 보고서에서 인용한 〈그림 1-2〉는 이 사실을 극명하게 보여주고 있다.

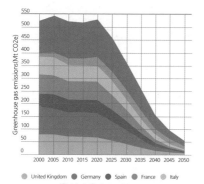
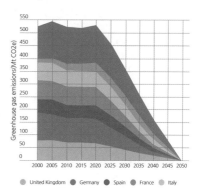

〈그림 1-2〉 내연기관 퇴출 여부에 따른 탄소중립 목표실현 여부[**]

---

[*] 헤럴드경제, 'EU, 2035년부터 〈내연기관 신차〉 판매금지,' 2021년 7월 15일 자 기사.
[**] Transport & Environment, 'Roadmap to Decarbonising European Cars,' A Study by European Federation for Transport and Environment, November 2018.

유럽에 의해 주도되고 있는 이러한 탄소중립 선언이 기간산업 및 사회 인 프라에 미칠 파급효과는 비단 유럽에 한정되지 않고 있다. 미국 역시, 유럽의 정책에 힘입어, 캘리포니아주의 경우 유럽과 동일하게 2035년 이후 내연기관 의 주내 판매를 금지하겠다는 방침을 밝힌 바 있다. 이뿐 아니라, 바이든 정 부가 들어서면서 친환경 관련 공약이 현실화하고 있는데, 그 주된 내용은 다 음과 같다. 즉

- 파리기후협정 재가입
- 미국 전기차 충전소 50만 개 추가, 2030년까지 전기버스로 전환
- 전기차 관련 세제 혜택 및 친환경 자동차 생산기업 인센티브 제공
- 정부의 관용차를 포함해 모든 공공기관 차량 300만대를 전기차로 전환

사실 탄소중립이 탄소배출 제로를 실현하는 규제적 목표라면, 탄소중립 을 실현하는 과정에서 벌어지는 시장개입이나 규제, 그리고 관세와 같은 무 역장벽은 해당 물품의 수입국과 수출국에 막대한 영향을 미치는 국가 차원 의 전략변수이다. 유럽과 미국 등 선진국의 이러한 시장통제는 그 주요 공급 국인 중국뿐만 아니라, 전 세계 시장을 대상으로 자동차를 수출하고 있는 우 리나라에도 커다란 위협이 된다. 탄소중립이 단순히 환경규제에 머물지 않고 에너지 수급구조 자체를 뿌리째 바꾸고 있으며, 더 나아가 글로벌 가치사슬 의 재편을 가져올 핵심요인으로까지 발전하고 있다.

그렇다면 탄소중립으로 비롯되는 글로벌 산업구조 개편의 방향은 무엇이 며, 그것은 우리에게 어떠한 변화를 가져올 것인가? 그 과정에서 그린에너 지 대전환의 한 축을 담당하고 있는 태양광 모듈과 풍력 터빈의 시장은 어떻 게 변모해 갈 것인가? 탄소중립의 영향은 분명 재생에너지 시장을 크게 성장

시키겠지만, 태양광 모듈의 경우 2019년 중국의 세계시장 점유율은 72%에 달하는 반면, 한국의 점유율은 8%에 불과하다. 풍력 터빈 시장 역시 지멘스 (Siemens Gamesa)와 GE(General Electric), 베스타스(Vestas)의 비중이 크고 중국의 부상 역시 빠르게 이루어지고 있으나 우리나라의 시장점유율과 기술력은 아주 미흡한 수준이다.

주력산업 중에 철강, 석유화학, 시멘트 및 비철금속의 비중이 큰 우리나라는 탄소중립 추세가 가져올 영향에 긴장하고 있다. 우선 수출시장이 위축될 위협에 직면해 있고, 탄소중립으로 인해 새롭게 창출될 신시장에의 진입은 선진기업과 중국기업 사이에 끼어 기술력 면에서나 가격 면에서 어려움을 겪을 것으로 예상된다. 탄소중립과 그린에너지 대전환이 향후 대한민국의 운명을 좌우할 수 있는 큰 변화로 부상할 것임을 짐작할 수 있는 대목이다.

4. Covid-19과 디지털 대전환

2020년 1월 이후 가시화된 COVID-19의 확산은 3월 이후 급속하게 전개되어 글로벌 팬데믹으로 발전하기에 이르렀다. 이에 따라 전 세계 제약사들이 앞다투어 백신 개발에 나섰고, 2021년 상반기부터 긴급사용허가를 받은 화이자, 모더나, 아스트라제네카 등의 백신이 보급, 투여되기 시작했다. 세계보건기구의 대시보드에 의하면, 2021년 9월 30일 현재 COVID-19의 누적 확진자 수는 233, 136,147명이고, 사망자 수는 4,771,408명에 이른다. 또한, 2021년 9월 28일 기준 백신 투여 건수는 6,136,962,861건에 이르고 있다.*

지역별, 시기별로 COVID-19의 확산패턴은 〈그림 1-3〉과 같다.** 2020년 초 COVID-19가 발발한 이래, 2020년 말에 정점을 찍고 2021년 초에 다소 수그러지는 듯하더니 2021년 3월 이후 급속히 재확산되었다가 백신 투여가 시작되면서 다시 수그러지고 있는 모습이다. 그러나 2021년 중반 지역별로 발현된 델타 변이, 델타플러스 변이 등이 다시 창궐하면서 COVID-19의 여파가 향후 어떻게 전개될지, 과연 언제쯤 우리가 COVID-19 이전의 삶과 생활, 경제 상황으로 돌아갈지 불투명하다.

COVID-19가 확산하면서 국가별로 내려진 첫 번째 조치는 이동제한과 도시봉쇄이다. 국내는 물론 국가 간 이동이 금지 또는 제한되었고, 일부 국가에서는 도시봉쇄조치까지 내려지기도 했다. 한 글로벌 컨설팅 업체가 2020년 7월 발간한 보고서에 의하면, COVID-19가 창궐하기 시작한 2020년 1월과 대비하여 2020년 4월 이동수요(mobility demand)는 〈그림 1-4〉에서 보는 바와 같

---

* 세계보건기구(WHO)의 Coronavirus (COVID-19) Dashboard, https://covid19.who.int/
** 세계보건기구의 Dashboard를 가지고 재가공.

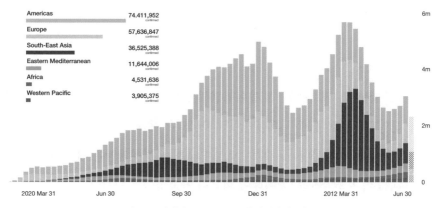

Americas 74,411,952 confirmed
Europe 57,636,847 confirmed
South-East Asia 36,525,388 confirmed
Eastern Mediterranean 11,644,006 confirmed
Africa 4,531,636 confirmed
Western Pacific 3,905,375 confirmed

2020 Mar 31   Jun 30   Sep 30   Dec 31   2012 Mar 31   Jun 30

〈그림 1-3〉 지역별 COVID-19 주간 확진자 수 변화추이

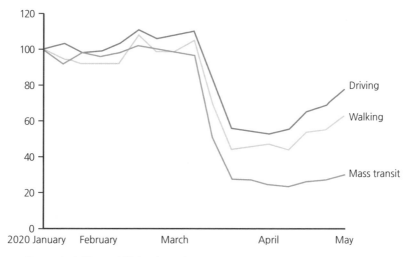

Driving

Walking

Mass transit

2020 January   February   March   April   May

Source : Apple Maps mobility trends report

〈그림 1-4〉 Apple Map 상에서 추정한 모빌리티 수요변화

이 최대 70% 감소하였다.[*]

2000년 4월 이후 COVID-19가 장기화하면서 이동수요는 다소 변동양상을 보이긴 했지만, 사회경제 생활의 근간인 사람의 국내외 이동이 제한되면서

---

[*] A. D. Little, The Future of Mobility post-COVID, 4th Edition, July 2020.

경제에 직접적인 악영향을 미치고 있다. 글로벌 비즈니스 리더 중 하나인 피터 피스크(Peter Fisk)에 의하면,* COVID-19로 인한 영향은 그 발생 가능성이 큰 순서로 〈표 1-5〉와 같다.** 이에 따르면, 인적 물적 이동의 제한은 글로벌 경제구조를 타고 레스토랑, 호텔여행산업, 항공산업과 같은 직접적 영향을 받는 산업으로부터 경제사회 전반으로 파급되어 세계 경제의 퇴조로까지 이어질 것이라는 전망이다. 구체적으로 IMF의 최신 경제전망은 대부분의 국가가 팬데믹 이후 최소 1년 반 이내에 회복될 가능성이 거의 없으며, 실제 2020년 GDP는 선진국의 경우 6.1% 하락, 개도국의 경우 1.0% 하락한 것으로 보고하고 있다.

이렇게 COVID-19의 영향이 광범위하고 지속적이며 그 강도가 매우 클 것으로 전망되자, 전 세계적으로 우리가 과연 COVID-19의 이전 세계로 돌아갈 수 있을 것이냐에 대한 근본적 회의가 대두되고 있다. 그러한 회의가 두 가지 대전환, 즉 GVC의 재편을 포함하는 지정학적 대전환, 그리고 4차 산업혁명에 이은 디지털 대전환(digital transformation)과 합쳐지면서, 이제는 COVID-19 이후의 새로운 세상, 즉 뉴노멀(new normal)과 새로운 글로벌 지배구조 구상으로서 그레이트 리셋(great reset)이 허황하지 않은 현실적 가능성으로 대두되고 있다. 대표적인 예로서 모빌리티 분야에서 달라질 새로운 세상, 즉 뉴노멀의 모습을 하나의 표로 정리하면, 〈표 1-6〉과 같다.***

결국, COVID-19가 글로벌 팬데믹으로 확산하자 이를 진정시키고 해소하려는 새로운 해결책이 다각도로 모색되면서, 그동안 진전되어온 디지털 대전

---

* Peter Fisk, 'The Great Reset … Why the Covid-19 pandamic is a unique opportunity to reimagine our future, to recode our business, to reinspire humanity for a better world,' https://www.thegeniusworks. com/2020/06/the-great-reset-why-the-covid-19-pandemic-is-a-unique-opportunity-to-reimagine-our-future-to-recode-our-business-for-a-better-world/
** Peter Fist의 자료로부터 가능성 순위 9위 항목까지만 정리. 언급 비중은 인터뷰 대상자 중에서 이 항목을 언급한 전문가 수의 비중
*** A. D. Little, The Future of Mobility post-COVID, 4th Edition, July 2020의 내용을 재가공.

〈표 1-5〉 COVID-19가 세계 경제에 미치는 영향과 파급효과의 추정

순위	COVID-19의 영향과 파급효과	언급 비중
1	세계 경제의 퇴조	69%
2	기업파산 및 대대적 산업구조조정	57%
3	퇴조에서 회복하지 못하는 일부 산업 섹터 존재	56%
4	구조적 실업증가와 청년실업 심화	49%
5	국가 간 인적 물적 이동 및 교역의 제한	49%
6	주요국가에서조차 재정 건전성 악화	46%
7	글로벌 공급사슬의 붕괴	42%
8	개도국 경제의 취약성 심화	38%
9	업무패턴 변화에 따른 사이버보안 취약성 증가	37%

〈표 1-6〉 COVID-19가 모빌리티 트렌드에 미친 영향

글로벌 트렌드	모빌리티 행태변화	기술/시장의 변화
사회경제적 양극화 심화	재택근무의 증가	디지털 전환의 증가
모빌리티 수요의 감소	여행 시 안전의식의 증가	새로운 모빌리티 형태 수용
전자상거래/배달 수요 급증	건강한 모빌리티 라이프스타일	모빌리티 시장의 구조개편
도시구조의 재편	이동패턴의 변화	지능형 모빌리티 시스템

환이 가속 페달을 밟고 있다. 우선 생산구조에서 재택근무, 원격교육 등의 온라인 서비스 수요가 빠르게 보편화하여 안정단계에 이르고 있고, 리테일 시장은 이제 전자상거래 및 배달시장 중심으로 재편되었다고 해도 과언이 아니다.

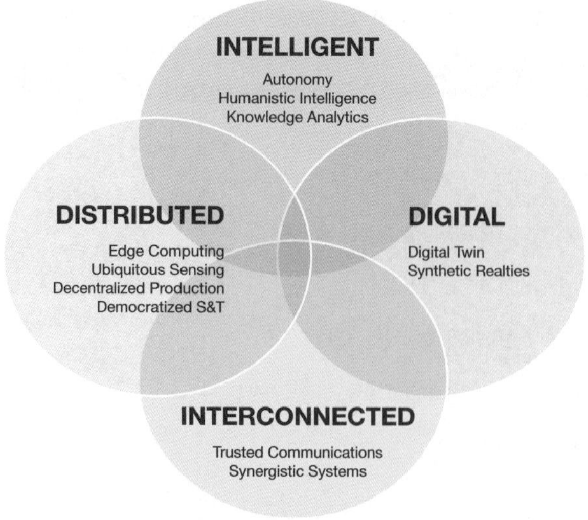

〈그림 1-5〉 디지털 전환의 견인차 기술들[*]

　이러한 디지털 대전환에 대한 급격한 수요증가는 공급 측면에서 진전되어 온 디지털 기술의 발전을 가속하고 있다. 〈그림 1-5〉는 디지털 대전환의 견인차 역할을 하는 광의의 디지털 기술들을 개괄적으로 보여주고 있다. 디지털 기술의 급속한 발전에 의해 진행될 디지털 대전환이 산업사회와 경제 전반에 걸쳐 어떠한 파급효과를 가져다줄 것인가에 대한 전망은 세계경제포럼(World Economic Forum)이 액센츄어와 함께 작업하여 발표한 2017년 보고서에 잘 나타나 있다.[**] 이에 따르면, 디지털 대전환은 경제 산업에 직접적 영향을 미치는 것 외에도 간접적으로 생활환경, 소비자, 그리고 노동환경에 영향을 미친다. 이를 가치로 표시하자면, 산업과 경제에 미치는 직접적 영향은 부가가치(value added)로 표시하고, 사회 전반에 미치는 간접적 영향은 사회적

---

[*] D. F. Reding and J. Eaton, Science & Technology Trends 2020–2040, NATO Science & Technology Organization Report, March 2020.에서 일부 발췌

[**] World Economic Forum, Digital Transformation Initiative (In Collaboration with Accenture), Unlocking $100 Trillion for Business and Society from Digital Transformation, Executive Summary, Jan. 2017.

046 제1부 위기가 엄습하고 있다

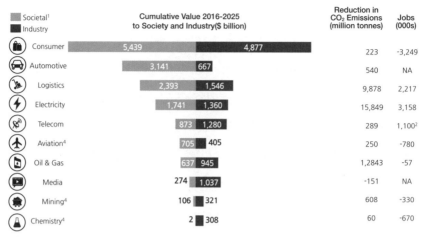

	Societal[1] / Industry	Cumulative Value 2016-2025 to Society and Industry($ billion)	Reduction in CO_2 Emissions (million tonnes)	Jobs (000s)
🛍	Consumer	5,439 / 4,877	223	-3,249
🚗	Automotive	3,141 / 667	540	NA
🏍	Logistics	2,393 / 1,546	9,878	2,217
⚡	Electricity	1,741 / 1,360	15,849	3,158
📡	Telecom	873 / 1,280	289	1,100[2]
✈	Aviation[4]	705 / 405	250	-780
🛢	Oil & Gas	637 / 945	1,2843	-57
🎞	Media	274 / 1.037	-151	NA
🚃	Mining[4]	106 / 321	608	-330
⚗	Chemistry[4]	2 / 308	60	-670

(1) Total societal value at stake includes impact on customers, society and the environment; the impact on external industries has not been considered; (2) Excludes the Extending Connectivity digital initiative; (3) Reduction in emissions for Oil and Gas refers to reduction in CO2e emissions (4) Aviation refers to Aviation, Travel and Tourism; Mining to the Mining and Metals industries and Chemistry refers to Chemistry and Advance Materials.

〈그림 1-6〉 디지털 대전환이 경제사회에 미치는 영향

가치, 일명 DVS(Digital Value to Society)로 표시할 수 있다. DVS에 해당하는 가장 대표적 항목은 탄소배출 감소와 일자리 창출이다. 〈그림 1-6〉은 세계경제포럼이 액센츄어와 함께 작업하여 추정한 결과를 인용하여 보여주고 있다.

〈그림 1-6〉에 의하면, 디지털 대전환의 영향을 가장 크게 받는 영역은 소비자 영역으로 부가가치 면에서나 사회적 가치 면에서 2016년~2025년 누적액으로 각각 약 4조9천억 달러, 5조4천억 달러에 달하는 것으로 추산되고 있다. 다만 그 과정에서 약 325만 개의 일자리가 감소할 것이라는 전망이다. 조사된 나머지 9개 산업 섹터 중에서는 자동차산업, 물류유통산업, 전력산업에서 각각 약 3조8천억 달러, 3조9천억 달러, 3조1천억 달러의 가치 창출이 예상된다. 특기할 것은 이들 수요 섹터에서 가치를 창출하도록 도와주는 공급섹터, 즉 정보통신과 미디어에서는 직접적 영향이 커서 부가가치 창출액만 1조2천8백억 달러, 1조3백7십억 달러에 달할 것으로 추산된다.

이렇게 디지털 대전환의 막대한 파급효과는 과연 우리에게 무엇을 의미

하는가? 첫째는 세계시장과 마찬가지로 민주주의 기반의 자유시장 경제구조를 가지고 있는 우리나라에서도 상대적 규모와 메커니즘에 있어서 비슷한 형태의 파급효과가 전망된다는 점이고, 둘째는 이 시장에서 우리가 어떠한 차별적인 경제 사회적 가치 창출 기회를 가질 수 있겠느냐에 관한 의문이다. 다시 말하면 디지털 대전환이 우리에게 미칠 파급효과가 매우 클 것으로 예상함에 따라 우리나라도 국가 차원에서 디지털 대전환에 적극적으로 나서야 하겠으나, 그 경제적 타당성은 우리가 보유하고 있는 디지털 혁신 영역에서의 포괄적 경쟁력에 따라 좌우될 것으로 보인다는 것이다.

〈그림 1-7〉은 통계사이트 스타티스타(Statista)가 제공하는 2020년 기준 전 세계 국가들의 포괄적 디지털경쟁력 순위를 나타내고 있다. 대한민국은 미국의 경쟁력을 100으로 했을 때, 92.25로서 싱가포르, 덴마크, 스웨덴, 홍콩, 스위스, 네덜란드에 이어 8위에 있다. 이 순위를 디지털 대전환의 공급시장

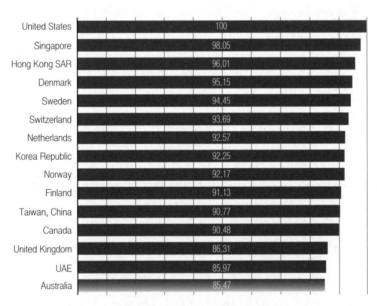

〈그림 1-7〉 국가별 디지털경쟁력 비교

경쟁력으로 해석하는 데는 분명 무리가 있으나, 국가 차원의 대대적 수요와 우리의 공급역량을 고려할 때, 디지털 대전환은 우리에게 분명 향후 커다란 기회로 작용할 것으로 보인다.

그러나 이러한 시장기회가 우리에게 실제적 가치 창출로 나타나기 위해서는 수요 측면에서 우리나라 산업 전반에 걸쳐 디지털 혁신이 촉진, 유도되어야 하고, 공급 측면에서 글로벌 빅텍 기업들과의 처절한 경쟁에서 이길 수 있는 특단의 노력과 준비와 역량개발이 필요하다. 이 두 가지가 전제되지 않는다면, 디지털 대전환은 우리에게 기회이기보다 오히려 더 큰 위협으로 다가올지 모른다.

제2장
제조 강국 대한민국, 기로에 서다

1. 위험에 노출된 한국산업의 취약성

세 가지 대전환은 지정학적 입지와 경제여건, 그리고 본원적 경쟁력에 따라 어떤 국가에는 새로운 기회가, 또 다른 국가에는 심각한 위협이 될 수 있다. 이런 관점에서 한국의 지정학적 위치, 에너지 환경여건 그리고 진화 주기상 한국 주력산업들의 전략적 위치를 진단하고 점검해 보는 것은 매우 중요하다.

높은 대외 및 대중국 의존도

통계청 자료에 의하면*, 2019년도 한국의 GDP 대비 수출, GDP 대비 수입은 각각 32.9%, 30.6%로서 무역의존도는 약 64%에 달한다. 이들 수치는 경제 규모와 산업구성에 있어서 비교 대상이 되는 독일의 38.7%, 32.1%에는 조금 못 미치나 OECD 국가 중 단연 2위에 해당한다. 이 GDP 대비 수출과 수입 비중은 서비스업의 비중이 높은 미국의 7.7%, 11.7%, 영국의 16.8%, 22.7%, 그리고 일본의 13.9%, 14.2%에 비해서는 월등히 높은 수치일 뿐만 아니라, 제조업 비중이 제법 큰 프랑스의 20.1%, 24.0%에 비해서도 상당히 높은 수치이다. 글로벌 GVC 구조상 일종의 허브(hub) 역할을 하는 독일과는 달리, GVC의 허브가 아니면서도 독일과 유사한 수준의 수출 비중, 수입 비중을 가지고 있는 나라는 비슷한 경제 규모의 국가 중에서 한국이 유일하다.

절대적 수출입액으로 보면** 2021년 3월 기준 전 세계 수출액 4조9,513억

---

* 통계청, https://kosis.kr/statHtml/statHtml.do?orgId=101&tblId=DT_2KAA806_OECD
** 무역통계 K-stat, https://stat.kita.net/main.screen

달러 중 한국은 1,521억 달러를 달성, 3.1%를 차지하여 세계 6위를 기록했고, 수입액은 1,394억 달러로서 전 세계 수입총액 5조143억 달러의 2.8%를 차지, 세계 9위를 기록했다. 수출과 수입을 모두 합친 교역액 규모에서는 전 세계 9조9,656억 달러 중 2,914억 달러를 기록, 2.9%를 차지하고 있다. 2021년 6월을 기준으로 5대 수출품은 반도체, 자동차, 석유제품, 합성수지, 그리고 선박 해양구조물이고, 5대 수입품은 원유, 반도체, 반도체 제조용 장비, 천연가스, 석유제품이다.

수출과 수입의 대상국을 살펴보면, 수출국 1위는 단연 중국이다. 2021년 6월 기준 대중국 수출은 761억 달러로 1위를 기록했고, 그다음으로 미국 465억 달러, 베트남 258억 달러, 홍콩 179억 달러, 일본 143억 달러 순으로 나타나고 있다. 한편 수입 면에서는 같은 2021년 6월 기준 중국이 645억 달러로 1위, 2위는 미국으로 364억 달러, 그다음 3위가 일본으로 263억 달러를 기록하고 있다. 2021년 6월 기준 1위 중국과의 교역 규모는 1,406억 달러로 2위 미국과의 829억 달러와 큰 격차를 보이고 있다. 무역수지 면에서 중국, 미국, 베트남, 홍콩 등에 대해서는 흑자를 보이나, 일본에 대해서는 120억 달러 적자를 보이고 있다.

시기별로 다소 차이를 보일 수는 있으나, 이러한 데이터는 무엇을 말하고 있을까? 첫째 한국경제의 대외의존도는 독일과 함께 세계 최고 수준이어서 세계 경제의 부침에 민감하고 지정학적 대전환에 따른 GVC 재편에 허약하다. 둘째 한국은 독일과는 달리 GVC상의 독자적 허브를 구축하지 못한 채 첨단 소재나 부품에 있어서 미국과 일본에의 수입의존도가 높지만, 중간재에서는 중국에의 수출의존도가 매우 높은 구조로 되어 있다. 〈그림 2-1〉은 우리

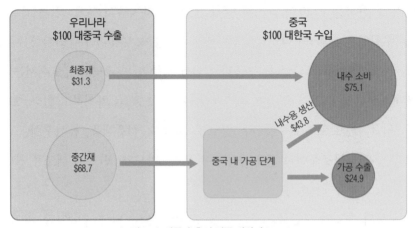

<그림 2-1> 대중 수출의 최종 귀착지($100 기준)

출처: 한국은행 국제경제리뷰 제2020-18호

나라의 대중 수출의 최종 귀착지에 대한 추정 데이터를 보여주고 있다.[*]

이러한 높은 대중국 수출의존도는 현재 진행되고 있는 지정학적 대전환, 특히 미국의 대중국 견제가 중국의 대미 수출 경쟁력을 크게 떨어뜨릴 경우, 하나의 GVC로 연결된 한국의 수출이 직격탄을 맞을 가능성이 크다. 이뿐 아니라, 2019년 일본의 한국에 대한 수출규제로 소재부품장비 분야에서 겪었던 공급망의 불안정은 2년이 지난 2021년 현재 대일의존도가 낮아졌다고는 하나 완전히 해소되었다고 보기는 어렵다

제조업 중심의 산업구조와 탄소중립 실현의 어려움

산업경제연구원의 분석에 따르면[**], 2018년 기준 우리나라의 GDP 대비 제조업 부가가치 비중은 27.5%이다. 이 수치는 중국 28.9%에는 다소 못 미치

---

[*] 한국은행, '중국경제의 조기 회복배경 및 지속가능성 점검,' 한국은행 국제경제리뷰 제2020-18호, 2020년 8월 27일에서 재인용.

[**] 한국 제조업 경쟁력, 코로나19 경제위기의 버팀목, I-KIET 산업경제이슈, 제108호, 2121. 5. 6.

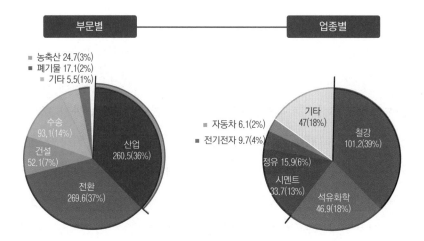

〈그림 2-2〉 부문별, 업종별 온실가스 배출 규모
출처: 산업통상자원부

나, 독일 21.2%, 일본 21.1%, 미국 11.4%, 프랑스 10.4%, 영국 8.8%에 비해서는 상대적으로 매우 높은 수치이다. 이는 우리가 GDP 대비 제조업 비중에 있어 선진국보다 중국에 더 가까운 제조업 중심의 산업구조로 되어 있음을 의미한다. 그렇다면, 이러한 제조업 중심의 산업구조는 탄소중립을 달성하는데 어떠한 제약조건으로 작용할 것인가.

산업통상자원부의 자료에 따르면, 2018년 기준 우리나라의 부문별, 업종별 온실가스 배출량은 〈그림 2-2〉와 같다.* 이에 의하면, 우리나라 산업부문이 배출하는 온실가스 배출량은 약 2억6,100만 톤으로서 국가 온실가스 배출량 7억2,700만의 36%에 달한다. 이 중에서 특히 철강, 석유화학, 시멘트, 정유, 전기전자, 자동차 등 6대 업종이 배출하는 양은 1억9,800만 톤으로 산업부문 배출량의 82%에 달하고 있다. 이는 우리와 경쟁상대에 있는 선진국에 비해서 탄소중립을 달성하는데 소요되는 경제 사회적 부담이 훨씬 클 것임을

---

* 이하 '산업부문 탄소중립 달성 위한 〈컨트롤 타워〉 출범… 특별법도 제정,' nate 뉴스, 2021년 4월 16일 자 기사에서 출처 산업통상자원부 자료 재인용

의미한다.

　여기에 엎친 데 덮친 격으로, 우리나라는 선진국보다 훨씬 짧은 탄소중립 달성 기간을 가지고 있다. 즉 한국의 탄소중립 달성 기간은 탄소중립 선언의 기준시점을 2018년으로 잡았을 때, 달성 목표 연도인 2050년까지 32년이 남아 있는 셈이다. 그런데, 전국경제인연합회가 발표한 자료에 의하면, 중국을 제외한 선진국의 경우 일찍이 탄소배출과 에너지전환에 나선 덕에 영국의 경우는 60년, 프랑스 60년, 독일 55년, 미국 43년, 일본 37년의 탄소중립 추진 기간을 거쳐 왔다. 다시 말하면, 이들 선진국의 경우는 이미 2050년 탄소중립을 향해 상당한 기간, 탄소중립 정책을 추진해 왔다는 얘기다. 늦은 출발에 따른 성과 지표상의 차이는 신재생에너지 발전 비중을 보면, 명확하다. 2020년 기준 우리나라의 신재생에너지 발전 비중은 7.2%로서 독일 46.7%, 영국 44.9%에 훨씬 못 미치고 있다.

　따라서 우리나라가 2050년 탄소중립을 실현하기 위해서는 많은 양의 온실가스를 더 짧은 기간 동안 줄여야 하고, 그 과정에서 에너지 수급 구조도 전면 개편해야 한다. 다시 말하면, 온실가스 배출량이 상대적으로 많은 산업구조를 가지고 있으면서, 탄소중립을 30년이라는 비교적 짧은 기간 동안 달성해야 하며, 그 방식도 대중적 처방이 아니라, 산업구조와 에너지수급구조와 같은 매우 어려운 구조적 처방을 써야 한다는 것이다. 우리나라가 2050년까지 탄소중립을 달성하기 위해서는 전방위적 수단과 방법을 강구해야 하겠지만, 이와 함께 원자력 발전을 적극적으로 활용해야 한다는 전국경제인연합회의 주장은 이러한 목표와 실현 가능성 사이의 커다란 괴리를 고려한 현실적 처방이라고 할 수 있다.*

---

* 연합뉴스, 전경련, '2050년 탄소중립 달성 어려움 많아… 원자력 활용해야,' 2021년 5월 27일 자 기사 참조.

제조업의 저부가가치와 경쟁력 약화

한 국가의 경쟁력을 다른 국가의 경쟁력과 비교할 때, 객관적 타당성을 확보하기는 쉽지 않다. 평가 기준이 무엇이냐도 중요하지만, 더 근본적으로 비교하고자 하는 경쟁력의 정확한 개념이 무엇이냐는 더욱 중요하다. 경쟁력 평가 결과가 객관적 타당성을 갖기 위해서는 개별 평가 기준의 척도로 무엇을 썼느냐가 중요하다. 하지만 경쟁력 평가에 어떠한 포괄적 평가 기준들이 망라되어 있느냐는 더욱 중요하다.

이미 언급한 바와 같이 한국의 제조업 부가가치 총량이 세계 제조업 부가가치 총량에서 차지하는 비율은 2000년 2.9%에서 2016년 3.1%로 증가하였다. 같은 2016년에 미국은 17.8%, 일본은 8.3%, 중국은 27%, 독일은 6.0%를 기록했다. 이를 두고, 한국의 제조업 경쟁력이 미흡하다고 해야 할지, 아니면 우수하다고 해야 할지 판단하기는 쉽지 않다. 특히 이 수치가 국가 경제 규모와 직결되는 수치여서 한국의 내수시장이 상대적으로 커진 덕분인지, 아니면 타 산업대비 제조업의 수출량이 늘어서인지 이 수치만으로는 단언하기 어렵다.

다른 지표로서 제조업 부가가치가 GDP에서 차지하는 비중 역시 마찬가지이다. 이미 언급한 바와 같이 2018년 기준 우리나라의 제조업 부가가치 비율은 27.5%이다. 그러면 이 수치는 과연 한국 제조업의 경쟁력을 의미하는가. 엄밀하게 말하면, 이 수치는 한국의 산업구조를 반영할 뿐, 이것 자체가 한국 제조업의 경쟁력을 의미하는 것은 아니다. 오히려 국가 경제의 제조업 의존도가 높다고 해석하는 것이 더욱 적절하다. 왜냐하면, 이미 선진국은 GDP 대비 제조업 부가가치의 비중이 낮은 대신, 서비스업과 정보산업의 비중을 늘려가고 있기 때문이다.

<표 2-1> UNIDO가 발표한 2018년 주요국가의 제조업 경쟁력 지표

	독일		중국		한국		미국		일본	
	순위	점수	순위	점수	순위	점수	순위	점수	순위	점수
제조업 경쟁력 지수	1	0.471	2	0.372	3	0.349	4	0.345	5	0.344
1인당 제조업 부가가치	4	0.350	35	0.104	6	0.309	12	0.259	7	0.289
GDP 중 제조업 부가가치 비율	13	0.596	4	0.819	5	0.776	77	0.312	14	0.594
중고위 기술 제조업 부가가치 비율	5	0.767	29	0.515	4	0.793	18	0.589	7	0.703
제조업 부가가치 세계 점유율	4	0.195	1	1.000	5	0.106	2	0.568	3	0.247
1인당 제조업 수출	9	0.460	58	0.046	18	0.313	45	0.085	34	0.143
전체 수출 대비 제조업 수출 비율	26	0.922	4	0.989	2	0.998	74	0.738	21	0.927
중고위 기술 제조업 수출 비율	10	0.819	28	0.671	9	0.823	24	0.691	4	0.911
제조업 수출 세계점유율	2	0.584	1	1.000	5	0.245	3	0.423	4	0.278

이런 관점에서 UNIDO(United Nations Industrial Development Organization)가 발표하는 제조업 경쟁력 지수(CIP: Competitive Industrial Performance)를 한번 살펴볼 필요가 있다. 〈표 2-1〉은 UNIDO가 2020년 발표한 2018년 기준 주요국가의 제조업 경쟁력 지표의 일부를 보여주고 있다.*

이에 의하면 제조업 경쟁력지수 CIP 인덱스는 부가가치 관련 5개 지표와 수출 관련 5개 지표를 종합적으로 고려해서 평가한다. 2018년도 기준 한국의 제조업 경쟁력은 독일, 중국에 이어 세계 3위이다. 면면을 보자면, 비교 대상 5개국 중 1인당 제조업 부가가치 면에서는 독일, 일본과 유사하게 높은 수

---

* UNIDO, Competitive Industrial Performance Report 2020, Vienna, 2020.

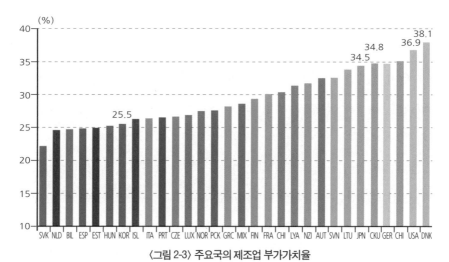

〈그림 2-3〉 주요국의 제조업 부가가치율

출처: 정은미 외(2018), 주력 산업의 발전잠재력과 구조 전환 전략연구, 산업연구원에서 발췌/인용

준이고, GDP 중 제조업 부가가치가 차지하는 비중은 독일, 미국, 일본보다는 구조적으로 중국에 가깝다. 반면 높은 기술 수준을 반영하는 중·고위 기술 제조업의 부가가치 비율에서는 독일, 일본과 함께 선두그룹을 형성하고 있다. 제조업 수출 경쟁력은 제조업 경쟁력의 또 다른 관점이다. 전체 수출에서 제조업 수출이 차지하는 비중, 즉 수출의 제조업 의존도는 중국보다도 높은 세계 2위를 기록하고 있고, 높은 기술 수준 품목의 수출 경쟁력은 일본보다는 뒤지나 독일과 유사하게 세계 9위를 기록하고 있다.

이러한 표면적 결과를 두고, 한국의 제조업 경쟁력이 약하다거나 문제가 있다고 얘기하는 것은 설득력이 있기 어렵다. 그렇다면, 세계 3위 수준의 CIP 경쟁력을 보이는 한국 제조업은 과연 문제가 없는 것인가? 문제는 불행하게도 그렇지 않다는 것이다. 〈그림 2-3〉은 산업연구원이 2018년 발표한 주요국의 제조업 부가가치율을 보여주고 있다.[*] 총산출에서 부가가치가 차지하

---

[*] 정은미 외(2018), 주력 산업의 발전잠재력과 구조 전환 전략연구, 산업연구원.

는 비율로 계산한 제조업 부가가치율에 있어서 한국은 25.5%로서 덴마크의 38.1%, 미국의 36.9%, 독일의 34.8%, 그리고 일본의 34.5%와 비교할 때, 크게 뒤처지고 있다. 제조업의 부가가치율이 주요 경쟁국 대비 낮다는 뜻은 투입대비 부가가치 산출 면에서, 즉 제조업 생산성 면에서 경쟁 열위라는 얘기가 된다.

한 국가의 산업구조가 진화하는 방식은 하위 산업의 생산성이 높아져야 상위 산업으로 생산투입자원이 이전하게 되고, 그 결과로 선진국으로 갈수록 1차 산업보다 2차 산업이, 2차 산업보다 3차 산업의 비중이 커지는 것이다. 이런 관점에서 보면, 한국 제조업의 낮은 생산성은 한국의 산업구조가 선진국형으로 고도화되는데, 큰 걸림돌이 될 수 있음을 의미하는 것이다. 제조업 경쟁력 순위가 세계 3위라고 좋아하기만 할 일은 아니라는 뜻이다.

이를 보다 명확하게 살펴보기 위해, 투입 노동에 대한 생산성을 한번 살펴보자. Mar Roser의 Economic Growth 통계사이트, Our World in Data에 의하면,[*] 주요국의 투입 시간당 노동생산성 추이는 〈그림 2-4〉와 같다. 이에 따르면, 한국의 투입 시간당 노동생산성은 중국에 비해 3배 수준이나, 일본의 80%, 독일과 미국에 비해서는 50%를 약간 상회하는 수준에 머물고 있다. 이 수치는 한국의 제조업이 예컨대 디지털 트랜스포메이션을 통한 제조공정의 혁신을 통하거나, 제품 포트폴리오의 고부가가치화를 통해서 근본적 구조전환을 하지 않으면 향후 큰 어려움을 겪을 수도 있음을 시사하고 있다. 한국 정부가 2019년 6월 제조업 르네상스의 비전과 전략을 발표하면서,[**] 그 전략 목표로 첫째 제조업 부가가치율을 현재 25%에서 선진국 수준인 30%로 끌어올리고, 둘째 제조업 생산액 중 신산업/신품목의 비중을 16%에서 30% 수준

---

[*] Max Roser, Economic Growth, https://ourworldindata.org/economic-growth 사이트.
[**] 산업통상자원부 보도자료, 제조업 르네상스 비전 및 전략, 2019년 6월 19일.

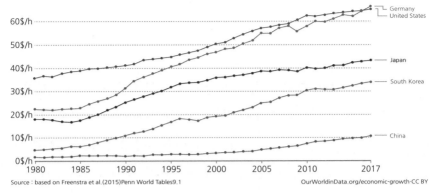

〈그림 2-4〉 주요국의 투입 시간당 노동생산성(1980년~2017년)

으로 높이겠다고 설정한 것은 바로 이러한 문제 인식을 반영하는 것이다.

2. 구조적 저성장과 성장 정체가 문제다

사실 피상적 관찰, 총량적 데이터만으로 한국 제조업, 더 나아가 한국경제의 면면을 깊숙이 들여다볼 수는 없다. 한국공학한림원은 국가 경제와 산업 경쟁력을 주로 외형적으로만 평가해온 관행을 과감히 깨고, 한국경제, 특히 산업의 실상을 깊게 들여다보고자 2019년 두 차례에 걸쳐 설문 조사를 시행하였다. 2019년 1월에 실시된 1차 조사에는 업계, 학계, 관계를 대표하는 공학한림원 회원 총 261명이 참가하였고, 이어 구조화된 설문으로 진행한 2차 심층 조사에는 총 83명이 참가하였다. 이를 통해 일차적으로는 이 전문가들이 우리 경제와 산업의 문제점을 인식하고 있는지, 인식하고 있다면 어떠한 문제를 가장 심각하게 인식하고 있는지 조사하였고, 2차 심층 조사에서는 1차 조사의 문제 인식에 따라 어떠한 해결방안을 모색해야 하는지에 대해 더욱 구체적으로 조사하였다.

그 결과, 일차적으로 한국공학한림원 회원들이 인식하고 있는 한국경제의 문제는 다음과 같이 나타났다.

- 한국경제는 장기 구조적 저성장세를 지속할 것이다(81%)
- 저성장의 원인으로서 핵심적 대내 요인은 노동시장 경직과 투자 및 고용 부진 (51%), 그리고 산업 구조조정 실패와 신성장동력 부재(37%)이다.
- 저성장의 원인으로서 핵심적 대외요인은 글로벌 기술격차 감소와 기업경쟁력 약화(74%)이다.
- 저성장 탈피를 위해 가장 시급히 해결해야 할 과제는 주력산업 고도화와 신성장산업 육성(50%), 그리고 고용 및 노동시장 개혁(37%)이다.

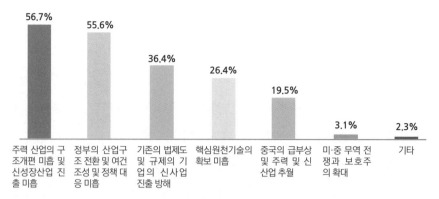

〈그림 2-5〉 한국 제조업의 경쟁력 약화요인과 위기 요인

그렇다면 한 단계 내려가서 우리나라 제조업에 대한 한국공학한림원 회
원들의 문제 인식은 어떠할까? 문제 인식에 관한 조사결과는 다음과 같았다.

- 제조업의 침체 및 위기는 구조적인 문제이다(98%).
- 구조적 문제인 이유는 첫째 주력산업의 구조개편 미흡(1, 2순위 합산 57%), 둘
  째 신성장 산업진출 미흡(1, 2순위 합산 56%) 때문이다.
- 우리나라 주력 제조업이 현재의 경쟁력을 유지할 예상기간은 61%의 응답자
  가 1년에서 5년에 불과할 것이라고 봤고, 5년에서 10년까지라고 응답한 수는
  33%에 불과했다.
- 제조업 경쟁력 약화 원인으로 원천기술 확보를 통한 산업구조 고도화 미흡이
  1, 2순위 누계 62%, 그리고 대립적 노사관계 역시 누계 62%의 응답률을 보
  였다.
- 첨단기술기반 신산업 육성 기간은 5년~10년이 63%, 1년~5년이 19%, 그리
  고 10년~20년이 15%로 나타났다.
- 첨단기술기반 신산업 육성에 필요한 조치로는 규제개선/제도 정비가 1, 2순
  위 누계 53%, 그리고 핵심기술 확보가 1, 2순위 누계 46%로 나타났다.
- 〈그림 2-5〉는 우리나라 제조업 경쟁력이 약화하고 점차 위기로 부상하고 있
  는 주요 요인에 대한 상세한 응답 결과를 보여주고 있다.

결국, 한국경제와 제조업에 대한 한국공학한림원 회원들의 문제 인식은 첫째 '우리 경제는 향후 5년 이상 성장률 하락으로 소위 L자형 장기침체를 겪을 위기이다', 둘째 '이를 해소하기 위해 부가가치 창출형 산업구조 전환과 고용 및 노동시장 개혁이 필요하다', 셋째 '기업들의 신속한 전략적 대응과 정부의 강력한 정책대응이 필요하다'로 요약할 수 있다.

그렇다면 한 단계 더 내려가서, 제조업을 구성하는 세부 산업 섹터에 대한 한국공학한림원 회원들의 인식은 어떠한가? 세부 산업 섹터의 향방을 크게 두 가지, 즉 지속성장이 예상되는 산업 섹터와 급격한 구조조정이 필요한 산업 섹터에 대한 지지도는 다음과 같았다.

- 주력 제조업 중 지속성장이 예상되는 산업으로는 반도체(89%), 통신기기(47%), 가전(25%), 석유화학(23%), 자동차(21%), 조선(17%), 철강(9%), 기계(8%), 식품/음료(7%), 건설(7%), 섬유/의류(2%) 순이다.
- 반대로, 10년 이내에 급격한 구조조정이 예상되는 산업으로는 조선(66%), 자동차(56%), 건설(49%), 철강(28%), 섬유/의류(20%), 기계(16%), 석유화학(15%), 통신기기(15%), 디스플레이(12%), 가전(11%), 반도체(7%), 식품음료(5%) 순이다.
- 이들을 2차원 평면상에 도식화하면 〈그림 2-6〉과 같다.

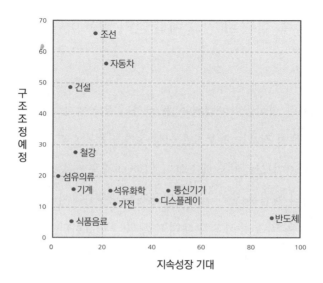

〈그림 2-6〉 국내 주요산업 섹터의 경쟁력 입지

　편의상 이해도를 높이기 위해 〈지속성장 지지도 – 구조조정 지지도〉의 값으로 세부 산업 섹터를 평가하여 나열해 보면, 반도체(82%), 통신기기(32%), 디스플레이(30%), 가전(14%), 석유화학(8%), 식품음료(2%), 기계(-8%), 섬유/의류(-18%), 철강(-19%), 자동차(-35%), 건설(-42%), 조선(-49%) 순으로 나타났다. 이 수치가 양의 방향으로 클수록 지속성장 산업에 가깝고, 음의 방향으로 클수록 구조개편 산업에 가깝다고 해석할 수 있다.

3. 산업구조 전환의 마스터플랜이 필요하다

2019년 시행한 한국공학한림원 설문 조사가 우리에게 주는 메시지는 분명하다. 첫째, 우리 경제는 향후 5년 이상 성장률 하락으로 소위 L자형 장기 침체를 겪을 위기이므로 이를 해소하기 위한 대책을 신속하게 강구해야 한다. 둘째, 대책의 핵심은 우리나라 산업구조를 고부가가치 창출형 산업구조로 전환하고 고용 및 노동시장의 대대적 개혁이 필요하다. 셋째, 기업들의 신속한 전략적 대응과 함께 정부의 적절한 정책적 대응이 필요하다. 〈그림 2-7〉은 1차 연도 설문 조사 과정에서 개방형 문항에 응답한 대응책을 건수로 집계한 결과를 보여주고 있다.

〈그림 2-7〉이 시사하는 바에 따르면, 우리가 위기에 대응하기 위해 해야할 일은 매우 많고 다양하다. 하지만, 그중 핵심은 역시 산업구조 전환의 마스터플랜을 수립하여, 장기비전 및 발전전략을 마련한 후 거기에 걸맞는 산업경제정책을 입안하여 규제 완화와 함께 강력한 구조혁신을 추진해야 한다는 것이다. 그 이외에 노동 개혁, 인력 양성, R&D 패러다임 전환, 산관학 협

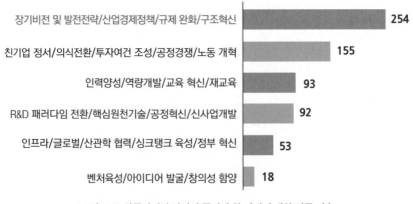

〈그림 2-7〉 한국경제와 산업이 풀어야 할 과제에 대한 언급 건수

력, 벤처육성 등을 구체적 실행수단으로 그리고 동시다발적으로 병행하는 것도 물론 필요하다.

산업구조 전환을 위한 구체적 방안으로 한국공학한림원 회원들의 의견을 수렴하여 지속성장 산업군과 구조개편 산업군을 분리해서, 기업과 정부가 각각 추진해야 할 과제를 도출하였다. 우선 지속성장 산업군에 대해 기업과 정부가 추진해야 할 중점과제를 조사한 결과는 〈그림 2-8〉과 같았다. 이에 의하면, 지속성장 산업군에 요구되는 기업의 대응과제는 주로 시장변화에 대한 선제적 제품개발, 선제적 투자, 선제적 디지털 혁신 등에 맞추어져 있으며,

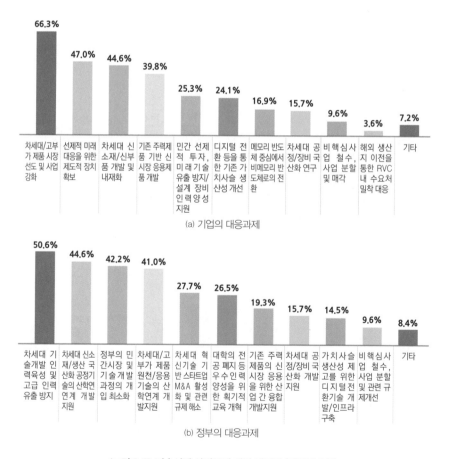

(a) 기업의 대응과제

(b) 정부의 대응과제

〈그림 2-8〉 지속성장 산업군에 대한 전략적/정책적 요구

정부의 대응과제는 주로 인력육성, 소재부품 국산화, 정부의 시장개입 최소화, 산학연 생태계 구축, 그리고 M&A 시장 활성화 등과 같은 여건조성에 맞추어져 있다.

한편, 구조개편 산업군에 대해 기업과 정부가 추진해야 할 중심과제는 〈그림 2-9〉에 나타난 바와 같이 지속성장 산업군에 대한 과제와는 크게 구분된다. 우선 기업의 대응과제로는 고부가 제품으로의 선제적 전환, 디지털 전환을 통한 효율성 개선, 업체 간 M&A을 통한 사업 합리화 등이 제시되었고, 정부의 대응과제로는 산학연 R&D 지원, 차세대 기술 개발 인력육성, 민간시

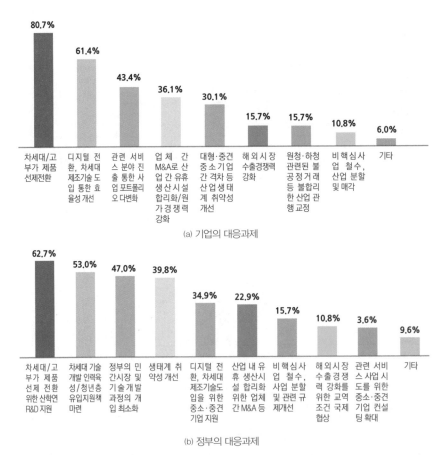

(a) 기업의 대응과제

(b) 정부의 대응과제

〈그림 2-9〉 구조개편 산업군에 대한 전략적/정책적 요구

장의 자율적 조정, 생태계 취약성 개선 등이 제시되었다.

결론적으로 학계, 업계 및 관계의 전문가들로 구성된 한국공학한림원의 진단은 한국경제가 국제경쟁력을 잃고 L자형 장기침체를 겪을 위기에 처해 있으며, 이 위기에서 벗어나기 위해서는 산업 섹터별로 자신의 위치에 걸맞는 산업구조 전환을 매우 힘차게 추진해야 한다는 것이었다. 물론 그 구체적 수단은 산업 섹터별로 처한 입지가 지속성장 산업군이냐 구조개편 산업군이냐에 따라 다를 수 있다. 그러나 그 과정에서 가장 중요한 것은 기업과 정부가 함께 공감하고 함께 협력하는 것이며, 그 결과로 산업구조 전환의 마스터 플랜을 일관된 논리 구조 속에 효과성과 실천 가능성을 극대화하는 방향으로 조속히 수립, 실천하는 것이다.

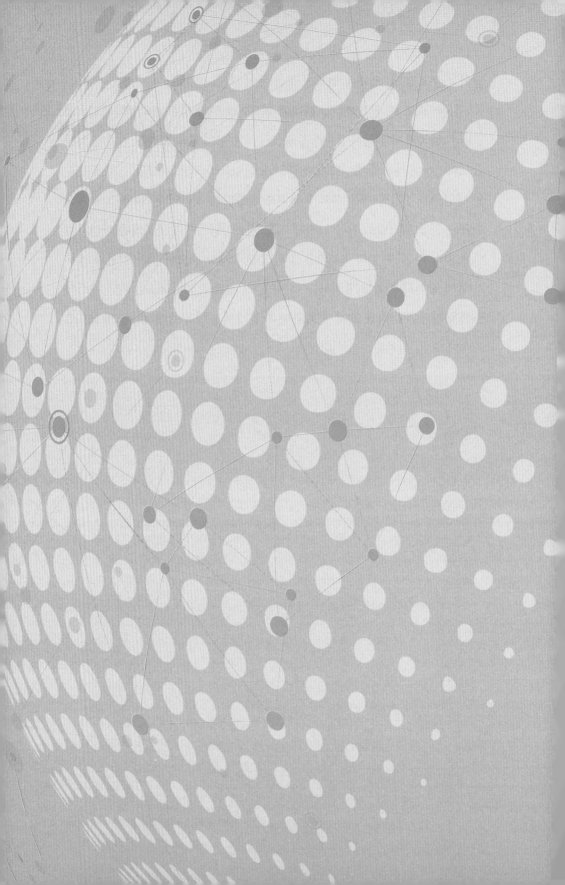

제2부
산업구조 전환의
마스터플랜을 수립하다

제3장
산업구조 전환의 원리와 메커니즘

1. 글로벌 산업구조 전환의 현상분석

제1부에서 우리는 현재 전 세계적으로 지정학적 대전환, 그린에너지 대전환, 그리고 디지털 대전환이 매우 빠른 속도로 진전되고 있어, 한국 경제와 산업이 산업구조 전환의 속도를 가속하지 않으면, 매우 심각한 위기에 처할 것임을 경고하였다. 동일시장에서 기업 간 경쟁이 바로 혁신속도 경쟁임은 이미 잘 알려졌지만, 동일 시장에서 경쟁하는 기업들이 그 시장 환경의 변화속도를 쫓아가지 못할 때는 산업 자체가 통째로 몰락할 수 있다. 경쟁기업의 변화보다 3대 대전환의 변화가 더 무서운 이유는 전환기에는 환경의 변화속도가 개별기업, 더 나아가 산업 전체의 변화속도보다 더 빨라 특정 산업 섹터 전체를 통째로 날려버릴 수 있기 때문이다.

그렇다면, 우리가 이 문제를 잘 인식하고 있는 것만으로 문제가 해결될 수 있을까? 그렇지 않다는 데에 문제의 심각성이 있다. 이미 앞장의 논의를 통해 우리는 대전환의 시기를 맞아 산업구조 전환을 선제적으로 추진해야 한다는 것을 알고 있다. 그런데, 올바른 산업구조 전환의 방향과 수단을 모색하려면, 실증적 증거가 뒷받침된 탄탄한 산업구조 전환의 논리가 있어야 한다. 그런 의미에서 장석권(2020)이 2006년부터 2019년까지 13년에 걸쳐 시가총액기준 글로벌 1000대 기업을 대상으로 분석한 결과는 실증적 증거기반의 산업구조 전환 전략과 정책을 도출하는데 기초자료가 될 수 있다.[*]

장석권(2020)은 글로벌 시가총액 1,000대 기업집단을 일명 '메이저리그'로 명명하고, 2006년부터 2019년까지 27개 산업 섹터별로 메이저리그 진입 기업과 퇴출 기업의 비중 변화를 살펴보았다. 우선 산업 섹터의 성장성은 섹

---

[*] 장석권, 미래자본전쟁, 지식노마드, 2020.8.

터 내 메이저리그 기업 수와 시가총액 총량의 증감으로 측정했고, 구조전환의 속도는 13년 동안 각 산업 섹터에서 일어난 진입 기업과 퇴출 기업의 총수로 측정하였다. 〈그림 3-1〉은 2006년부터 2019년까지 27개 산업 섹터의 성장성을 섹터 내 기업 수와 시가총액 총량의 관점에서 살펴본 것이다.

이에 따르면, 2006년부터 2019년 사이에 성장성이 가장 높은 섹터는 소프트웨어/서비스 섹터로서 특출한 성장성을 보인다. 그다음으로 성장성이 높은 섹터 그룹으로 비즈니스 서비스/용품, 생활용품, 반도체, 자본재, 항공우주 섹터가 위치한다. 이와 대조적으로 성장 속도가 매우 더딘 섹터로는 푸드마켓, 복합기업, 그리고 수도전기가스 섹터가 관찰되고 있다.

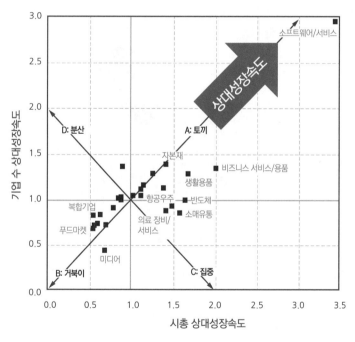

〈그림 3-1〉 27개 산업 섹터의 성장성 비교[*]

---

[*] 장석권, 미래자본전쟁, 지식노마드, 2020.8.

한 국가의 무게중심은 산업 포트폴리오상 성장성이 낮은 섹터에서 성장성이 높은 섹터로 이동한다. 그런데 흥미로운 것은 같은 성장이라고 해도 그 방법이 하나가 아니라는 사실이다. 메이저리그 내 멤버 교체를 통해 섹터 전체가 성장할 수도 있고, 멤버 교체 없이 기존의 몇몇 주력 기업들이 자신들의 덩치를 키우면서 섹터 성장을 이끌 수도 있다. 이른바 산업구조 전환의 동태적 안정성 또는 역동성에 관한 얘기이다. 〈그림 3-2〉는 섹터 내 기업 수의 증가율, 그리고 섹터 내 멤버 기업의 물갈이 속도의 관점에서 27개 섹터의 위치를 분석한 결과를 보여주고 있다.

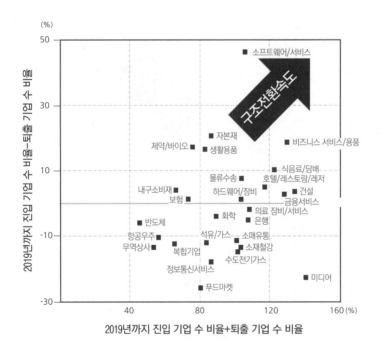

〈그림 3-2〉 27개 산업 섹터의 구조전환 역동성 비교[*]

---

[*] 장석권, 미래자본전쟁, 지식노마드, 2020.8.

이 분석결과는 같은 고성장이라 할지라도 어떤 섹터가 기존 주력 기업들의 성장을 통해, 어떤 섹터가 활발한 멤버 교체에 의한 구조개편을 통해, 그리고 어떤 섹터가 신규 멤버의 활발한 진입을 통해 성장하는지를 잘 보여주고 있다. 〈그림 3-3〉은 27개 각 산업 섹터가 구조개편, 지속, 신규진입이라는 수단을 통해, 성장성 면에서 저성장, 중성장, 고성장이라는 다른 성과를 어떻게 만들고 있는지, 그 산업구조 전환의 유형을 포괄적으로 보여주고 있다. 이렇게 해서 2006년부터 2019년까지 전 세계 메이저리그에서 일어난 산업구조 전환의 모습을 요약하면 다음과 같다.

저성장 속에서 구조개편이 일어나고 있는 산업 섹터는 소재철강, 복합기업, 석유/가스, 수도전기가스, 그리고 푸드마켓 섹터이다.

	저성장	중성장	고성장	
구조 개편	소재철강(1.09),* 복합기업(1.00), 석유/가스(1.13), 수도전기가스(1.02), 푸드마켓(0.99)	정보통신서비스(1.28), 미디어(1.25), 화학(1.61), 은행(1.45)	식음료/담배(2.31), 물류수송(2.09), 건설(2.05), 하드웨어/장비(1.86), 소매유통(2.89), 의료장비/서비스(2.60), 호텔/레스토랑/레저(2.53), 금융서비스(2.02)	구조개편을 통해 고성장을 유지하고 있는 산업군 (퇴출률 〉45%)
지속	무역상사(1.16)	제약/바이오(1.64), 내구소비재(1.59), 보험(1.56)	생활용품(3.06), 반도체(2.99), 항공우주(2.72), 자본재(2.58)	안정성을 기반으로 지속적인 고성장을 유지하고 있는 산업군 (퇴출률 〈45%)
신규	-	-	소프트웨어/서비스(6.32), 비즈니스 서비스/용품(3.69)	신산업으로 등장하여 급성장을 구가하고 있는 산업군 (진입률 〉70%)

〈그림 3-3〉 2006년~2019년 사이의 메이저리그 산업구조 전환 유형

---

* 괄호안의 숫자는 시총성장배율을 나타냄.

구조개편 산업군에 속하면서 중성장의 성과를 보이는 산업 섹터로는 정보통신서비스, 미디어, 화학, 그리고 은행 섹터가 있다.

우리의 관심인 고성장 섹터는 수단의 관점에서 세 가지로 구분할 수 있다. 첫째는 섹터 내 멤버의 대대적인 교체 없이 기존기업들이 성장성을 높여가고 있는 경우이다. 여기에 속하는 섹터로는 생활용품, 반도체, 항공우주, 그리고 자본재 섹터를 들 수 있다. 성장의 구조에 있어서 가장 안정적인 산업 섹터이다. 두 번째는 신산업으로 등장하여 급성장을 구가하고 있는 경우이다. 여기에는 소프트웨어/서비스와 비즈니스 서비스/용품 섹터가 해당한다. 마지막으로 흥미로운 경우는 M&A와 멤버 교체와 같이 활발한 구조개편을 통해 고성장을 달성하는 경우이다. 여기에는 식음료/담배, 물류수송, 건설, 하드웨어/장비, 소매유통, 의료장비/서비스, 호텔/레스토랑/레저, 그리고 금융서비스가 해당한다.

이러한 글로벌 산업구조 전환의 현상은 우리가 앞으로 우리나라의 산업구조에 맞는 효과적 구조 전환의 방법과 수단을 찾는데 구체적이고 실증적인 근거가 된다. 또한, 우리나라와 같이 세계 경제와 구조적으로나 비중 면에서 밀접하게 맞물려 돌아가고 있는 국가의 경우, 각 산업 섹터의 본질적 성격을 파악하고 적용하는 데에도 좋은 벤치마크가 될 수 있다. 그러면 이제부터 이러한 산업구조 전환의 현상을 기반으로, 우리의 산업구조 전환 추진전략 모형을 탐색해 보자.

2. 시장매력도와 산업경쟁력에 의한 시장입지 평가

기업이나 산업도 자연속의 생명체와 마찬가지로 일정한 성장주기를 갖는다. 대개 성장주기는 시장개발, 급성장, 고도성장, 그리고 성장정체내지 퇴조의 네 단계를 밟으며, 각 성장단계별로 수요공급상의 특성을 달리한다. 새로운 시장이 개발되어 급속히 팽창하면 기업들의 시장진입이 일어나며, 충분한 기업의 시장진입이 일어나 경쟁이 치열해 지면서 시장수요가 줄면 시장자체는 수축기로 돌입하게 된다. 〈그림 3-4〉는 산업의 산출물인 부가가치가 시장개발, 급성장, 고도성장, 성장정체/퇴조의 네단계를 밟으면서 어떻게 변화하는지, 그리고 각 단계에서 견인차역할을 하는 시장수요, 즉 시장매력도는 어떻게 변화하며, 이를 좇는 공급측면의 산업경쟁력은 어떻게 변화하는지를 잘 보여주고 있다.

〈그림 3-3〉의 신규산업군은 급성장단계의 산업섹터에 해당되고, 지속성

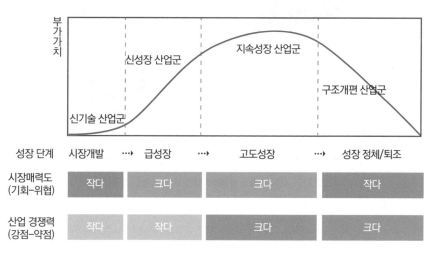

〈그림 3-4〉 산업의 성장주기와 성장단계별 시장매력도/산업경쟁력

장 산업군은 고도성장단계의 산업군에 해당되며 구조개편 산업군은 성장정체/퇴조단계에서 활발한 멤버교체가 일어나는 산업군에 해당한다. 그리고 신기술산업군은 시장이 제대로 형성되기 이전단계, 즉 연구개발과 벤처단계에 있는 시장개발 초기의 기업들 또는 산업섹터에 해당한다. 이로부터 우리는 시장매력도와 산업경쟁력이라는 2차원 평면상에서 그 위상을 달리하며 산업의 성장주기가 형성되고 순환됨을 알 수 있다. 〈그림 3-5〉는 이를 알기 쉽게 도식화한 것이다.

이에 의하면 모든 산업은 지속적으로 자신의 성장단계를 변화시켜나가고 있고, 한 사이클이 끝남과 동시에 다음 주기의 성장주기를 밟아 나간다. 경우에 따라 성장단계중 한두단계를 건너뛰고 다음 주기로 넘어가는 경우도 있고, 어떤 산업은 다음 성장주기로의 이전을 모색하지 못하고 시장에서 영원히 퇴출되기도 한다.

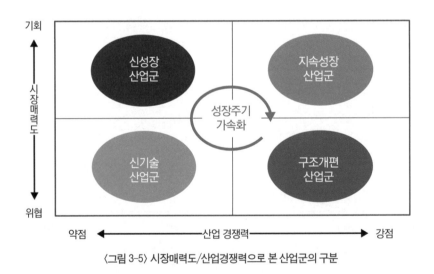

〈그림 3-5〉 시장매력도/산업경쟁력으로 본 산업군의 구분

3. 산업구조 전환 추진전략모형

산업의 성장주기에 따라 어떠한 산업구조 전환의 방법과 수단이 있을까? 그리고 대전환과 같이 빠른 시장 환경 변화가 예상될 때 이에 대비하여 산업구조 전환을 가속하려면 어떻게 해야 할까? 그 해답을 얻기 위해서는 한 성장주기만을 살펴보는 것으로는 부족하다. 한 성장주기가 다음 성장주기로 넘어가는 다단계의 성장주기 대체 및 진화 과정을 살펴보아야 한다. 초경쟁, 일명 하이퍼 컴피티션(hyper-competition)의 저자 리처드 드아브니(R. A. D'Aveni)는 '성장의 지속은 부단한 산업 성장주기의 중첩을 통해서만 가능하다'고 설파한 바 있다.*

〈그림 3-6〉은 변화 속도가 아주 빠른 산업 생태계에서 성장 및 생존을 지속하기 위한 드아브니(1994)의 통찰을 도식화한 것이다. 이에 의하면, 지속성장은 지속적 자기잠식(self-cannibalization) 과정이며 부단한 자기혁신에 의해서만 이룩할 수 있다.

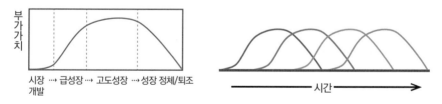

〈그림 3-6〉 초경쟁(hyper-competition)에서 성장을 지속하기 위한 조건

---

* R. A. D'Aveni, Hyper-competition – Managing the Dynamics of Strategic Maneuvering, Simon and Schuster, 1994.

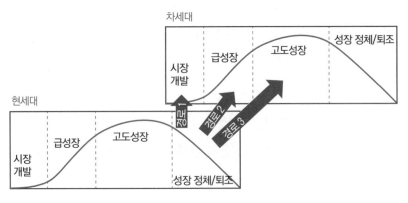

〈그림 3-7〉 산업구조 전환의 다양한 경로

어떻게 보면, 산업의 성장주기는 한 주기가 완결되기 이전에 차세대 성장주기로 넘어가는 것이 더욱 자연스럽다. 왜냐하면, 시장에서 생명을 지속하고 있는 산업이라면, 이미 성장주기의 대체를 추진하고 있을 것이고, 단 하나의 성장주기를 완결하는 산업이나 기업이라면 시장에서 퇴출당하여 우리 눈에 보이지 않을 것이기 때문이다.

하이퍼 컴피티션, 즉 초경쟁 시장에서는 〈그림 3-7〉에서 보듯이 서로 다른 성장주기 사이에 성장 단계의 건너뛰기가 자주 발생한다. 즉 성장 정체에 직면한 기업이나 산업은 다음 성장주기의 신시장단계로 갈 수도 있지만, 배턴터치 단계에서 시장 성과의 하락을 피하기 위해 급성장 단계로, 더 나아가서는 고도성장 단계로 바로 이행할 수도 있다. 그러자면, 현세대의 고도성장단계에서 이미 차세대의 신시장과 급성장을 이끌 준비와 작업을 중첩하여 진행해야 한다.

그렇다면, 실제 산업이 성장주기 사이에서 다음 단계로 진전하거나, 아니면 성장주기의 중첩을 통해서 차세대 성장주기로 몇 단계를 건너뛰고자 한다면, 그 구체적 실행수단은 무엇일까? 한국공학한림원 산업미래전략위원회는 자체 논의를 거쳐 〈그림 3-8〉과 같은 산업구조 전환 추진전략모형을 개발

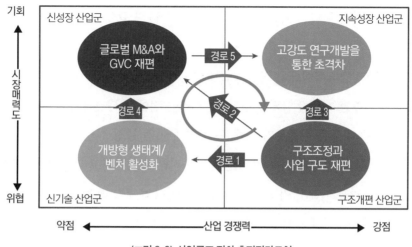

<그림 3-8> 산업구조 전환 추진전략모형

하였다.

특정 산업이 현재 구조개편 산업군에 속해 있을 때, 가장 필요한 것은 구조조정과 사업 구도 재편이다. 그러다가 그다음 단계인 시장개발을 통해 신기술 산업군으로 이전하기 위해서는 개방형 생태계/벤처 활성화를 꾀해야 한다. 신성장 산업군이 가시화되는 급성장 단계에서는 글로벌 M&A와 GVC 개편이 활성화되며, 고도성장 단계에 가 있는 지속성장 산업군은 고강도 연구개발을 통한 초격차 전략을 구사하는 것이 필요하다. 〈그림 3-8〉은 산업 성장주기를 밟고 있는 각 산업이 각 성장 단계에서 어떠한 본원적 전략을 구사하는지 보여주고 있는데, 경로 1에서 경로 5에 이르는 성장 단계의 전환을 위해서는 더욱 심도 있는 전략을 모색하고 강구해야 한다.

그렇다면, 산업의 성장 단계 간 이전을 가속하거나 성장 단계를 건너뛰기 위해서는 어떠한 전략을 강구할 수 있을까? 이는 구조적인 노력일 수도 있으나, 경쟁 역량을 강화하거나 사업구조조정과 같이 더욱 동태적인 전략 행위에 가깝다. 한국공학한림원 산업미래전략위원회는 성장주기에 따른 일명 산업 진화 전략을 하나의 표준 전략으로 〈그림 3-9〉와 같이 제시하였다. 이 표준 전략은 하나의 본원적 전략(generic strategy)으로서 산업별로 다양한 형태로 변환, 강화, 업그레이드된 전략으로 발전시켜 나갈 수 있다. 이들 전략은 산업 진화 원리상 가장 부합되는 행동규범이라는 점에서 본원적 전략이다.

그 세부 내용을 살펴보기 위해 우선 현재 어떤 특정 산업이 구조개편 산업군에 머물고 있음에 따라 새로운 성장주기를 모색한다고 가정하자. 그러면 현상 타개를 위해서 가장 먼저 구조조정과 사업 구도 재편을 시도해야 하겠지만, 다음 성장주기인 신기술 산업군으로 넘어가기 위해서는 사전에 사업 일부를 스핀오프하거나 사내벤처(CV: Corporate Venture)를 강력하게 추진해야 한다. 시기적으로는 산업이 성장 정체 단계에 접어들 것에 대비, 미리부터 이 작업을 준비해 두는 것이 훨씬 더 바람직하다. 만일 시기적으로 이 작업이 너무 오래 걸려 할 수 없이 구조개편 단계에서 신성장 단계로의 직접적 전환을 추진하고자 한다면, 기존사업을 매각하고 그 재원으로 성장 초기 단계에 있는 신사업을 인수하는 방법이 있다.

구조개편 산업군에 속한 한 산업의 가장 그럴듯한 어제 모습이 지속성장

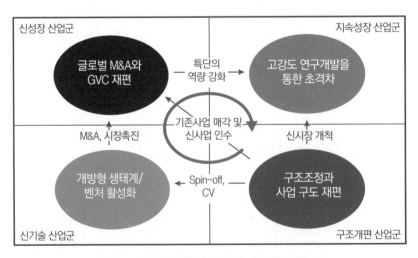

〈그림 3-9〉 산업의 성장주기 간 이전을 촉진하는 전략 수단

산업군이라고 보면, 산업구조 전환 과정에서 잘나가던 어제로 다시 돌아가기는 절대 쉽지 않다. 그러나 요즘 자동차산업이 내연기관(ICE: Internal Combustion Engine) 중심의 제품 포트폴리오를 버리고 바로 전기차(BEV: Battery Electric Vehicle) 중심의 제품 포트폴리오로 급전환하고 있는 상황을 고려하면, 이러한 구조전환 역시 불가능하지만은 않아 보인다. 자신이 보유한 역량을 전면 다른 방향으로 전환하여 신시장에 몰입하는 대표적 예이다. 이러한 극단적 구조전환은 특히 대전환으로 인한 시장의 압박이 클 때 자주 목격된다.

신기술 산업군에 있는 산업은 대개 성장 기반이 약한 벤처기업이거나 중소기업인 경우가 많다. 따라서 기술력은 있으나, 마케팅 역량은 없어서 대기업의 소부장 하청기업이거나, R&D 아웃소싱업체인 경우가 많다. 따라서 이 영역에 있는 기업을 신성장 단계로 조속히 이전시키기 위해서는 대기업에 의한 벤처/중소기업 M&A를 제도적으로 촉진하거나 정부 주도의 공공 조달이나 시장수요 견인정책을 활용해서 이들의 시장수요를 늘려주어야 한다.

마지막으로 신성장 산업군이 지속성장 산업군으로 넘어가는 것은 대개 시장 관성에 의해 이루어지지만, 지속성장 산업군 내에서 그 지위를 얼마나 오래 유지하느냐는 별개의 문제이다. 이 시기에 가장 필요한 조처는 시장지배력을 강화해서 시장 자체에 강력한 진입 장벽을 구축하는 것이다. 따라서 가장 많이 쓰는 진입 장벽 구축전략은 R&D 부문에서 강력한 특허 벨트를 조성하면서 후발주자와의 기술 격차를 최대한 벌리는 것이다. 동시에 확보한 재원을 활용해서, 주변의 미래기술을 개발·획득·조달하여 방어진지를 구축하는 초격차 전략을 구사하는 것이다. 이런 조처를 통칭해서 역량 강화 전략이라고 했는데, 강화대상이 되는 역량으로는 인적 역량, 기술 역량, 그리고 시장에서의 마케팅 및 고객 락인(customer lock-in) 역량을 들 수 있다.

2030
담대한
전환

제4장
한국 산업의 시장입지 진단과 목표시장 설정

1. 한국공학한림원의 전문가 패널 인터뷰

한국공학한림원은 산업구조 전환의 세부 방향과 추진전략을 도출하고자 2020년 1월부터 약 3개월에 걸쳐 자체 전문가 패널을 구성하고 서면 인터뷰를 진행하였다. 23개 주요 산업에 걸쳐 55개 주요 업종을 대상으로 진행된 이 인터뷰에는 112명의 전문가가 참여하였으며, 2020년 4월과 5월에 걸쳐 그 결과를 취합하고 수정 보완하는 작업에 23명의 대표 패널이 참여하였다. 이번 대한민국「산업미래전략 2030」을 도출하는 과정에는 한국공학한림원의 5개 분과, 즉 전기전자정보공학 분과, 기계공학 분과, 건설환경공학 분과, 재료자원공학 분과, 화학생명공학 분과의 분과위원장은 물론 분과별로 조직된 소위원회가 패널 인터뷰 결과를 해석하고 취합해서 체계화하는 작업에 모두 참여하였다. 이와 함께 주로 기술경영경제정책 분과의 회원들로 구성된 총괄위원회는 전체 작업을 기획하고 추진하며 종합하는 역할을 수행하였다.*〈표 4-1〉은 이번 작업의 대상이 되었던 주요 산업과 산업 내 업종을 보여주고 있다.

일반적으로 산업구조 전환의 추진전략을 도출하려면 가장 먼저 수행해야할 작업이 각 산업의 시장입지를 평가하는 것이다. 다시 말하면, 개별 산업과 개별 업종에 대해 시장 매력도와 산업 경쟁력을 엄밀하게 분석하여 이들이 산업 성장주기상 신기술 산업군, 신성장 산업군, 지속성장 산업군, 구조개편 산업군 중 어느 위치에 가 있는지를 판단해야 한다. 이를 위해 그 판단의 근거가 되는 연구 프레임워크가 필요한데, 이번 산업미래전략 도출과정에서는

---

* 이 작업에 참여한 산업미래전략위원회, 6개 분과위원장 및 분과별 소위원회, 대표 패널과 업종별 패널은 16~19페이지를 참고하기 바란다.

〈그림 4-1〉에 도식화한 일명 3C(Customer, Competitor, Competence) 관점의 분석 프레임워크를 사용하였다.

이 프레임워크의 목적은 일차적으로 산업별 시장 매력도와 산업 경쟁력 분석을 통해 현재의 시장 입지를 판단하고, 이차적으로는 이를

〈표 4-1〉「산업미래전략 2030」에 포함된 주요 산업과 주요 업종

주요산업	주요산업 내 주요 업종
자동차산업	친환경자동차, 자율주행자동차, 커넥티드카, 모빌리티카
조선산업	친환경선박, 스마트선박
항공우주산업	항공, 우주발사체, 인공위성
철도산업	철도
바이오헬스산업	식품, 의약품, 의료기기, 화장품
섬유산업	스마트섬유
신재생에너지산업	태양광, 풍력, 수소
원자력산업	원자력
정유산업	정유
건설/환경산업	토목, 플랜트, 도시, 교통, 건축, 안전방재, 환경, 리사이클링
가전산업	차세대 가전
의료헬스케어산업	모바일 헬스케어시스템, 의료용 데이터 사이언스시스템
컴퓨터/SW산업	인공지능, 컴퓨터 및 주변기기, IT서비스/SW솔루션/정보보호
미디어콘텐츠산업	게임
기계산업	반도체/디스플레이 장비, 건설기계, 공작기계, 기계설비
로봇산업	서비스 로봇, 제조산업용 로봇, 로봇 부품 및 로봇 SW
반도체산업	메모리반도체, 시스템반도체
디스플레이산업	융복합 디스플레이
정보통신산업	차세대 이동통신시스템, 스마트 이동디바이스
금속산업	철강, 비철
소재산업	전자재료, 소재가공, 기계소재, 건설소재
전지산업	이차전지/연료전지/ESS
석유정밀화학산업	석유정밀화학

고객/시장 (Customer)	– (변화 동인) 시장 미래변화의 핵심 동인(내/외부)
	– (시장 니즈) 고객의 미래 Needs 및 Pain Point 변화
	– (규모/성장성) 시장 전반의 규모, 성장성, 부가가치
	  • 품목/지역별 시장 구조 변화
	  • 부가가치 확대 및 확보

경쟁 (Competitor)	– (기술경쟁) • 현재 및 미래 양상 • 와해적 신기술
	  및 대체 기술 • 주요 경쟁국 기술경쟁력 전망
	– (시장경쟁) • 경쟁 구도/강도 • 미래 주력 경쟁자
	– (가치사슬) • GVC의 재편 전망 • 수요처 및 공급
	  자 영향력 변화 • 지역별 분업구조 변화

역량 (Competence)	– (시장/기술 위상) 현재 및 미래 전망 – (핵심역량) 현재 및 미래의 강점, 핵심 역량 – (약점/이슈) 극복 필요한 약점 및 이슈 사항 • 인력, 자본, 기술, 인프라, 제도 등

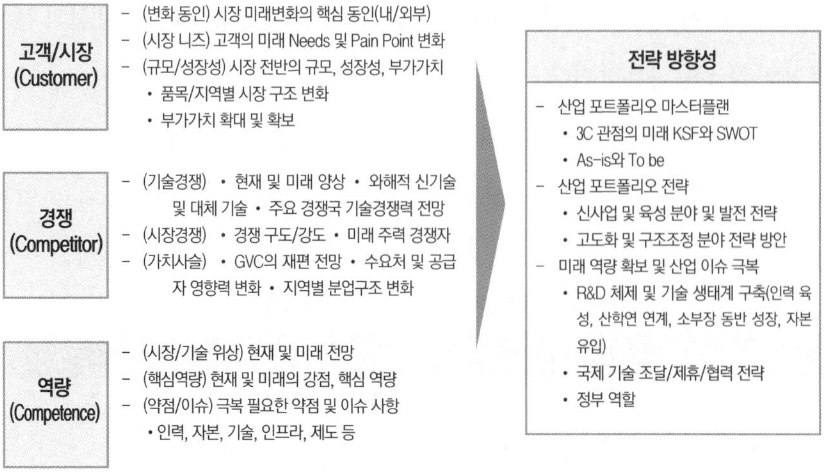

전략 방향성

– 산업 포트폴리오 마스터플랜
  • 3C 관점의 미래 KSF와 SWOT
  • As-is와 To be
– 산업 포트폴리오 전략
  • 신사업 및 육성 분야 및 발전 전략
  • 고도화 및 구조조정 분야 전략 방안
– 미래 역량 확보 및 산업 이슈 극복
  • R&D 체제 및 기술 생태계 구축(인력 육성, 산학연 연계, 소부장 동반 성장, 자본 유입)
  • 국제 기술 조달/제휴/협력 전략
  • 정부 역할

〈그림 4-1〉 전문가 패널인터뷰를 위한 3C 관점의 분석 프레임워크

SWOT(Strength/Weakness/Opportunity/Threat) 프레임워크와 연계하여 전방으로 는 목표시장을, 후방으로는 필요한 미래 신기술을 도출함으로써 산업구조 전환 추진전략을 완성하는 것이다. 〈표 4-1〉에 열거한 총 23개 산업별 시장 매력도와 산업 경쟁력 분석결과는 「부록」에 수록하였다.

이렇게 시장 매력도와 산업 경쟁력에 대한 분석이 이루어지고 나면, 각 산업이 현재 처한 SWOT 관점의 상황이 그려지며 이를 기반으로 목표시장을 설정하고, 필요한 미래 신기술을 그려낼 수 있다. 〈그림 4-2〉는 그 과정에서 시장입지 평가 결과가 어떻게 SWOT 프레임워크와 연결되어 산업구조 전환 추진전략으로 도출될 수 있는지, 그 연결 구조를 보여주고 있다.

〈그림 4-2〉에서 시장 환경, 경쟁 환경, 그리고 GVC 환경은 각 산업이 처한 시장의 매력도를 구성하는 변수들로서 SWOT에서는 기회/위협, 즉 OT에 대응된다. 한편 시장 위상, 기술 위상, 그리고 핵심 역량은 산업 경쟁력을 구성하는 변수들로서 SWOT의 강점/약점, 즉 SW에 대응된다. 한 단계 더 내려가서, 시장 환경은 3C 프레임워크의 고객/시장을, 경쟁 환경은 기술경쟁과

〈그림 4-2〉 3C 프레임워크와 SWOT 프레임워크 간의 연결 구조

시장 경쟁을, 마지막으로 GVC 환경은 경쟁 부문의 가치사슬을 지칭한다. 산업 경쟁력을 구성하는 시장 위상, 기술 위상은 해당 산업의 글로벌 시장 지배력과 글로벌 기술경쟁력을 의미하며, 핵심 역량은 기업집단 내 축적된 노하우나 지식재산권, 그리고 혁신지향성과 같은 조직 역량 등을 나타낸다.

한국공학한림원 산업미래전략위원회는 2020년 1월부터 6월에 걸쳐 총 23개 주요 산업, 55개의 주요 업종에 대해 수집된 방대한 인터뷰 결과를 다시 광의의 5개 섹터로 압축하였다.* 다섯 가지 섹터는 전기전자정보 섹터, 운송장비기계 섹터, 건설환경 섹터, 화학생명에너지 섹터 그리고 재료자원 섹터로서 편의상 한국공학한림원 분과위원회의 편제를 준용하였다. 그러면 이제부터 이들 5개 섹터 각각에 대해 시장입지 평가 결과 그리고 이를 바탕으로 도출된 미래 신기술과 목표시장을 하나씩 살펴보기로 하자.

---

* 23개 산업 각각에 대해 SWOT의 관점에서 시장 매력도와 산업 경쟁력을 평가한 결과는 부록 I을 참고하기 바란다.

2. 전기전자정보 섹터,
   스마트 디지털시대의 견인차

전기전자정보 섹터의 구성과 범위

전기전자정보 섹터는 〈표 4-2〉에 나열한 바와 같이 23개 산업 중에서 7개의 산업으로 구성된다. 가전 및 서비스 로봇, 컴퓨터 및 소프트웨어, 정보통신 및 스마트 이동 단말은 완제품 영역에 속하는 산업인 반면, 메모리 및 시스템 반도체, 융·복합 디스플레이는 중간재 영역의 산업이며, 디지털콘텐츠 및 게임, 그리고 의료 헬스케어 신산업은 콘텐츠 및 데이터 서비스 영역의 산업들이다. 각 산업의 구성과 범위를 가름해 보기 위해 〈표 4-2〉는 이들 7개

〈표 4-2〉 전기전자정보 섹터의 구성

가전 및 서비스 로봇	삼성전자, LG전자, 코웨이, 바디프렌드 등 가전기업과 국내 서비스 로봇 기업
디지털콘텐츠 및 게임	CJ ENM, 네이버, 다음 카카오, 엔씨소프트 등
메모리 및 시스템 반도체	삼성전자, SK하이닉스, 실리콘웍스, 텔레칩스 등
의료 헬스케어 신사업	대형병원(서울대, 연대 세브란스, 삼성, 아산, 가톨릭 성모) 및 부속 검진센터, 헬스케어 시스템/서비스(Noom, Fitbit, 인피니티 헬스케어, 루닛), 의료 및 헬스케어 장비/기기업체 등
컴퓨터 및 소프트웨어	삼성전자/LG전자, 삼성SDS, 더존비즈온, 마이더스아이티 등
정보통신 및 스마트 이동 단말	삼성전자, LG전자, KT, SKT, LGU+ 등
융복합 디스플레이	LG디스플레이, 삼성디스플레이 등

〈그림 4-3〉 전기전자정보섹터의 산업 생태계 구조

산업 각각에 해당하는 대표적 기업들을 예시하여 보여주고 있다.

전기전자정보 섹터는 하나의 산업 생태계로서 자체적으로 전후방으로 긴밀하게 연결된 가치사슬을 구성한다. 산업 생태계를 구성하는 아키텍처 상 계층 구조를 가지고 있고 하드웨어적으로는 소부장 기반과, 소프트웨어적으로는 소프트웨어 기반과 연결된다. 그 구조를 보면 하단에는 기반 기술과 각종 단말기기가 있고, 이들을 기반으로 이른바 플랫폼 계층이 형성된다. 그리고 그 위에 다시 콘텐츠와 서비스가 만들어지면서 전체 생태계 구조가 완성된다. 가치사슬 구조상 소부장 기반과 소프트웨어 기반은 상류에 위치하며, 하류에 IT 융합시스템과 서비스가 위치한다. 〈그림 4-3〉은 바로 전기전자정보 섹터의 산업 생태계 구조를 예시적으로 도식화한 것이다.

전기전자정보 섹터의 시장입지 평가

전기전자정보섹터에 속한 7개 산업에 대해 이들이 현재 산업 성장주기상 어느 단계에 위치하는지, 즉 그 시장입지를 평가하기 위해서는 시장 매력도와 산업 경쟁력에 대한 엄밀한 평가가 필요하다. 〈그림 4-4〉는 전기전자정보 섹터를 구성하는 8개 산업의 시장입지 평가결과를 산업 경쟁력과 시장 매력

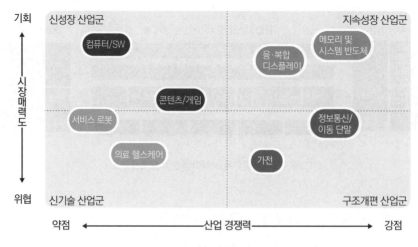

기회

신성장 산업군

지속성장 산업군

시장매력도

컴퓨터/SW

메모리 및
시스템 반도체

융·복합
디스플레이

콘텐츠/게임

서비스 로봇

정보통신/
이동 단말

의료 헬스케어

가전

위협

신기술 산업군

구조개편 산업군

약점 ◀──────── 산업 경쟁력 ────────▶ 강점

〈그림 4-4〉 전기전자정보 섹터의 시장입지 평가결과

도 평면상에 도식화한 것이다.* 이 과정에서 편의상 가전산업과 서비스 로봇
산업은 아직 실질적 통합이 이루어지지 않은 점을 고려해서 별개의 산업으로
분리하였다.

전자전기 및 정보 섹터를 구성하는 8개 산업에 대해 개괄적으로 평가한
결과, 서비스 로봇과 의료 헬스케어는 신기술 산업군, 컴퓨터/SW와 콘텐츠/
게임은 신성장 산업군, 디스플레이와 반도체는 지속성장 산업군, 마지막으
로 정보통신/이동 단말과 가전은 구조개편 산업군으로 평가되었다. 물론 같
은 산업군 내에 속해 있다 하더라도 산업 경쟁력과 시장 매력도 평면상의 각
산업의 위치는 평가 결과에 따라 서로 다를 수 있다. 그러면 이들 8개 산업의
시장입지는 구체적으로 어떻게 다른지 이제부터 자세히 살펴보기로 하자.

의료 헬스케어는 기본적으로 데이터 기반의 서비스 산업에 해당한다. 어
떻게 보면 아직 산업화하지 못한 채, 빅데이터, 인공지능 등 비즈니스 기반

---

* 서비스 로봇산업은 생산 기계 중심의 로봇과 그 특성을 달리하면서 성격상 가전과 통합되어가는 추세를 고려하여
전기전자정보 섹터에서 함께 다루었다. 전기전자정보 섹터를 구성하는 산업 각각에 대한 세부적인 시장입지 평가
결과는 부록에 수록된 내용을 참고하기 바란다.

을 형성하는 연구개발과 벤처가 추진되고 있는 영역이다. 산업 경쟁력 면에서 EMR과 의료 AI 분야의 경쟁력은 미약하나 국내 의료시장 기반이 탄탄하고 실제 의료 서비스에서는 선진국이라는 점, 그리고 임상 분야에서 축적된 막대한 임상 지식자산이 아직 사업화되지 못하고 있다는 점이 크게 부각되었다. 그러나 전 세계적으로 구글, 애플, 마이크로소프트 등 글로벌 IT 기업들이 의료 빅데이터 분야 투자를 증가시키고 있고, 의료기기 시장 역시 매우 빠르게 성장하고 있어 국내 규제 환경의 완화와 신규사업이 자랄 수 있는 시장 기반만 조속히 조성되면, 큰 시장 기회가 열릴 것이라 판단된다.

서비스 로봇은 아직 하나의 산업이라기보다는 로봇 분야로부터 서비스 분야에서 활용할 목적으로 파생되어 나온 세부 업종에 해당한다. 사실 서비스 로봇은 개념 정의를 어떻게 하느냐에 따라 그 범위가 크게 좌우되는데, 택배 용도나 물류 창구에서 대량 사용되는 드론이나 물류 로봇도 여기에 해당하고, 장난감 로봇이나 휴머노이드형 각종 안내 로봇 등도 여기에 해당한다. 더 광의적으로 해석하면, 현재 가전 분야에서 파생된 안마기기, 청소 로봇, 공기청정기, 인공지능 세탁기, 그리고 냄새 제거용 가구 등 가전에 지능이 가미되어 다각화되어 가는 지능형 가전도 서비스 로봇 범주에 포함할 수 있다. 그런 의미에서 이 영역은 가전업종에서 파생되어 차세대로 진화하고 있는 신기술 산업군인 셈이다.

컴퓨터/소프트웨어 산업은 시각에 따라 다소 다른 인식을 가질 수 있다. 전통적인 컴퓨터산업을 보면 그 성장세가 크지 않아 보이고, PC를 기반으로 한 소프트웨어 시장도 이미 성숙 단계로서 성장세가 많이 둔화되었다고 볼 수 있다. 그러나 최근의 컴퓨팅 패러다임은 클라우드 기반의 빅데이터/인공지능 플랫폼으로 진화하고 있고 전 산업에서 진행되고 있는 디지털 트랜스포메이션 수요가 이들 시장을 빠르게 견인하고 있다는 점에서 신성장 산업군으로 평가되었다.

우리나라는 이 분야에서 자체적인 공급사슬을 보유하고 있고, 클라우드 컴퓨팅 분야에서 토종기업들이 약진하고 있으며 버스/지하철 환승이나 도착 시간 알림, 그리고 각종 내비게이션 시스템 등 생활 밀착형 AI 분야에서 한국은 세계시장에 앞서 있다. 그러나 그 성장세에 걸림돌로 작용하고 있는 소프 트웨어 부문은 게임 분야를 제외하고는 특히 인공지능 분야에서 아직 역량이 미진하여 신성장 시장의 기회를 잡지 못하고 있다.

이와 대조적으로 콘텐츠와 게임 분야는 빠른 속도로 세계화되고 있는 한류 문화를 기반으로 글로벌 시장수요를 키워가고 있다. 넷플릭스(Netflix)와 같은 글로벌 콘텐츠 유통 플랫폼을 통해 킹덤과 같은 K-Contents를 제작·유통하고 있고, 모바일 게임이나 MMORPG형 게임에 있어서도 세계시장 경쟁력을 빠르게 키워가고 있다. 그러나 글로벌 콘텐츠 유통 플랫폼에 의한 국내 시장 잠식 역시 빠르게 진행되고 있다. 이 분야가 비록 빠르게 성장하고 있고 잠재력이 큰 시장이라는 점에서 신성장 산업군으로 분류되기는 하였으나, 경쟁력이 있다는 게임 분야에서조차 인터랙션, 실감형, 집단체험형, 인공지능형 등 고기능/다기능 게임제작기술 수준이 여전히 미흡하고, 오픈소스/플랫폼 생태계 역량은 글로벌 IT 기업과의 격차가 크다는 사실을 인정하지 않을수 없다.

반도체와 디스플레이는 한국 경제를 견인하는 주력 업종이었다는 점에서 지속성장 산업군으로 평가되었다. 그러나 이 분야의 급속한 성장 가능성에도 불구하고 우리의 경쟁력은 주로 메모리 부문에 편중되어 CPU, 팹리스, 파운드리 등 시스템 반도체 분야의 경쟁력은 여전히 미진하고 GVC상의 핵심소재·장비 역시 취약성을 보인다. 디스플레이 분야는 중국의 OLED 기술추격, AR/VR 등의 분야에서 선진국과의 기술격차가 가장 큰 위협 요인으로 인식되

고 있다. 한편 미·중 간 디커플링과 같은 지정학적 대전환 추세는 이 산업의
지속성장에 유리하게 작용할 가능성이 크고, 자동차산업을 중심으로 가속되
고 있는 디지털 대전환도 이 산업의 시장경쟁력을 높여 나갈 소재로 인식되
고 있다.

정보통신/이동 단말과 가전을 두고 구조개편 산업군이라고 평가하는 데
에 이론이 있을 수 있다. 왜냐하면, 그동안 정보통신 분야는 한국 경제를 견
인해 온 산업이고 이동 단말은 적어도 안드로이드 진영의 최대공급자를 가
지고 있기 때문이다. 그러나 이 산업에 구조개편이 요구되고 있는 저변의 인
식은 두 가지이다. 하나는 국내 정보통신 서비스 산업이 혁신 측면에서 정체
국면에 접어들어 이 분야 성장을 견인하지 못하고 있다는 사실이고, 다른 하
나는 개방형 안드로이드 기반 이동 단말 시장은 중국의 추격으로 점차 부가
가치가 감소하고 있다는 점이다. 최근 한국 시장에서 LG그룹이 스마트폰 사
업을 접은 것, 그리고 통신 서비스 시장에서 진행된 유선방송과의 M&A는 이
시장에서 현재 자율적인 구조개편이 진행되고 있음을 보여주고 있다.

전기전자정보 섹터의 목표시장 설정

8개 산업에 대한 시장입지 평가는 각 산업의 미래성장 목표를 설정하는
데 논리적 기초가 된다. 그런 의미에서 목표시장 설정의 핵심논리는 산업 경
쟁력의 강화 또는 보완을 통해 새로 열리게 되는 시장의 기회를 잡는 것이다.
물론 각 산업이 현재 처해 있는 시장입지에 따라 같은 목표시장이라고 해도
목표 기간은 단기일 수도 장기일 수도 있다. 지속성장 산업군이나 구조개편
산업군에 속한 산업의 목표시장은 현재 진행형이거나 단기 목표시장일 가능
성이 크고 신성장 산업군이나 신기술 산업군에 속한 산업의 목표시장은 비교

적 장기 목표시장일 가능성이 크다. 〈표 4-3〉은 전기전자 및 정보 섹터의 7개 산업의 목표시장과 이를 달성하기 위한 수단으로서 미래 신기술을 정리한 것이다.

우선 가전산업은 지능형/뉴라이프/시스템/프리미엄 가전을 목표로 하나, 중장기적으로는 가치사슬 융합과 플랫폼화를 지향한다. 또한, 인접 산업이라고 할 수 있는 가구와 인테리어 시장으로 다변화/특화/B2B 시장확장을 꾀하고자 한다. 한편 서비스 로봇 분야에서는 가사 로봇, 의료용 로봇, 간병 로봇, 경비 로봇, 물류/무인 배송 및 농업용 로봇 등 지능형 서비스 로봇 시장이 가시화되고 있고, 중장기적으로는 가전, 가구, 서비스 로봇산업이 통합 서비스 시장으로 전환될 것으로 보고 있다. 이에 따라 환경친화적 소재 기술, 서비타이제이션(servitization)을 지원하는 고장진단 및 예측시스템 기술, 그리고 플랫폼화를 통한 빅데이터 처리기술 등이 그 수단적 미래 신기술로 준비되어야 한다.

컴퓨터/소프트웨어 산업은 전통적인 컴퓨터보다는 차세대 IT 기반의 애플리케이션/서비스 시장의 선도를 목표로 설정하였고, 그 방식은 국내 선개발 후 해외시장을 개척하는 것으로 설정되었다. 또한, 차세대 컴퓨팅 디바이스로서 웨어러블 및 인터랙션 디바이스 시장으로 진화해야 하며, 소프트웨어 산업은 우리나라가 시장지배력을 가지고 있는 가전/스마트폰/반도체/통신 영역의 디바이스에 임베디드된 형태로 해외시장에 동반 진출하는 시장전략을 강구해야 한다. 따라서 이 영역에서 웨어러블 기기 경량화 및 저전력화 기술, 오감인지/인터랙티브 햅틱/몰입형 멀티미디어 기술, 그리고 장기적 기반기술로서 양자 통신 및 양자 암호화 기술에 주목해야 한다.

디지털 콘텐츠/게임 영역은 미래시장으로 인공지능 기반의 콘텐츠/게임 제작시장, 가상화된 실감형 지능 콘텐츠와 게임 시장, 그리고 온오프 통합형

<표 4-3> 전기전자정보 섹터의 목표시장과 미래 신기술

	차세대 품목/서비스 **목표시장**	기술확보 및 격차 확대 **미래 신기술**
가전/ 서비스 로봇	• 차세대 지능형/뉴라이프/시스템/프리미엄 가전 • IT 가치사슬 CPND 상 융합화/플랫폼화 • 가구 및 인테리어 시장으로 다변화/특화/B2B 확장 • 가사 로봇, 의료용 로봇, 간병 로봇, 경비 로봇, 물류/무인 배송, 농업용 로봇 등 지능형 서비스 로봇 • 가구/서비스 로봇의 서비스 통합 시장	• 친환경적 신냉매적용 기술 • 고장진단 및 예측시스템 기술 • 빅데이터 처리 기술
컴퓨터/ 소프트웨어	• 차세대 IT 기반의 애플리케이션/서비스 시장 선도 (국내 선 적용 후 해외 진출)(예, 스마트시티) • 웨어러블 디바이스와 인터렉션 디바이스 개발 • 가전/스마트폰/반도체 등 선두기업의 산출물에 embedded 형태로 해외시장 동반 진출 모색	• 웨어러블 기기 경량화 및 저전력화 기술 • 오감인지 / 인터렉티브 햅틱/몰입형 멀티미디어 • 양자통신, 양자 암호화 기술
디지털콘텐츠/ 게임	• 인공지능기반의 콘텐츠/게임제작기술, 가상화된 실감형 지능콘텐츠와 게임 • 온·오프를 연결하는 디지털 트윈 기반 신종서비스	• 인공지능기술 • 오픈소스 고도화 기술
정보통신/ 이동 단말	• 탈 화웨이로 인한 5G 및 B5G 장비시장 확대 • 미래지향적 B2B 지능형 버티컬 시장 개발 • CDN/SDN/Cloud/AI 등과 관련 새로운 혁신적 패러다임의 개발 및 적용	• 초공간/초성능/초지능 통신시스템 기술 • Open RAN • Space Internet, 6G
메모리/ 시스템반도체	• 메모리반도체의 customization, Processor in memory • 시스템반도체는 인공지능 제품군, 전장(자율주행, EV, 인포테인먼트), 산업용(조명, 보안, 에너지, 자동화), 그리고 통신(5G, 6G)용 반도체로 특화/확장	• AI용 신구조 프로세서 • 신소재기술(SiGe, 3-5족 화합물, 그래핀 등) • 신공정기술(나노 임플란트, Package level integration 등)
융복합 디스플레이	• 고해상도/저전력/대형디스플레이와 다기능 융복합 디스플레이의 대형 신시장(예, 차량용 디스플레이) • 신개념의 차세대 디스플레이	• Stretchable 관련 기술 • AR/VR용 초고해상도 기술

의료 헬스케어 신사업	• 국내 관련 법규 제약으로 현 국내시장보다 해외 진출을 우선적으로 추진 중 • 국내에서 실증기반의 healthcare system을 선 구축, 검증 후 해외시장으로 진출	• 빅데이터 분석 기술 • 블록체인 이용 무결성 검증 기술 • 의료인공지능 기술

디지털 트윈 기반의 신종서비스를 추구한다. 이를 위해서는 기반기술인 인공지능기술의 산업 경쟁력이 조속히 확보되어야 하며, 오픈소스 고도화 기술 역시 높은 부가가치를 만들어내는 데 필수적이다.

정보통신/이동 단말 산업의 가장 현실적 미래 목표시장 중 하나는 탈화웨이 추세에 따라 새로이 형성된 5G 및 B5G 시장이다. 이는 지정학적 대전환의 소득 중 하나이며, 그 여세를 몰아 네트워크 인프라 분야에서 CDN/SDN/Cloud/AI를 통합한 메타버스 관련 시장에 주목해야 한다. 이러한 미래시장 개발에 앞서기 위해서는 초공간/초성능/초지능 통신시스템 기술을 기획해야 하고, Open RAN 기술, Space Internet 기술, 그리고 6G 기술 개발 경쟁에서 앞서야 한다.

메모리/시스템 반도체 분야는 메모리 분야에 집중된 경쟁력을 조속히 시스템 반도체 영역으로 이전·확대해야 한다. 이를 위해 인공지능 제품군, 전장(자율주행, 전기차, 인포테인먼트), 산업용(조명, 보안, 에너지, 자동화), 그리고 통신용(5G, 6G) 반도체로 특화해서 확장해야 한다. 이를 위해 필요한 미래 신기술로서는 AI용 신구조 프로세서, SiGe, 3-5족 화합물, 그래핀 등 신소재 기술, 그리고 나노 임플란트, 패키지 레벨 통합(package level integration) 기술을 들 수 있다.

융·복합 디스플레이산업에서는 중국의 추격에 대응하여, 차별화된 고해상도/저전력/대형 디스플레이와 차량용 디스플레이와 같은 다기능 융·복합 디스플레이 시장을 목표로 해야 한다. 그러나 더 근본적으로는 기존의 고정 관념을 깨는 혁신적 신개념의 차세대 디스플레이 개발에 나서야 한다. 이를 위한 요소기반기술로는 스트레쳐블(stretchable) 관련 기술, AR/VR용 초고해상도 기술들을 들 수 있다.

마지막으로 의료 헬스케어산업은 국내에서 실증 기반의 헬스케어 시스템을 선 구축, 시장개발을 한 다음 해외시장을 개척하는 것이 필요하다. 그러나 개발된 시스템과 서비스의 국내 보급이 국내 규제 환경의 제약으로 펼쳐지기 어려운 경우, 해외시장을 선 개발 목표로 설정할 필요도 있다. 이 분야에서 보편적으로 쓰이고 있는 빅데이터 기술, 블록체인 기반기술, 그리고 의료인공지능기술이 갖추어져야 하지만, 그 이전에 막대한 임상데이터를 어떻게 체계적으로 모아 산업 자본화할 것인가를 고민해야 한다.

3. 운송장비기계 섹터,
친환경/지능형 트랜스포머로의 변신

운송장비기계 섹터의 구성과 범위

운송장비기계(로봇 포함) 섹터는 〈그림 4-5〉와 같이 23개 산업 중 5개 산업, 즉 기존 내연기관 기반의 자동차, 조선, 철도와 항공산업 등 운송장비에 해당하는 4개 산업과 기계산업으로 구성된다. 이들 산업의 경우 최근 친환경화와 디지털 전환에 대한 대응이 어느 정도 진행되어 구조 전환 이후의 모습이 구체화 되고 있다. 즉 자동차의 경우 친환경차, 자율주행 자동차, 커넥티드카, 모빌리티용 차량과 같이 세분화된 분야의 새로운 차량 특성이 강조되고, 조선의 경우에도 산업 전환 이후의 모습으로 친환경 선박, 스마트 선박이 논의되고 있다.

기계산업의 경우 그동안 기존 범용기계가 주를 이루었으나, 향후에는 건설, 공작, 기계설비 등 세분화된 기계산업별로 친환경화와 디지털 전환을 통한 지능화의 가능성이 큰 것으로 예상된다. 그리고 철도와 항공분야의 경우는 친환경화 및 지능화를 통한 산업구조 전환보다는 기존 제품의 고도화 차원이나 미래 신개척 분야 중심으로 산업 전환의 방향성이 논의되고 있다. 그러나 이들 산업에서도 비록 부분적이지만 새로운 친환경 동력의 모색이나 미래 신개척 분야의 경우에도 친환경 또는 디지털 전환을 중심으로 한 구조 전환 논의가 진행되고 있다.

한국공학한림원이 행한 1차 연도 회원 대상 서베이에 의하면, 이들 운송장비기계 섹터는 크게 향후 신속한 구조개편이 필요한 산업군과 미래 친환경

자동차 분야 (내연기관)	친환경 자동차, 자율주행 자동차, 커넥티드카, 모빌리티용 차량
조선 분야	친환경 선박, 스마트 선박
철도 분야	차세대 철도
항공 분야	우주발사체, 인공위성
기계 분야	건설기계, 공작기계, 기계설비, 3D프린팅

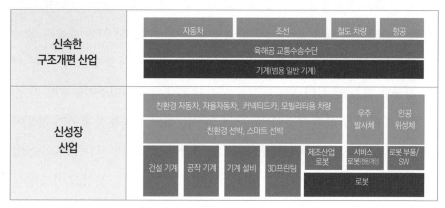

〈그림 4-5〉 운송장비기계 섹터의 구성

화와 지능화에 부응하는 신성장 산업군으로 나뉜다. 우선 자동차(내연기관), 조선(전통적 개념의 조선), 철도차량, 항공기 등 기존 육해공 교통수송수단을 공급하는 산업과 기계, 특히 범용 일반 기계산업은 향후 신속한 구조개편이 불가피한 산업으로 인식되었다. 그러면 이들 산업에서 신속한 구조개편이 필요하다면 대체 어떤 산업으로 구조개편을 추진해야 할까?

이들 산업의 미래 구조 전환 방향성에 대한 국내외 논의를 종합해 보면 운송장비기계 섹터에서 구조 전환 이후 새롭게 나타날 산업은 대체로 다음과 같이 정리할 수 있다. 기존 내연기관 위주의 자동차는 친환경 자동차, 자율주행 자동차, 커넥티드카와 모빌리티 차량으로의 전환이 예상된다. 조선산업의 경우 친환경 및 스마트 선박, 범용기계의 경우는 지능형 건설, 공작,

기계설비 및 3D프린팅, 그리고 로봇산업의 경우 제조 로봇을 비롯한 서비스 로봇, 로봇 부품과 SW산업이 구조 전환을 통해 크게 성장할 것으로 예상된다. 따라서 구조 전환 이후의 이들 산업은 모두 신성장 산업군으로 분류될 수 있다.

구조 전환 이후의 이들 산업을 신성장 산업으로 간주하는 이유는 다음과 같다. 첫째는 기후변화 위기에 대응한 이산화탄소 배출 저감형 제품에 대한 선호가 증가하고 있고, 둘째 4차 산업혁명 전개 과정에서 기존 제품과 통신시스템과의 네트워킹을 통한 제품 기능 고도화가 추진되고 있으며, 셋째 제품 생산과 기기 및 설비 운영과정에 생성된 빅데이터와 인공지능 기반의 품질향상으로 인해 기존 제품의 친환경화와 지능화가 가능해질 것이기 때문이다. 실제로 이들 산업군에서는 산업구조 전환의 방향성과 전환 이후의 산업 모습에 대해 오랫동안 논의가 이루어져 왔고, 그 결과 이들 산업의 미래 발전 방향에 대한 사회적 공감과 우호적 여건이 이미 상당히 조성되어 있다.

운송장비기계 섹터의 시장입지 평가

운송장비(자동차, 조선, 항공) 및 기계(로봇 포함) 섹터의 5개 산업, 그리고 그 산하 세부 업종이 2020년 현재 산업 성장주기상 어느 단계에 위치하는지, 그리고 이들 5개 산업의 세부 업종의 시장입지를 시장 매력도와 산업 경쟁력 관점에서 평가해 보면, 〈그림 4-6〉과 같다. 단 여기서 서비스 로봇산업은 생산기계 중심의 로봇과 그 특성을 달리하면서 성격상 가전과 통합되어가는 추세를 고려하여 전기전자정보 섹터에서 함께 다루었으므로 여기서는 생략하기로 한다.

〈그림 4-6〉에 따르면, 기존 내연기관 자동차, 조선 및 철도와 함께, 기계

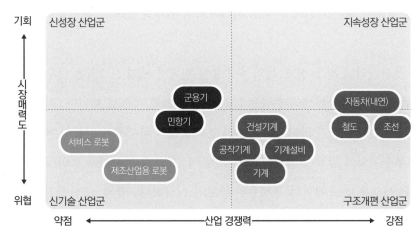

〈그림 4-6〉 운송장비기계 섹터의 시장입지 평가 결과

산업의 건설기계, 공작기계, 기계설비 및 범용기계는 모두 구조개편이 필요한 산업군으로 평가되었다. 특히 이들 자동차, 조선 및 기계산업은 우리나라의 제조업을 대표하는 주력산업으로서 산업 경쟁력은 타 산업에 비해 상대적으로 우위에 있다고 할 수 있다. 그러나 이들 산업의 글로벌 시장 규모에 비해 국내 시장 규모는 상대적으로 작아 시장 매력도에서는 중위 수준으로 평가된다.

자동차산업의 경우 미국과 독일 등 유럽 시장뿐 아니라 중국 등 개도국 시장에서의 시장 점유율이 낮지 않고 제품 경쟁력도 상당히 있는 만큼, 향후 발전 가능성은 이들 해외 시장을 어느 정도 확보하느냐에 달려 있다고 할 수 있다. 그러나 현실에서는 미·중 기술 패권 경쟁이 본격적으로 진행되면서 글로벌 공급망이 재편되거나 글로벌 시장의 분할 등으로 특정 시장에서의 시장점유율이 크게 하락할 가능성이 있다. 소위 글로벌 가치사슬(GVC) 참여를 통한 지속적인 산업발전이 이제는 더 이상 가능하지 않을 수 있다는 것이다. 이런 상황에서 노사구조 경직성과 새로운 비즈니스 여건에 대한 신속한 대응 지연 등으로 사업구조 재편이 신속히 이루어지지 못하고 있어 큰 우려를 자아내고 있다.

조선산업의 경우 현재 해외 수주물량 면에서 세계 1, 2위를 다투고 있는 만큼 산업 경쟁력에서의 우위는 일정 기간 유지할 것으로 보인다. 하지만 중국의 추격이 만만치 않고, 그간 우리 조선산업의 경쟁우위 원천인 제조 역량과 우수인력의 강점이 점차 약화하고 있어, 친환경 선박이나 스마트 선박과 같은 새로운 선종에서의 경쟁우위 확보가 시급하다. 결국, 조선산업은 낮은 생산비용과 제조 역량 경쟁우위 기반의 지속적 성장보다는, 새롭게 부상하는 세분화 영역에서 독자적인 새로운 경쟁우위 원천을 발굴하고, 신속한 사업재편을 통해 미래 신시장을 선점하는 노력이 필요하다.

일반 범용 건설 및 공작기계의 경우 협소한 내수시장과 중국 등 후발국의 추격으로 시장잠식이 심각하다는 점에서 향후 시장 매력도 전망은 그리 밝지 않다. 특히 선진국들이 이들 분야에서 기존 제품의 기능고도화나 제품 차별화보다는 과감한 디지털 전환, 친환경화와 자율주행 및 지능화 등을 통해 경쟁우위 확보를 시도하고 있는 점은 위협적이다. 따라서 이들 산업에서 국내 기업들이 보유한 제조 역량만으로 현재의 산업 경쟁력을 계속 유지할 수 있을지 크게 의문이다.

미국의 농기계 제조사인 존디어(John Deere)는 트랙터에 통신장비를 장착하는 스마트화와 커넥티드화를 통해 지속적인 학습이 가능한 신종 트랙터를 출시하고 있다. 이러한 트렌드는 미래의 농기계가 이제까지와는 전혀 다른 새로운 비즈니스 여건에 진입하고 있다는 것을 보여준다. 날씨 데이터 시스템이나 종자 최적화 시스템, 관계 시스템의 데이터 소스를 상시 업데이트할 수 있는 시스템을 갖추지 않으면 아무리 가성비가 좋은 트랙터라 하더라도 더는 시장에서 살아남기 어렵다. 범용 기계산업의 경우 기존의 가성비 기반

경쟁우위만으로는 이제는 글로벌 시장 점유율 유지가 어렵다는 것을 존디어 사례는 극명하게 보여주고 있다.

주요 핵심기술과 부품 및 소재를 해외에 의존하고 있는 항공기와 로봇산업의 경우는 자동차, 조선, 기계에 비해 산업 경쟁력과 시장 매력도 면에서 열위인 것은 분명하다. 그러나 향후 국내 제조업의 자동화와 스마트화, 우주항공산업의 전략산업화 등을 고려할 때 미래 산업으로의 발전 가능성이 큰 산업군이다. 다만 아직도 이들 미래 신산업의 지속적인 발전을 뒷받침할 수 있는 국내외 시장의 확보와 선점 가능성이 크지 않고, 한국 특유의 지속 가능한 경쟁우위 확보 가능성 또한 크지 않아, 향후 새로운 경쟁우위 원천의 발굴과 지속 가능한 산업 경쟁력 확보는 우리가 시급히 풀어야 할 과제이다.

운송장비기계 섹터의 목표시장 설정

차세대 목표시장과 미래 신기술은 운송장비기계 섹터에 속한 5개 산업의 신속한 사업재편을 위한 미래성장 목표와 전략구상에 있어 매우 중요한 요소이다. 이들 요소는 산업구조 전환을 순조롭게 진행하고 구조 전환 이후의 해당 산업을 지속해서 성장시키는 데 핵심적인 역할을 할 것이다. 산업 경쟁력의 강화 또는 보완을 위해서는 신기술 기반의 제품과 공정혁신이 있어야 하는데 새로운 목표시장의 등장과 지속적인 확대가 없으면 필요한 제품 및 공정혁신은 원천적으로 불가능하다. 〈표 4-4〉는 자동차, 조선, 항공 등 운송장비기계 섹터 내 산업들의 목표시장과 이를 달성하기 위한 수단으로서 미래 신기술을 보여주고 있다.

우선 자동차산업은 기존 내연기관 중심 자동차의 고급화 등 기존 제품의 고도화 차원에서 시장을 지속해서 확대하는 것도 필요하겠지만 글로벌 환경

<표 4-4> 운송장비기계 섹터의 목표시장과 미래 신기술

	차세대 품목/서비스 목표시장	기술확보 및 격차 확대 미래 신기술
친환경 자동차	• 친환경차(전기차 & 수소차)용 대용량 배터리 • 고출력/고효율 모터 • 다양한 충전 인프라 운영 기술	• 경량화 신소재 기술 • 친환경 자동차용 다양한 충전 인프라 운영 기술 • 초고속, 고효율 저비용 배터리 관련 기술
자율주행차	• 자율주행을 가능하게 하는 H/W, S/W platform 및 Sensor • 고성능 컴퓨팅 기기 및 차량용 반도체 • 자율주행 모듈(센서 제어기 포함)	• 고속통신 기반 커넥티드카, 클라우드 컴퓨팅 기술 • AI 및 S/W • 가시광선, 적외선 및 열화상 카메라가 결합된 영상처리 • Solid State LiDAR 기술
커넥티드/ 모빌리티	• 커넥티드 서비스를 위한 인공지능 기반의 가상화된 실감형 콘텐츠 제공 • 자율주행 기반 다양한 모빌리티 서비스를 제공하기 위한 플랫폼	• 인공지능 응용기술 • 가상콘텐츠 기술 • 오픈소스 고도화 기술 • 모빌리티 플랫폼 기술
친환경 선박	• LNG 연료추진 선박 • 친환경 에너지(LNG, 수소, 암모니아, 초소형원자로, 풍력) 추진 선박	• 선형 개선 및 경량화, 에너지 절감 장치 개발 등 연비 기술격차 극대화 • 에너지 절감 장치 • 친환경 연료 추진 • Zero BOG LNG/CO2 free LNG 연료 추진 시스템
스마트선박	• 자율주행 선박 • 지능화 시스템 • CPS(Cyber Physical System)	• 블록체인기술을 이용한 화물추적 관리 • 선박 운항데이터 분석을 통한 최적 운항 솔루션 제공(자동화, 머신러닝) • 선박 육상관제 기술 • 스마트 야드화
항공	• 무인 항공기 • 도심 항공 모빌리티(UAM) • 전기 수직이착륙기(eVTOL) • 차세대 전투기(KFX) • 항공 핵심부품 • MRO	• 자율비행기술 • 친환경 전기추진기술 • 고출력 고효율 배터리, 모터, 인버터 기술
위성	• 소형 저궤도 군집위성 Constellation • 정밀 항법위성	• 고성능 탑재체 기술 • 전기추력기 기술 • 정지궤도통신기술 • 소형위성 양산기술

우주발사체	• 중소형 저궤도위성 발사체 • 달 탐사용 발사체	• 재사용 발사체 기술 • 고성능, 고신뢰성 추진 기술 • 정밀 유도제어 기술 • 심우주 통신 기술
건설기계	• 스마트 건설기계 및 특수목적용 제품	• 자율주행, 전기화 모듈 부품 • 자율작업/전자제어 구동장치 기술
공작기계	• 초고정밀, 다축복합, 정밀방전 가공기 • 드릴링, 보링, 밀링 및 방전, 연마기계류	• 절삭가공기술의 무인자동화 • 친환경화 기술
기계설비	• 냉동공조 기계, Low GWP 냉매기술, 미세먼지 집진기술	• 그린화, 스마트화 기술 • 신소재 이용기술(미세먼지)
3D프린팅	• 장비 대형화, 분말 및 레이저 부품 개발	• 국방, 발전, 의료, 항공, 금형, 주얼리 핵심 6대 분야 응용
제조산업용 로봇	• 핸들링 분야 로봇 • 웨어러블 로봇 • 산업/일반물류 로봇(라스트 마일 서비 스) • 협동로봇 • 하모닉 드라이브 & RV 감속기	• 고속정밀제어기술(0.01㎜ 반복정밀도) • 근원적 안전기술(인간-로봇 협업) • 고난도공정 자동화 기술
서비스 로봇 (전문, 개인)	• 운송 & 배송 로봇/의료 로봇/군사 분야 로봇 • 가사 로봇(노령화로 인한 케어 및 가사 도움) • 공공서비스 로봇(안내/경지/배달 인력 대체) • 안전을 위한 다양한 로봇 분야 발전	• 센서 기술(영상, 힘, 촉각, 소리 인지) • 인터렉션 기술(음성인식, 자연어 처리 등) • 상황판단 기술(위치 인식, 환경 인식, 경로계획 기술) • 매니플레이션 기술(비학습 물체 조작) • 자율동작 기술(힘 제어, 순응 제어)
로봇 부품 및 로봇 SW	• 웨어러블 로봇 • Embedded화 및 Edge화 • 자율주행 관련 부품 및 SW • 시각인식용 3D Vision • AI, Cloud 적용 및 Data 획득을 통한 서비스 성능 개선	• 고토크, 극박, 초경량, 중공형 모터 • 링형 앱솔루트 엔코더 • 딥러닝 기반 지능 및 학습 플랫폼 기술 • Skill 획득을 위한 지능 및 학습 플랫폼

규제에 능동적으로 대응하기 위한 다양한 전동화 차량 기술 선점으로 친환경차 시장에서의 지배력을 전략적으로 확대할 필요가 있다. 따라서 차세대 품목과 새롭게 부상할 것으로 예상되는 제품과 서비스의 융합시장인 모빌리티(MaaS: Mobility as a Service) 시장에서 전기차와 수소차 등 친환경차와 차량용 대용량 배터리, 고출력/고효율 모터, 다양한 충전 인프라 운영비즈니스 등 모빌리티 시장의 핵심 제품과 부품 및 서비스에 주목할 필요가 있다. 동시에 자율주행 및 커넥티드와 모빌리티 시대에 대비해 자율주행을 가능케 하는 하드웨어와 소프트웨어 플랫폼 및 센서, 이를 뒷받침하는 고성능 컴퓨터와 차량용 반도체, 자율주행 모듈(센서 제어기 포함), 커넥티드 및 모빌리티 서비스를 제공하기 위한 인공지능 기반의 실감형 콘텐츠와 플랫폼이 주요 목표시장으로 떠오르고 있다.

기존 운송장비산업에서는 주로 자동화와 선박 등 하드웨어 제품의 우수성과 효율적 생산시스템이 중요했으나, 향후 이들 운송장비산업이 모빌리티 서비스산업으로 발전해 나가면서 개별 제품도 우수해야 하지만 이들 제품이 상호 연결되어 통합적 운송 및 교통서비스를 제공하는 시스템이 얼마나 신속하고 효과적으로 운영되느냐가 중요해진다. 따라서 미래 시장에서는 시스템 차원에서 최종 서비스의 종합적인 비용 효과성과 운영 효율성 확보가 개별 제품의 우수성과 효율성보다 더 중요한 성공요소가 될 것으로 전망된다. 따라서 개별 운송장비의 제품고도화를 위한 소재부품 기술도 중요하지만, 운송장비의 친환경화와 지능화에 대비한 경량화 소재 기술과 고효율 저비용 배터리 관련 기술, 커넥티드카용 고속 클라우드 컴퓨팅 기술, 가시광선, 적외선 및 열화상 카메라가 결합된 영상처리기술, 솔리드 스테이트 라이다(solid state LiDAR) 기술, 오픈소스 고도화 및 모빌리티 플랫폼 기술 등이 확보되어야 한다.

조선산업의 경우 향후 온실가스 감축 등의 친환경화 추이 강화 등을 종합적으로 고려해 볼 때, LNG 운반선 등 고부가가치 선박을 집중 개발하는 것에서 더 나아가 친환경 에너지(LNG, 수소, 전기, 암모니아, 초소형원자로, 풍력) 추진 선박을 목표시장으로 설정하는 것이 필요하다. 또한, 기존 노동집약적 산업에서 데이터 중심의 기술가치형 산업으로의 전환을 추진하면서 향후 목표시장으로 자율운항 선박과 지능화 시스템, CPS(Cyber Physical System)에 주목할 필요가 있다. 이러한 목표시장을 선점하기 위해서는 선형개선 및 경량화, 에너지 절감 장치개발 등 연비기술 격차 극대화, 친환경 연료추진체계 및 제로 BOG(Boil Off Gas) LNG/CO2 free LNG 연료추진 시스템 기술과 블록체인 기술을 이용한 화물추적 관리, 선박 운항 데이터 분석을 통한 최적 운항 솔루션 제공, 선박 육상관제 기술 및 스마트야드화 기술의 개발을 적극적으로 추진해야 한다.

기계산업 역시 향후 친환경화와 지능화가 주를 이루어 이들 분야의 신시장이 열리고 있다는 점에 주목해야 한다. 다만 이러한 메가트렌드에 대한 기계산업의 대응이 자동차와 조선에 비해 다소 미흡해 보인다는 점이 아쉬운 점이다. 스마트 건설기계와 특수목적용 제품, 초고정밀, 다축복합, 정밀방전 가공기, 냉동공조 기계, 미세먼지 집진 제품 등을 목표시장으로 설정함으로써 산업 경쟁력을 신속히 끌어 올릴 필요가 있다. 이러한 시장을 공략하기 위해서는 자율주행, 전기화 모듈 부품기술과 자율작업/전자제어 구동장치 기술, 절삭가공 기술의 무인 자동화 및 친환경화 기술, 특히 기계설비의 경우 그린화, 스마트화 기술과 미세먼지에 대응한 신소재 이용기술 등에 주목할 필요가 있다. 아직 신시장이 열리지 않은 3D프린팅 관련 기계장비의 경우, 향후 국방, 발전, 의료, 항공, 금형, 주얼리 등 핵심 6대 응용 분야를 고려하여 장비 대형화에 대비하는 한편, 분말 및 레이저 부품시장을 적극적으로 공략할 필요가 있다.

　한편 향후 인구감소, 고령화, 기후환경 변화 등의 추세로 개인의 안전 및 편의를 위한 서비스 개발이 점점 더 중요해질 것으로 예상된다. 따라서 항공우주산업 분야에서 주목할 필요가 있는 미래 목표시장으로는 4차 산업혁명 시대의 핵심으로 부각되는 자율항공기 분야, 즉 드론, 무인 항공기, 개인용 항공기(PAV: Personal Air Vehicle)와 도심 항공교통(UAM: Urban Air Mobility) 시장에 주목할 필요가 있다. 또한, 우주발사체 분야에서는 재사용 우주발사체, 인공위성 분야에서는 LEO 소형위성 콘스텔레이션(constellation) 분야가 주요한 미래 시장으로 부상할 것으로 예상된다. 특히 UAM 기술은 그간의 소수 대형항공기 중심 산업에서 다수 소형비행체 중심 산업으로의 변화를 초래할 수 있는 드론 기술 기반의 신기술이다. 이러한 미래 목표시장을 효과적으로 공략하기 위해서는 AI 기술과 결합한 무인 항공기(전투기) 기술, 고신뢰성의 산업용 드론 기술, 전기식 추진을 이용한 친환경 항공기 기술, 초소형(소형) 인공위성기술, 대규모 위성 군집 기술, 개인용 항공기 기술 등 향후 잠재력이 큰 기술에 대한 선제적 R&D를 추진해야 한다.

4. 건설환경 섹터,
스마트그린 자족 시티의 공간 아키텍트

건설환경 섹터의 구성과 범위

건설환경 섹터는 〈그림 4-7〉에서 보는 바와 같이 플랜트, 건축, 교통 등 전통 주력 분야와 최근 새로운 사회문제 해결을 위해 수요가 증가하고 있는 안전/방재, 환경, 리사이클링 등 미래사회 니즈 대응 분야로 구성된다.

플랜트 분야	국내, 해외
건축 분야	아파트, 상업빌딩
교통 분야	도로, 철도, 항만, 공항
도시 분야	스마트시티, 그린시티
토목 분야	지하 공간, 수자원, 사면보강
안전/방재 분야	예방, 대응, 복구
환경 분야	물/대기 관리, 기후변화 대응
리사이클 분야	폐자원 에너지화, 재활용

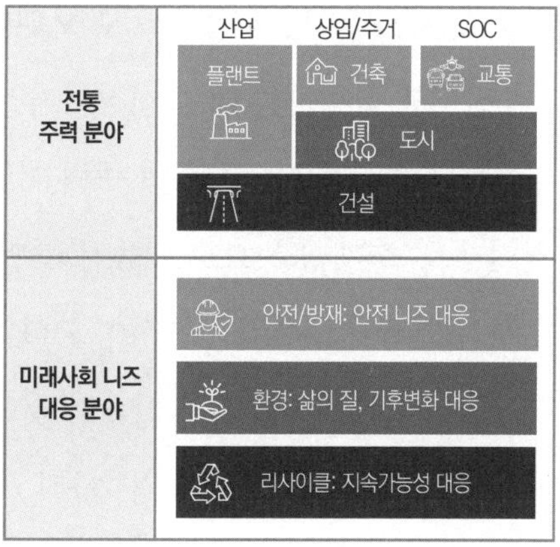

〈그림 4-7〉 건설환경 섹터의 구성

건설환경 섹터의 시장입지 평가

한국공학한림원 전문가 패널이 평가한 건설환경 섹터의 시장입지는 〈그림 4-8〉과 같다. 이에 의하면, 플랜트, 건축, 교통 등 전통 주력 섹터의 경우

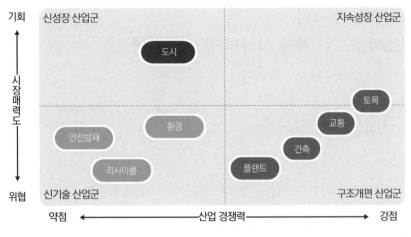

〈그림 4-8〉 건설환경 섹터의 시장입지 평가 결과

구조개편을 서둘러야 할 것으로 보인다. 우선 플랜트는 글로벌 시장 규모가 2조 달러를 상회하는 대형 시장이지만, 기술 및 시장 성숙으로 지속해서 성장이 둔화하고 있다. 산업 내 주력 시장이 우리가 상대적으로 경쟁력이 약한 천연가스, 신재생 등으로 이동하고 있으며, 환경 규제 강화 및 재해 증가로 수주 수익성이 떨어질 가능성이 크다. 산업 경쟁력 면에서 보면 국내 기업들은 글로벌 선도 기업 대비 기술력 및 경험이 상대적으로 부족함에도 불구하고 우수 인력, 공사 운영 역량, 가격 대비 높은 품질 등을 기반으로 경쟁력을 유지해 왔다. 그러나 향후 선진 기업들이 기본설계(FEED: Front End Engineering Design), PMC(Project Management Contract), LNG 등 강점 분야를 중심으로 시장 및 영역을 확대하는 가운데 중국, 터키, 인도 등 신흥국 기업들이 급성장하면서 넛 크래커 현상이 심화할 전망이다.

건축은 시장 정체 및 경쟁 심화 과정에서 구조조정 압력이 커질 것으로 보인다. 산업 파급력이 큰 국내 대형 시장은 저성장과 인구 정체로 성장 한계 위험이 커지고 있다. 특히 민간 건축 시장은 부동산 규제 강화, 코로나 19 여파로 다시 침체 양상을 보일 전망이다. 성장 정체로 기업 간 경쟁 강도가 강화되면서 양극화 현상이 나타나고, 하위 그룹 기업에 대한 구조조정 압력이 커질 것이 예상된다. 물론 시장 패러다임이 변함에 따라 리모델링, 유지보수, 도시재생, 인프라 업그레이드, 초고층 스마트 빌딩 등에서 새로운 기회가 확대될 것이다. 그러나 이러한 영역에서는 종합건설기업 중심의 경쟁구조에서 벗어나 전문기술기업 역할이 확대되면서 해외 전문기업들의 영향력 증가가 우려된다.

교통은 기존 시장이 정체되는 가운데 산업 패러다임 변화가 빠르게 일어나고 있어 이에 대응할 수 있는 방향으로 구조 전환을 서둘러야 할 것이다. 도로, 철도 등 기존 교통 건설 분야는 이미 성숙 단계에 들었거나 포화되었다. 3차원 교통체제(초심도 철도, 스마트도로, 드론 택시 등), 도시 교통체제 디지털화, 언택트에 따른 통행 감소 및 택배 증가 등 패러다임 변화에 따라 새로운 시장 기회가 등장할 것으로 보이지만 상당한 시간이 소요될 전망이다. 산업 경쟁력 관점에서 보면 우리나라는 집약적 국토 특성, 뛰어난 ICT 기술 수준으로 인해 패러다임 변화에 앞서갈 것으로 보이는데, 이 과정에서 기업 간 기술 역량 차이는 확대되고, 기존 기업과 신규 기업 간 갈등이 심화할 것이다. 기업과 정부가 이러한 문제를 효과적으로 해결하는 것이 핵심 과제이다.

향후 성장잠재력이 큰 도시 섹터는 건설 및 환경 분야의 새로운 주력 산업으로 육성하고, 안전/방재, 환경, 리사이클 등은 신산업으로 육성해야 할 것으로 보인다. 도시의 경우 현재 전통적인 토목시장은 2015년 이후 수주액이 5년간 3조 증가에 머무는 등 정체 상태이지만, 라이프 스타일 변화, 안전 욕구/기후변화 대응, 기술 발전 등의 환경변화로 인한 신규시장의 잠재력은 상당히 크다. 도시로의 인구 집중과 디지털 전환이 가속되면서 스마트시티, 지능형 인프라, 기존 노후 인프라 안전관리, 그린시티 등 미래도시 관련 분야가 새로운 시장 기회로 부상하고 있다. 이에 따라 세계 스마트시티 시장은 2020년 1조 달러에서 2025년 2.6조 달러로 급성장할 전망이다.* 문제는 새로운 시장에서 국내 대다수 토목 건설 기업들의 경쟁력이 소규모, 저생산성으로 인해 글로벌 대비 떨어진다는 점이다. 건설, 정보통신, 환경에너지 분야 기업들과의 적극적 협력 및 정부 지원 확대가 요구된다.

안전/방재는 시장성보다 전략적 중요성이 높으므로 기존의 건축, 도시, 플랜트 등 주력 섹터와 연계하여 신사업으로 육성해야 할 것이다. 우리나라의 안전/방재 산업 규모는 다른 섹터에 비해 상대적으로 작지만, 기후변화에 따른 자연재해 증가, 기반시설/건축물 노후화에 따른 피해 가중, 안전 규제 강화에 따른 수요 증가 등으로 인해 전략적 중요성이 점점 더 커질 것으로 보인다. 향후 10년간 시뮬레이션 기반 최적 보수보강 기술, 디지털 기술을 이용한 안전 모니터링 및 진단, 초고층 빌딩/장대 교량 등 거대 건축물 안전 확보 기술 등의 분야에서 글로벌 차원의 다각적 기술 경쟁이 펼쳐질 전망이다. 아직 우리나라의 기술 수준은 선진국 대비 격차가 크고, 산업구조가 영세업체 중심이어서 기술 격차 해소를 위한 정부의 적극적 지원 정책이 요구된다.

환경 관련 섹터는 고부가가치화 및 규제 대응 관점에서 육성할 필요성이 있다. 세계 환경시장 규모는 2019년 1조 달러 수준이며, 사회적 요구 증가 및 국제 규제 강화로 인해 연 2~3%의 안정적 성장이 예상된다. 그러나 하위 산업 분야가 파편화되어 있어 성장 동력화가 쉽지 않다. 국내 공공시장은 포화 상태이기 때문에 민간시장을 육성하고, 수출을 강화해야 할 것이다. 환경 인프라 유지와 관리, IoT 기반의 환경관리 정보화/자동화/무인화, 환경 수요 관리, 고품질 생활환경 니즈 대응 등에서 기회가 있을 것으로 보인다. 고부가 가치화 및 규제대응을 위해 기반기술의 중요성이 큰데, 우리의 기반기술 수

* GrandView Research.

준은 글로벌 선두기업과 상당한 격차가 있다. 글로벌 경쟁이 가능할 것으로 보이는 해수 담수화, 오폐수 정화, 열/에너지 회수, 플라스틱 처리/자원화 등에서 선택적으로 신사업화를 추진할 필요가 있다.

리사이클링 섹터는 빠르게 성장할 것으로 예상하지만, 기술 개발과 역량 강화에 앞서 제도 개선을 통한 산업 이슈 해결과 산업 생태계 조성이 선행되어야 한다. 글로벌 리사이클링 시장은 유럽을 중심으로 2015년 2,100억 유로에서 2020년 3,500억 유로로 빠르게 성장해 왔다. 전통적인 물, 종이 재활용, 플라스틱 열 회수 이외에도 e-Waste(폐전자제품, 태양광 폐패널, 차량용 폐배터리 등) 분야 등 신시장 기회가 확대되고 있다. 그러나 국내에서는 자원순환 가치사슬의 미정립, 수집·처리 과정의 불투명, 영세업체 난립, 지역 이기주의에 따른 사업환경 불안정 등 다양한 산업 이슈가 이 분야의 성장을 저해하고 있다. 산업구조 정상화를 위한 순환경제 제도화, 공공 차원에서의 기반기술 R&D 및 민간 확산, 지역별 리사이클링 생태계 조성 등 다각적 노력이 선행된다는 전제하에 조건부 사업화 육성을 추진해야 할 것이다.

건설환경 섹터의 목표시장 설정

건설환경 섹터의 구조 전환은 크게 두 방향으로 추진해야 한다. 하나는 산업별 구조를 고도화하는 것이다. 플랜트, 건축, 교통 등 전통 주력 섹터는 고부가가치 분야로 구조 개편하고, 성장 잠재력이 큰 도시 섹터는 차세대 주력 산업화, 안전/방재, 환경, 리사이클링 등은 신산업화를 추진해야 한다. 이 과정에서 중요한 것은 어떤 영역에 집중해서 고도화의 모멘텀을 만들어낼 것인지, 모멘텀을 위해 필요한 핵심기술은 무엇인지를 정하는 것이다. 다른 하나는 공간의 상호 연결성을 높이고 생활의 안전성과 편의성을 한 단계 높여주기 위해 개별 섹터 간 경계를 철폐하고, 점점 복합화되어가는 트렌드에 대응하는 것이다. 기존의 각 섹터를 고도화시키는 것도 필요하다. 그러나 현재 진행되고 있으며, COVID-19 팬데믹 이후 가속될 것으로 보이는 공간에 대한 근본적 변화를 고려해야 한다. 전문가 패널 인터뷰를 통해 도출된 목표시장과 미래 신기술을 정리하면 〈표 4-5〉와 같다.

건설환경 섹터는 본질적으로 '문명을 담는 그릇'을 만들고 잘 사용할 수 있게 하는 산업이다. 현재 인류 문명은 기후변화와 디지털 대전환의 시대사적 요구에 대한 대응을 통해 새로운 방향으로 진화 중이다. 이러한 문명 발전

〈표 4-5〉 건설환경 섹터의 목표시장과 미래 신기술

	차세대 품목/서비스 목표시장	기술확보 및 격차 확대 미래 신기술
건축 분야	• 신사업: 신재생에너지/가스 액화 • 사업영역 확대: FEED, 유지관리	• CCUS, 플랜트, 모듈화, 자동화/디지털화 • 데이터 분석, Generative Design
교통 분야	• 구 건축 리모델링 • 도심 재생, 스마트시티	• 고강도/경량화 소재, 융복합 소재 • BIM 기반 정밀 설계/제작/시공
도시 분야	• 초장대 교량, 무인화 항만, 초심도 터널/철도, 스마트도로 • 노후 구조물 보수, 보강, 유지관리	• 고도 설계/시공 기술 • IoT 기술, AI 기술, 기반 유지관리
토목 분야	• 스마트 홈/공장/팜/산업단지 • 스마트 그리드/수도/모빌리티	• 대면적 IoT, CPS 기술
안전/방재 분야	• 자동진단, 드론 센싱 • 디지털 트윈 기반 유지관리서비스	• 초대형 건축물 안전확보 기술 • IoT, 시설물 성능관리 의사결정 자동화
환경 분야	• 지역 단위 폐기물 순환/재활용 산업 • 수질/대기 모니터링	• 플라스틱 대체물질 • 정밀 환경 센서, 신종 화학 물질 검측/제어
리사이클 분야	• 도시광산 • 전기차 배터리 재활용 시설 등	• 차세대 폐기물처리기술(고온고압 처리, 생화학적 분해, 해양 쓰레기 처리 등)

에 맞추어 건설, 환경산업도 생활, 사회, 산업 공간을 재구축하는 융·복합 인프라 산업으로 재정의할 필요가 있다. 예를 들어 현재 도로에서는 자율주행차가 걱정 없이 원활히 다닐 수 없다. 폭우가 시간당 30㎜ 이상 쏟아지면 센서가 작동하지 않기 때문이다. 자율주행 확산을 위해서는 도로의 지능화나 저고도 위성을 통한 정밀 가이드가 필수이다.

이미 건축, 도시, 교통, 안전/방재, 환경, 리사이클링 등의 섹터들은 사실상 하나로 긴밀히 연결되고 있다. 또한, 아날로그 시공은 AI, 데이터 등 디지털 기술과 결합해 고도화되고 있다. 이와 같은 흐름은 COVID-19 팬데믹으로 인해 공간의 중요성과 그 안에서 경험하는 거주, 일, 문화, 이동, 안전, 위생 등에 대한 새로운 요구로 인해 더 빨라질 수밖에 없을 것이다. 이에 따라 건설, 환경산업은 지금까지의 섹터별 개별 산업에서 하이테크 기술을 바탕으로 한 융·복합 인프라 산업으로 변모할 것이다.

5. 화학생명에너지 섹터,
그린에너지 세상의 기반 구조

화학생명에너지 섹터의 구성과 범위

화학생명에너지 섹터는 〈표 4-6〉과 같이 분석대상 23개 산업 중 바이오헬스 분야에서 바이오헬스산업, 에너지 분야에서 신재생 에너지산업, 정유산업, 석유 및 정밀화학산업, 그리고 섬유 분야에서 섬유산업, 총 5개 산업으로 구성된다. 바이오헬스 분야 산업은 의약품 및 의료기기, 식품, 화장품을 그리고 신재생 에너지산업은 태양광, 풍력, 수소를 포함한다. 석유 및 정밀화학산업은 석유화학과 정밀화학으로 구성된다.

〈표 4-6〉 화학생명에너지 섹터의 구성

바이오 헬스 분야	의약품/의료기기, 화장품, 식품 등
에너지 분야	정유, 석유/정밀화학, 태양광/풍력/수소 등 신재생에너지 • 정유, 석유 및 정밀화학을 하나의 산업으로 • 태양광, 풍력, 수소를 신재생에너지 산업으로
섬유 분야	일반 및 스마트 섬유

화학생명에너지 섹터의 시장입지 평가

바이오헬스, 신재생에너지, 정유 및 석유화학, 그리고 섬유산업의 시장입지를 시장 매력도와 산업 경쟁력 측면에서 평가한 결과를 도식화하면 〈그림 4-9)와 같다. 즉, 바이오헬스 분야의 의약품 및 의료기기 산업은 신성장 산업으로, 화장품 산업은 지속성장 산업군으로 평가된 반면, 태양광과 풍력, 수소를 포함하는 신재생 에너지산업은 신기술 산업군으로 구분되었다. 나머지 정유와 석유화학, 식품, 그리고 섬유산업의 경우 모두 구조개편 산업군으로 평가되었다. 산업별로 그 이유를 살펴보면 다음과 같다.

바이오헬스 분야는 최근 고령화와 친환경에 따른 건강과 웰빙에 대한 수요 증가로 인해 미래 산업으로서 큰 기회를 맞고 있다. 또한, 개인 의료 정보 같은 빅데이터 등을 통해 새로운 제품이나 서비스 혁신 가능성이 크다. 그러나 아직 우리나라는 바이오헬스 분야의 글로벌 시장 위상과 점유율이 낮은 편이며 핵심기술 경쟁력도 일부 분야를 제외하고는 선진국 대비 열위에 있는 것으로 나타나고 있다. 또한, 보건의료 빅데이터 구축을 위한 개인정보보호 규제와 이를 통해 맞춤형 서비스를 제공하고 새로운 비즈니스 모델을 개발할 금융 및 창업 융합 인력과 신약개발 전 주기를 경험한 전문가 부족이 약점으로 지적되고 있다. 하지만 ICT 인프라와 반도체, 그리고 한류 등의 장점을 활

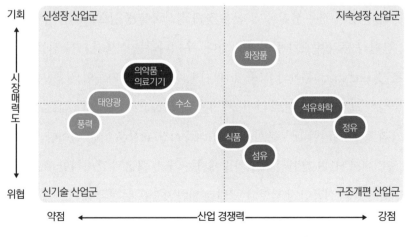

〈그림 4-9〉 화학생명에너지 섹터의 시장입지 평가 결과

용하여 새로운 혁신을 창출한다면 글로벌 시장으로 진출할 기회가 매우 많다고 할 수 있다.

의약품 산업의 경우 우리나라는 2018년 전 세계시장 2,580억 달러의 2% 수준의 점유율을 갖고 있으나 수출 성장률은 연 18.6%로 매우 높은 편이며 앞으로도 높은 시장 성장률이 기대되고 있다. 전반적인 기술위상은 아직 세계 최고 수준과 비교할 때 78% 정도로 추정되며 아직 4년 정도의 기술 격차가 있는 것으로 평가되고 있다. 특히 신약개발 전 주기 중 3상 임상기술과 바이오시밀러의 전 임상기술은 아직 부족한 상황이다. 또한, 글로벌 마케팅 역량을 갖춘 big pharma의 부재와 유기적인 산업 생태계가 구축되지 못한 점도 큰 약점이라 할 수 있다.

화장품 산업의 경우 친환경, 개인맞춤형, 클린 뷰티에 대한 글로벌 수요 증가와 한류 문화 확산에 힘입어 지속해서 높은 시장 성장률을 보인다. 우리나라는 한방 발효기술과 위탁생산(CMO: Contract Manufacturing Organization) 등에서 시장 선도가 가능할 뿐 아니라 ICT, 생명과학, 화장품 분야의 가치사슬 생태계가 강점이긴 하지만 피부 마이크로바이옴 기술의 격차가 크고 화장품과 타 산업 융합 측면에서 아직 사례가 별로 없는 것이 아쉬운 점이다.

식품산업의 경우 선진국 및 신흥 경제 성장국을 중심으로 기능성, 실버 푸드, 간편식 등의 수요가 증가하고 있다. 우리나라는 식품과 IT를 접목한 식품 제조 및 prebiotics 분야와 식품 소재 기술과 전통발효기술의 경우 시장 선도 가능성이 크지만 인스턴트 라면, 가정간편식(HMR: Home Meal Replacement), 믹스커피 등을 제외한 대부분의 글로벌 식품시장 위상은 낮은 편이다. 기술 역량 측면에서 HMR 간편식 제조기술에서는 세계 최고 수준이지만 효소 개량, 유전공학, AI, 식품안전 검사와 플랜트 기반기술은 선진국 대비 미흡하다.

신재생 에너지산업(태양광, 풍력, 수소)은 기후변화대응으로 인해 수요는 급속히 증가하나 기술력과 경제성 측면에서의 경쟁은 극도로 심화하고 있고, 고도의 IT 기술과 배터리 기술과의 접목으로 새로운 비즈니스 모델의 개발과 서비스가 요구되고 있다. 고효율 태양광, 수소기술, 부유식 해상풍력 하부구조물 등은 세계 최고의 기술력으로 경쟁하고 있지만, 태양광과 풍력, 수소 분야의 핵심 및 제조기술 역량이 아직 세계 수준에 못 미친다. 또한, 신재생 에너지의 사회 수용성 및 보급 제도의 개선이 미흡하고 신재생 에너지 국가 간 무역마찰 및 정책 환경의 불확실성이 높아지고 있다.

시장 측면에서 태양광의 경우 2018년 200조의 세계 시장 규모에 연 10%의 성장률을 보이며, 국내도 6.5조로서 신재생 에너지 시장의 65%를 차지하고 있다. 풍력의 경우 2018년 25조의 세계 시장 규모지만 국내 시장 점유율은 1% 미만이다. 수소의 경우 아직 시장이 제대로 열리지는 않았지만, 미래 친환경 에너지원으로 인정받고 있으며 2050년 에너지 수요의 20%를 차지할 전망이다. 하지만 태양광 시장 상류는 중국 대비 원가경쟁력 약세로 인해 선진국 프리미엄 시장을 공략해야 하며 국내 풍력 및 수소 시장은 아직 규모가 작아 획기적인 보급 정책이 없으면 상대적으로 시장이 위축될 가능성이 크다.

경쟁력 측면에서 고효율 태양광과 수소 기술(연료전지), 부유식 해상풍력 하부구조물 기술은 세계 최고 수준이지만 태양광의 원가경쟁력 및 풍력 등의 핵심기술 경쟁력, 그린수소의 생산과 이동, 보관 기술은 선진국보다 열세이다. 태양광산업은 수출 중심의 가치사슬 전반을 보유하고 있는 데다 간헐성 문제를 해결하기 위한 ESS 및 스마트그리드 등에 필요한 기존 IT 역량 및 배터리 기술과의 결합 잠재력이 있다는 장점이 있다. 그러나 현재 우리나라 전력시장의 보수성 및 규제로 인해 새로운 비즈니스 모델의 출현이 어렵다는 점과 과학기술 기반보다는 사회 정치적인 관점을 우선하는 정책 결정 등이 해결해야 할 과제라 할 수 있다.

정유와 석유화학 산업은 산업 간 경계가 희석되고 있을 뿐 아니라 에너지 대전환 시대의 도래와 고부가가치 석유화학제품 시장 확대로 인해 대대적인 구조 전환이 요구되고 있다. 석유화학제품의 공급능력 과잉으로 인한 가격경쟁의 심화와 전기차 등 친환경 모빌리티의 확산으로 인한 연료 수요 감소 등 경쟁 환경이 열악해지고 있는 데다 기후변화에 따른 환경 규제 강화로 인한 대응 비용도 지속해서 증가하고 있다.

경쟁력 측면에서는 원유 정제 능력 세계 5위, 에틸렌 생산 능력 세계 4위, 세계 최고의 운영관리 효율성, 그리고 정유와 석유화학의 콤비나트형 통합 구조의 장점을 갖고 있다. 하지만 원유와 셰일오일 등 원료 경쟁력과 정유 및 석유화학 공장 건설 관련 핵심기술과 특허, 그리고 정밀화학 및 첨단 소재 원천기술 측면에서 기술력이 취약하다. 반면에 고부가가치 석유화학제품 시장의 확대와 디지털 전환의 가속화, 그리고 에너지 지정학적 측면에서 성장성이 높은 아시아 시장과의 접근성에서 유리하며 다만 다른 non-OECD 시장으로 다각화를 하기 위한 기술력 부재와 다품종 소량생산 역량의 부족, 그리고 국제화 역량 미흡이 해결해야 할 과제라 할 수 있다.

섬유 분야의 거시적인 환경 변화 상황은 친환경 수요증가, 환경 규제 및 대응 비용 증가, 노령화로 인한 범용 섬유 수요 감소 등으로 요약할 수 있다. 따라서 고기능(내염/내열 등), 친환경(생분해성, recycling 등), 스마트(전기전도성, 웨어러블 등), 산업용(건축, 자동차용 등) 섬유 수요가 증가하는 반면 기존 기술의 평준화와 과잉생산으로 인해 가격경쟁이 심화하고 있다.

우리나라의 경우 세계시장 2%인 국내 범용 소재 의류 분야 시장은 고령화로 인해 축소되고 있는 데다 인건비 상승으로 원가경쟁력을 상실하고 있지만, K-Culture 영향으로 일반 섬유 패션 및 디자인 시장에서는 기회가 열리고 있다. 비록 고기능 친환경 스마트섬유 기술력은 선진국 대비 열위(기술경쟁력은 일본과 유럽의 90%, 중국은 우리나라의 95%)에 있으나 스마트섬유산업은 아직 기술 개발 초기 단계로서 섬유/의료/안전/전자산업이 융·복합적으로 협업을 하고 우리가 가진 가성비 높은 제품 개발 및 스피디한 상품 개발력을 활용한다면 얼마든지 선도국가가 될 수 있다. 다만 섬유 관련 기초원천기술 및 핵심응용기술 역량의 부족과 함께 화학 섬유 관련 교육 프로그램이 축소되어 전문인력 양성이 위축된 점이 문제라 할 수 있다.

화학생명에너지 섹터의 목표시장 설정

〈표 4-7〉은 바이오헬스, 신재생 에너지, 정유 및 석유화학 그리고 섬유산업에 대한 시장입지 평가를 토대로 한국공학한림원이 설정한 미래 목표시장과 이에 필요한 미래 신기술을 보여주고 있다.

바이오헬스 분야의 경우 고령화, 건강 및 웰빙 친환경 수요에 따라 개인맞춤형 그리고 예방 중심의 의약, 식품, 화장품 시장을 목표로 하되 공통적으로 이에 필요한 유전자 수준의 기술과 보건의료 빅데이터 분석 및 활용 기술 등을 확보하는 것이 바람직한 것으로 나타났다.

개별 산업 차원에서 의약품 및 의료기기 산업은 맞춤형 의약품과 의료 미용기기, 항암 및 면역 치료제, 퇴행성 질환 시장을 목표로 보건의료 빅데이터 활용 기술과 신약개발 전 주기 기술 역량, 세포 및 유전자 치료제 기술, 그리고 target/biomarker 기술의 확보가 이루어져야 한다. 화장품의 경우 고객이 안심하고 사용할 수 있는 개인맞춤형 화장품 시장을 목표로 해야 하며 생체 빅데이터 진단 및 분석 기술과 마이크로바이옴 마커 기술 등이 개발되어야 한다. 식품산업은 바이오 기반의 고기능성 건강식품 시장을 목표로 식품 보존과 미생물 및 효소기술, 유전자 조작 기술이 필요하다.

<표 4-7> 화학생명에너지 섹터의 목표시장과 미래 신기술

	차세대 품목/서비스 **목표시장**	기술확보 및 격차 확대 **미래 신기술**

바이오
헬스
	• 개인맞춤형 및 예방 중심의 식품/
	의약품/화장품 시장
	  - 개인별 맞춤 식단 구독 서비스
	  - 건강기능식품
	  - 식품 및 의약품 솔루션 서비스
		• 유전자 조작 및 도입 기술
		• 줄기세포 확보 기술
		• AI/Big Data 기반 기술

식품	• 고령식, Care Food • 고기능성 식품소재(효소, 발효, 미생물 등 bio 기반 가공) • 건강기능식품 • 반려동물용 제품	• 식품보존 기술 • 효소 개량 기술 • 유전자 조작 기술 • 미생물 분리/배양/기능 규명 기술 • 빅데이터를 활용한 개발, 기능 규명, 품질관리 기술
의약품/ 의료기기	• 맞춤 의약품 • 항암 및 면역 치료제 • Pharma Digital Transformation(DX) 서비스(AI, Big Data 등) • 퇴행성 질환 관련 제품 • 기능성 개인 의료기기 및 미용기기	• 보건의료 빅데이터 활용 기술 • 임상 및 허가 등 신약개발 전주기 기술 역량 • 맞춤형 세포/유전자 치료제 개발을 위한 기술 • target/biomarker 확보 및 고속/정밀 감지 기술 • 혁신 치료제 개발/제조 기술 • cGMP를 만족하는 세포배양 자동화 기술
화장품	• 개인맞춤형 화장품	• 생체 빅데이터(유전자, 마이크로바이옴) 진단 및 분석 기술 • 유익균/유해균 균총 분석 기술 및 기능 유전체 분석 기술, 생균 안정화 및 유익균총 유도 처방 기술 • 피부 특성 맞춤 마이크로바이옴 마커 개발 기술 • 데이터 사이언스 기술
신재생 에너지	• 분산형 전력 시스템 • 연료전지(ESS, 수송용, PEMFC, SOFC) • Total Energy Solution 사업	• 소재, 촉매, 공정, 사례, 시험인증 기술 • 전력용 ESS, 수송용 연료전지, PEMFC, SOFC 등 Total Energy Solution 사업 에 필요한 복합화 운영 및 서비스 기술 (스마트그리드 포함)

태양광	• 건물 일체형 및 수상/해상, 모빌리티와 결합된 태양광 발전 • ESS 및 지능형 송배전 인프라를 통한 분산형 발전시스템 • Total Energy Solution 사업(지능형 IT와 융합을 통한 유지보수관리와 ESS 저장 및 잉여전력 판매와 금융서비스 제공 등)	• 페로브스카이트 및 결정질 실리콘과 결합기술 • 태양광 모듈 소재기술: shingled, half-cut, multi-wire 건물 일체형/수상형 태양광발전 시스템 설치 관리 • 태양광 폐모듈 재생 기술 • ESS 및 에너지 관리 운영서비스 기술
풍력	• 대규모 부유식 해상풍력단지 조성	• 풍력 설비 및 핵심부품 설계제조기술, 시험 인증 등 풍력 설비의 장수명화 기술 • 안정성 확보 및 대규모 복합기술
수소	• 수소 기반의 ESS • 수소전기차 및 충전소 • 연료전지를 활용한 철도 및 선박	• 수전해 방식(멤브레인, 알칼리)의 Green Hydrogen 기술(생산, 운송, 저장, 활용 기술) • 연료전지 촉매, 전극막, 전극 소재 및 생산기술 • 수소 이송, 저장, 공급 기술
정유 및 석유화학	• 친환경 정유 및 석유화학 공정 Specialty Chemical(EP, 촉매, 코팅, 분리막, 전해액 등)로의 사업 포트폴리오 확장 • DX(Digital Transformation)를 기반으로 R & D, 제조, 영업 혁신을 통한 원가경쟁력 강화 • 인도/동남아로 시장 및 공장 다변화 • 원료 및 생산품 전환	• Feed Flexibility 기술(원료 경쟁력을 위한) COTC(Crude Oil To Chemical) 및 CCUS(carbon capture, utilization and storage) 기술, C1 chemistry, 바이오 기반 석유화학 기술 • 석유화학형 정유공장(Petrochemical Refinery)으로의 전환기술 개발 • DX 기술(기존 생산 운영 및 관리운영기술에 AI 기술 등을 융합한 Smart Refinery, 산학연 공동 기술개발 및 융합인재 교육 양성)
섬유	• 친환경 섬유 제품(생분해성 등) • 고기능성 소재 제품 • 일체형 전자섬유 제품 • 산업용 섬유 제품	• 슈퍼섬유(고강력, 불연/난연성 고기능 섬유) • 친환경 재료/공정 기술 • 세섬도 의류형 광섬유 • 나노 테크놀로지 적용 스마트 전도 섬유

신재생에너지 분야는 분산형 전력 시스템을 지향하고 연료전지와 total energy solution 시장을 목표로 하며 이에 필요한 미래기술로 태양광 및 풍력, 수소 관련 소재 및 생산 공정 핵심기술뿐 아니라 시험인증, 복합화 운영

및 서비스 기술 등이 도출되었다. 태양광의 경우 특히 건물 일체형과 수상 및 해상, 그리고 모빌리티와 결합한 태양광 발전 시장과 ESS 및 지능형 송배전 인프라를 통한 분산형 발전시스템을 기반으로 금융서비스를 결합한 total energy solution 사업이 목표시장으로 제안되었다. 이를 위해 페로브스카이트 및 결정질 실리콘과의 결합기술, 태양광 모듈 소재 기술, ESS 및 에너지 관리 운영서비스 개발이 필요한 것으로 나타났다. 풍력의 경우 대규모 부유식 해상풍력단지 시장을 목표로 핵심부품 설계 및 제조기술과 장수명화 및 안정화 기술을 확보할 필요가 있다. 수소산업은 수소 기반의 ESS 및 수소전기차 시장을 목표로 수전해 방식의 그린수소 생산 및 운송 저장 기술과 연료전지 촉매, 전극막 소재 및 생산기술의 개발이 이루어져야 한다.

반면에 정유 및 석유화학 산업은 고부가가치의 specialty chemical 시장과 친환경 정유 및 석유화학 사업을 목표로 COTC(crude oil to chemical), CCUS(carbon capture, utilization and storage), C1 chemistry 기술과 촉매, 전해액, 접착제 등 첨단 소재 기술 개발이 제안되었다. 또한, 목표시장을 인도 및 동남아 등 non-OECD 국가로 확대하는 것도 필요한 것으로 판단되었다.

마지막으로 섬유산업의 경우는 친환경, 고기능성, 스마트 산업용 섬유 시장을 목표로 고강력 슈퍼섬유 기술과 생분해성 등의 친환경 소재 그리고 공정기술의 확보가 중요한 것으로 나타났다.

6. 재료자원 섹터,
글로벌 소부장 시장의 키스톤

재료자원 섹터의 구성과 범위

이제까지 다루어온 섹터에 비해 재료자원 섹터는 그 특성이 매우 다르다. 기존의 전기전자정보 섹터, 운송장비기계 섹터, 건설환경 섹터, 그리고 화학생명에너지 섹터는 최종재 시장의 성격이 강하지만, 재료자원 섹터는 이른바 소재부품장비 분야에서 가치사슬 구조상 다른 섹터의 상류에 위치하는 산업이기 때문이다. 〈그림 4-10〉은 이러한 가치사슬 구조상의 상류산업과 하류산업을 구분하여, 재료자원 섹터의 구성과 범위를 도식화하여 보여주고 있다. 분석대상 23개 산업의 관점에서 보면, 철강, 비철, 기계 소재, 소재 가공, 전자재료, 그리고 이차전지가 재료자원 섹터를 구성하는 6개 산업이다.

〈그림 4-10〉 소재부품장비 산업의 범위와 섹터별 구성

한 국가의 산업구조 전환을 모색하는 데에 있어서, 소재에서 부품을 거쳐 완제품에 이르는 제조업 가치사슬 구조는 매우 중요하게 다루어져야 한다. 왜냐하면, 제조업 가치사슬에서 소재·부품·장비(소부장)의 기술력이 완제품의 수준을 결정하고 궁극적으로 국가의 제조업 경쟁력을 결정하기 때문이다. 우리나라는 소부장 산업이 전체 제조업에서 차지하는 비중이 52%로 매우 높은 편인데 생산 규모는 2001년에서 2018년 사이에 연평균 7.5% 성장률을 보이며 3.4배 규모로 커져 819조 원대로 성장하였다. 이 중에서 소재 산업은 2001년 109조 원에서 2018년 288조 원 규모로 양적 성장을 이루었으나 부가가치 창출 역량은 오히려 다소 둔화했다. 부품 산업은 메모리를 포함한 전자부품이 생산과 수출 성장을 견인한 덕분에 2001년 122조 원의 생산 규모가 2018년 489조 원으로 4배 수준으로 확대되었다. 한편, 장비산업의 경우 수요 산업 발전에 힘입어 반도체 디스플레이 장비가 생산을 주도하여 2001년 10조 원에서 2018년 42조 원 규모로 성장하였지만, 대규모 수입에 따른 무역역조는 지속하고 있다.*

한편, 글로벌 소부장 시장은 2018년 기준으로 26.2조 달러 규모인데 경량화, 장수명화, 친환경화 등 미래 트렌드와 맞물려 수요는 계속 성장할 것으로 예상되며 2025년에는 32.9조 달러로 커질 것으로 전망하고 있다. 이처럼 소부장 산업이 우리 제조업에 미치는 영향은 매우 크고 광범위하여 이에 대해서는 보다 입체적인 분석과 평가가 필요하다.

재료자원 섹터의 시장입지 평가

우리나라 금속, 화학 등 소재산업은 범용 소재의 대량 생산 체제 중심으로

---

* 제1차 소재부품장비산업 경쟁력 강화 기본 계획, 2020.10.14, 관계부처 합동

생산액 대비 부가가치 비중이 2001년 35.2%에서 2018년 28.0% 수준으로 감소 추세를 보인다. 특히, 국내 철강산업은 세계 6위의 생산 규모를 유지하고 있지만, 부가가치는 20% 수준으로 매우 낮고, 비철산업의 경우도 상황이 유사하다. 소재는 부가가치, 시장 성숙도, 기술 수준 등 특성에 따라 범용 소재와 첨단 소재로 구분할 수 있는데 범용 소재는 어디서나 손쉽게 확보할 수 있는 가격경쟁 기반의 소재이므로 부가가치가 낮다. 그러나 세라믹을 포함한 전자재료는 생산 규모는 작지만, 부가가치는 50% 수준으로 높다. 소위 첨단 소재는 소재의 성능과 기능에 의해서 가격이 결정되고 장기간의 기술혁신으로 개발되어 시장 지배력을 갖게 된다.

이러한 관점에서 재료자원 섹터에 속하는 6개 산업 또는 업종에 대해 그들의 시장 매력도와 산업 경쟁력을 기준으로 시장입지를 평가한 결과는 〈그림 4-11〉과 같다. 철강, 비철, 기계 소재와 소재 가공 분야는 전형적인 구조개편 산업군에 해당하며 전자재료는 신산업 수요 확대에 따라 점차 그 수요가 증가할 것으로 기대되는 신기술 산업군에 속한다. 반면에 최근 국내 소재

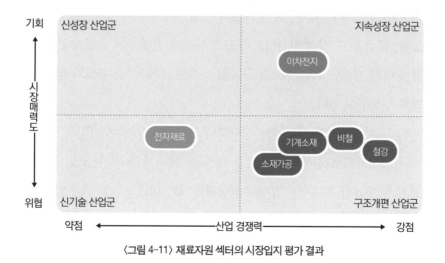

〈그림 4-11〉 재료자원 섹터의 시장입지 평가 결과

기업이 앞다퉈 진입하고 있는 이차전지 소재 분야는 국내 배터리 기업의 글로벌 경쟁력을 발판으로 지속성장이 기대되고 있다.

재료자원 섹터의 목표시장 설정

완제품 조립 생산 능력이 세계적으로 평준화됨으로써 고부가가치 첨단 소재부품에 대한 생산 여부가 제조업 경쟁력은 물론 국가 전체 경쟁력의 핵심으로 인식되고 있다. 또한, 탄소중립, 디지털 혁명, GVC 재편 등 글로벌 시장과 기술 환경 변화에 따른 새로운 소재부품 개발과 공급 능력이 산업 대전환의 성패를 좌우한다. 탄소경제에서 수소경제로의 성공적 전환을 위해서는 수소 생산과 수송, 저장과 이용 등 전 주기에 걸친 수소경제 맞춤형 소재부품 확보가 필수적이다. 또한, AI, 빅데이터, 클라우드, IoT 등 ICT 기술이 발전하고, 5G, 6G 등 차세대 통신 인프라가 구축됨에 따라 전기차 기반 자율주행차, 차세대 디스플레이, 메타버스 등 미래 신산업의 발전이 눈부시다. 이러한 신산업 분야에서 경쟁 국가에 비해 비교우위를 확보하고 시장을 선점하기 위해서는 핵심 소재부품의 자립화가 필수적이다. 반도체, 디스플레이, 자동차, 조선 등 우리 주력산업도 새로운 니즈에 발맞추어 산업의 본질이 진화함에 따라 새로운 기술 수요를 충족할 미래형 소재·부품 확보가 필수 선결 과제로 부상하고 있다.

예를 들어, 미래형 자동차는 경량화와 자율주행 지원이 가능한 융·복합 소재가 요구되며 그린에너지의 경우 태양광, 에너지 저장, 초고도 풍력, 이차전지 관련 융합 소재개발 경쟁이 치열하다. 즉, 미래산업 트렌드 변화에 따라 다양한 신산업이 새롭게 창출되고 있으며, 우리 산업도 빠르게 대응해야 하는 시점으로 새로운 소재부품에 대한 개발과 함께 공급망 구축이 시급하

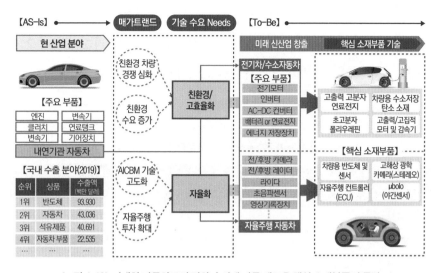

<그림 4-12> 미래형 자동차로의 전환과 이에 따른 새로운 핵심 소재부품의 등장

다. 〈그림 4-12〉는 자동차산업이 내연기관에서 전기/수소 기반 자율주행차로 진화해감에 따라 이에 필요한 핵심 소재부품이 어떻게 달라지는지 보여주고 있다.

이러한 완제품 시장의 변화와 가치사슬 구조상의 연계구조를 고려하여 소부장 산업 또는 재료자원 섹터의 목표시장과 이를 공략하기 위해 필요한 미래 신기술들을 도출한 결과, 〈표 4-8〉과 같은 결과를 얻었다. 철강산업은 미래 모빌리티, 스마트 메가시티 인프라, 수소 사회 인프라를 목표시장으로 하여 범용철강 중심에서 첨단 고부가 철강 중심으로 구조 전환을 해나가야 한다. 비철산업은 경량화 이슈가 큰 미래 모빌리티 시장은 물론이고 항공, 에너지, IT 등 우리나라의 차세대 주력산업에 필요한 기반 소재를 공급하는 역할을 맡아야 한다. 또한, 희토류를 포함한 희유금속에 대한 자원순환 시장에 관한 관심을 넓혀 가야 한다. 이차전지는 디지털 전환과 친환경화 등 미래 산업을 움직이는 핵심 동력으로서 미래 산업의 변화가 전동화, 무선화됨에 따

라 급팽창 중인 전기차용 이차전지를 필두로 소형 이차전지, ESS 등 다양한
목표시장에서 배터리 제품보다 상대적으로 경쟁력이 떨어지는 배터리 소재
부품의 경쟁력과 글로벌 시장 점유율을 높여나가야 한다.

〈표 4-8〉 재료자원 섹터의 목표시장과 미래 신기술

	차세대 품목/서비스 목표시장	기술확보 및 격차 확대 미래 신기술
철강	• 미래 친환경 모빌리티 • 스마트 도시 인프라 • 수소 경제, 에너지 전환 • 친환경/저원가 제철 엔지니어링	• 초경량/고성형 소재 및 부품제작 기술 • 고기능 초장수명 Lifeline 소재 • 다종 소재 일체화 사용 기술 • 온실가스 저감을 위한 수소 응용 제철 기술
비철	• 항공, 에너지 IT 등 차세대 주력산업 • 친환경 자율형 모빌리티 • 폐기물 처리와 자원 재활용	• 경량화, 고기능성 소재 양산기술 • 저순도 회유금속 소재화 • 복합원료처리, 저품위 원료 정제 및 고부가화 • 신규 시장(EV/ESS 배터리, 로봇 등) 순환 자원화
전자 재료	• 초고속통신(5G/6G) • 스마트 모빌리티, 배터리, 모터 • 고부가 IT 제품 • 수소 경제, 환경대응, 바이오 헬스	• 고기능, 소형, 경량화 기술 • 초고주파, 초강도 등 극한 환경 복합소재 • 유연성-신축성 플렉서블, 웨어러블 소재 • 저손실, 고내열, 고강도, 저가 소재 • IT+BT 등 융복합 소재
이차전지	• Micro-Mobility 사업 • Mobility IT 제품, 원동기 제품 • 다양한 자율주행 기반 Mobility • 기존 Hardware와 공유경제 서비스 플랫폼 연계 신규 B/M	• 생체 빅데이터(유전자, 마이크로바이옴) 진단 및 분석 기술 • 고에너지밀도 차세대 전지 기술 • 배터리 재활용, 장수명, 안전성 및 급속충전 • 연료전지(촉매금속 염가화, 부품 범용화) • 폐전지 재활용 사업 • 소재와 배터리 플랫폼화, 제조 공법 표준 화 등

7. 시장입지와 목표시장 분석결과의 요약

이제까지 살펴본 5개 섹터, 총 23개 산업의 시장입지 분석 결과를 압축해서 정리하면, 〈표 4-9〉와 같다. 분석의 근거는 한국공학한림원 전문가 패널들이 판단한 시장 매력도와 산업 경쟁력이다. 신기술, 신성장, 지속성장, 구조개편은 어떤 산업이든 성장주기상 밟게 되는 단계이다. 시간에 따라 성장주기상의 위치는 계속 바뀔 수 있다는 얘기다. 다만 2021년 현재 이러한 판단 결과가 위기로 다가오는 이유는 지속성장 산업군보다 구조개편 산업군에 많은 산업이 속해 있고 또한 그들 중 다수가 현재 우리의 주력산업이라는 사실 때문이다.

따라서 한국 산업이 구조 전환을 해야 하는 시급성이 매우 큰데, 그 방향 설정 또한 매우 중요하다. 한국 산업이 전체적으로 추구해야 할 구조전환 방향은 〈그림 4-13〉에 도식화한 바와 같이 고부가가치 융합 신산업이며 이를 견인하는 동력은 친환경, 디지털화, 지능화 그리고 첨단화 기술에서 찾아야한다. 그러나 그 목표달성이 가치사슬 단계상 어느 한 단계의 산업 경쟁력만 높여서 될 문제가 아니며, 소재부품에서 장비를 거쳐 최종재가 만들어지는

〈표 4-9〉 조사대상 23개 산업의 시장입지 요약

신성장 산업군	지속성장 산업군
컴퓨터/SW, 콘텐츠/게임, 의약품/의료기기, 항공우주(군용기/민항기, 위성, 발사체), 도시	메모리/시스템 반도체, 융·복합 디스플레이, 화장품, 이차전지
신기술 산업군	**구조개편 산업군**
서비스 로봇, 제조산업용 로봇, 의료 헬스케어, 신재생 에너지(풍력, 태양광, 수소 등), 안전방재, 리사이클, 환경, 전자재료	정보통신/이동 단말, 가전, 식품, 섬유, 정유, 석유화학, 기계(건설, 공작, 설비 외), 자동차, 조선, 철도, 플랜트, 건축, 교통, 토목, 소재 가공, 기계 소재, 비철, 철강

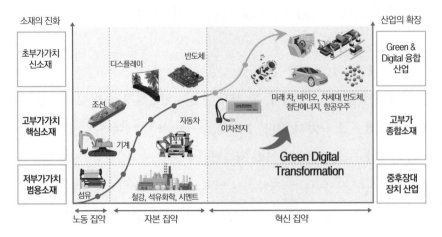

소재의 진화

초부가가치
신소재

고부가가치
핵심소재

저부가가치
범용소재

디스플레이

반도체

조선

자동차

기계

이차전지

섬유

철강, 석유화학, 시멘트

미래 차, 바이오, 차세대 반도체,
첨단에너지, 항공우주

Green Digital
Transformation

산업의 확장

Green &
Digital 융합
산업

고부가
종합소재

중후장대
장치 산업

노동 집약

자본 집약

혁신 집약

〈그림 4-13〉 국내 소재산업의 진화 방향과 산업의 확장 방향

가치사슬 전반에 걸쳐 가치사슬 경쟁력을 높여야만 가능한 일이다. 다음 장
에서부터 다루게 될 구체적인 구조 전환 추진전략과 추진과제의 실행이 중요
한 이유는 바로 여기에 있다.

제5장
한국 산업의
구조 전환 추진전략과 추진과제

1. 한국공학한림원의 접근방법

한 국가의 산업 미래전략을 수립하는 것은 막대한 양의 현실 데이터와 수많은 학계, 업계, 연구계 및 정책 전문가의 현실 문제점 인식 등 실증적 기반을 필요로 한다. 그러나 그것만으로는 부족하고 그 위에 시장 경쟁과 산업 성장에 관한 수많은 이론이 제공하는 논리체계도 필요하다. 더 나아가 산업 미래전략은 단순한 논리적 추론에 머물지 않으면서 새로운 전략 아이디어와 비즈니스 모델, 그리고 미래에 관한 선험적 통찰력이 필요하다. 그런 의미에서 「산업미래전략 2030」을 체계적으로 도출하는 과정에서 한국공학한림원이 보유한 지식자산을 집단지성(collective intelligence)의 메커니즘 속에 넣어서 하나로 집적해 내겠다는 것은 매우 어려운 도전과제였다.

실제로 한국공학한림원 산업미래전략위원회가 각 분과위원회 위원장, 소위원회, 전문패널 등을 총동원해 현실에 대한 포괄적인 문제 발견, 문제점 인식, 목표 설정을 도출한 과정은 매우 어려운 과정이었다. 그 과정에서 의견 차이와 인식 차이로 인한 갈등 역시 없지 않았다. 그러나 공학한림원 회원 간에 공유된 인식을 도출하는 과정의 어려움보다 더 큰 어려움은 사실 그다음 과정에 있었다. 현실을 진단하고 공통된 인식을 공유하는 과정도 어려웠지만, 그 인식을 바탕으로 문제해결 방향을 모색하고 이로부터 아직 성공 가능성을 100% 확신할 수 없는 전략을 도출하는 과정은 그 앞을 예단하기 어렵게 했다.

그래서 산업미래전략위원회가 택한 방법은 위원회 멤버와 각 분과 전문가가 함께 토론하는 워크숍을 활용하는 것이었다. 이와 함께, 단계별로 도출된 결과에 대해 오픈하고 한국공학한림원 회원들이 자유롭게 비판하고 의견을 제기할 수 있도록 하였다. 이 절차는 위원회의 논의를 한 단계 업그레이드 하는데 크게 기여하였다. 물론 그 과정에서 SWOT 프레임워크와 함께 자체 개발한 산업구조 전환 추진전략모형이 기본 템플레이트로 역할을 하였고, 여기에 각 분과위원회의 실증경험과 현실 인식이 가미됨으로써 의미 있는 추진 전략과 과제가 도출될 수 있었다.

그럼 이제부터 23개 산업 각각에 대해서, 첫째 〈그림 4-1〉의 3C 프레임워크, 그리고 〈그림 4-2〉에 도식화한 WO/WT/SO/ST에 기반한 일명 '산업 포트폴리오 전략', 둘째 〈그림 3-8〉의 산업구조 전환 추진전략 모형에 따라 도출된 산업별 구조 전환 추진전략, 그리고 마지막으로 도출된 전략들을 실행하기 위해서 향후 풀어가야 할 실행과제들을 살펴보기로 하자.

2. 전기전자정보 섹터,
스마트 디지털로 초격차를 이룬다

전기전자정보 섹터의 산업 포트폴리오 전략

이미 설명한 바와 같이 산업 포트폴리오 전략은 기본적으로 3C 프레임워크를 기본으로 한 SWOT 전략으로서 일차적으로는 산업 경쟁력 강화를 목표로 한다. 〈표 5-1〉은 전기전자정보 섹터에 대해 도출된 산업 포트폴리오 전략을 보여주고 있다.

우선 가전 및 서비스 로봇산업은 디지털 대전환으로 인해 개발될 차세대

〈표 5-1〉 전기전자정보 섹터의 산업 포트폴리오 전략

가전/서비스 로봇	• 글로벌 IT 기업(구글, 아마존)과의 전략적 제휴 • 콘텐츠 플랫폼(Netflix, Amazon, Google Assistant 등)과 TV의 연계, 유통 전문 기업(Amazon 등)과의 스마트 냉장고 협력 등은 이미 현실화했거나 실현 가능 • 제조공장 및 고기능/프리미엄 제품화에 디지털 전환의 요구와 시급성이 매우 큼 • 글로벌 IT 기업(구글, 아마존, 애플, 소프트뱅크 등)의 동향 주시, 산업용 로봇과의 호혜적 관계 설정 • 디지털 전환 가치사슬 CPND 상에서 서비스 로봇이 차세대 Device로 부상할 가능성이 큼 • IT 전 분야(통신, 반도체, AI, 각종 센서, 제어기술, 인터랙션 표준 등)와의 연계성 강화
컴퓨터/ 소프트웨어	• 차세대 IT 비즈니스를 위한 글로벌 CPND 생태계 제휴 및 국제분업 상 주요위치에 Positioning • 글로벌 클라우드 기업과 연계하여 개방형 멀티클라우드 산업으로 육성 • 디지털 전환의 요구와 시급성이 매우 큼 • Open Source 및 Computing 적극 활용
디지털 콘텐츠/ 게임	• 차세대 디지털 콘텐츠/게임 시장 개발을 글로벌 CPND 생태계 제휴 및 주요위치에 Positioning • 제조공정 상 가치사슬 전후방의 디지털 전환 요구와 시급성이 매우 큼

정보통신/ 이동 단말	• Beyond 5G(6G 등) 영역에서 미국/유럽과 상호보완을 위한 전략적 제휴 모색 (연구개발, 표준화, 서비스 개발 등) • 모바일 엣지 클라우드 컴퓨팅을 위한 네트워크 고도화 • Open RAN과 AI 기반의 망 운용/관리를 통한 디지털 전환(DX)실행 • 5G 공동망과 주파수 공유를 통한 투자비 절감 및 Private Network 활용을 통한 DX 경쟁력 강화
메모리/ 시스템반도체	• 메모리는 초격차 유지, custom memory 등에서 신시장 창출 • PIM, 파운드리 등을 통해 메모리와 프로세서의 융합 선도 • 파운드리 GVC는 선진국과 제휴, 메모리/신개념 반도체는 자체기술 확보 • 가치사슬 전후방에서 디지털 전환의 요구와 시급성이 매우 큼. 후방은 Fabless 설계/제조공정/SCM 분야, 전방은 자율주행차, 드론/로봇, 웨어러블, AR/VR, 클라우드, IoT, 5G/6G 등 Applications 분야
융복합 디스플레이	• 원천기술(소재/부품/장비) 확보를 위한 글로벌 제휴, 소싱 다변화, 글로벌 협업 R&D 센터 • 고해상도/저전력/대형디스플레이와 다기능 융복합 디스플레이 영역 신시장 개발
의료 헬스케어 신사업	• AI 기반 진단 기술과 저선량 X-Ray, fast MRI 등의 진단기기, 메디컬 트윈 기반 건강관리 S/W, Virtual Therapy 콘텐츠 등 개발 • Healthcare CPND 전 영역에서 R&D 및 신산업화와 대규모 시범사업을 통한 확산 • 다국적 연합팀이 참여하는 Global Open Healthcare Challenge 개최 정례화 등 • PHR 기반의 개인맞춤형 의료 헬스케어 서비스 개발(Ecosystem 구축과 Integration)

융합플랫폼 기반의 신사업 기회에 주목하고 있다. 그 구체적 수단은 광의의 디지털 생태계에서 글로벌 경쟁력을 보유하고 있는 글로벌 IT 기업 및 플랫폼과의 활발한 전략적 제휴를 모색하는 데 초점을 두고 있다. 구글이나 아마존과 제휴해서 스마트냉장고와 같은 새로운 하드웨어 디바이스를 개발한다든가, Netflix, Google Assistant 같은 콘텐츠플랫폼 사업자와 차세대 TV를 연계하는 것 등이 여기에 해당한다.

컴퓨터/소프트웨어 산업은 Open Source 및 Open Computing으로 패러다임을 전면 전환하고, 이에 기반한 차세대 IT 비즈니스의 국제 분업구조를 새롭게 모색해야 한다. 이렇게 함으로써 글로벌 가치사슬 구조상 주요 위치를 한국이 선점할 수 있으며, 장기적으로는 글로벌 IT 기업과 함께 미래 디지털 생태계를 개척해 나갈 수 있다. 그 결과는 한국 컴퓨터/소프트웨어 산업이 글로벌 개방형 멀티클라우드 산업으로 거듭나는 것이다.

디지털콘텐츠/게임산업의 경우, 일반적으로 전방의 시장에 대한 경쟁력은 다양한 소재개발을 통해 확장해 나갈 수 있고, 이에 대한 시장의 기대 역시 크다. 그러나 아직 시장의 기회를 중국과 국내 시장에서 찾고 있는 점은 아쉬운 점이고, 향후 K-entertainment의 확산에 힘입어 이 시장은 급성장해 갈 것으로 기대하고 있다. 그런데 그 과정에서 제조 공정상의 낮은 생산성이 걸림돌로 작용할 가능성에 대비해서 제조 공정상 가치사슬 전후방의 디지털 전환을 자체적으로 시급하게 추진해야 한다.

정보통신/이동 단말 산업은 B5G, 즉 Beyond 5G 영역에서 미국/유럽과 상호보완을 위해 전략적 제휴를 모색해야 하고, 모바일 엣지 클라우드 컴퓨팅을 위한 네트워크 고도화가 시급하다. 또한, Open RAN과 AI 기반의 망 운용·관리를 통해 네트워크 분야의 디지털 트랜스포메이션을 추구해야 한다. 이와 함께, 국내 통신서비스 산업 내의 낭비적 자원 소모를 줄이고 투자 여력을 미래지향적으로 돌리기 위해 5G 공동망 및 주파수 공유를 산업 차원에서 추진해야 하며, 망 중립성 재검토 등 통신서비스산업의 규제 패러다임을 네트워크를 중심으로 전면 개편해야 한다.

반도체 산업과 디스플레이산업은 아직 그나마 초격차를 유지하고 있는 산업이고, 선두산업에 걸맞게 스스로 구조 전환을 활발히 모색하고 있다. 반도체 영역에서 모색하고 있는 파운드리 시장으로의 진출이 그 대표적 예이다. 그러나 반도체와 디스플레이산업이 향후 주목해야 할 것은 이 분야의 디지털 생태계가 빠르게 그 수평적 범위를 확대하고 있다는 사실이다. 따라서 전방의 자율주행 자동차, 드론/로봇, 웨어러블, AR/VR, 클라우드, IoT,

5G/6G, 메타버스 등의 애플리케이션, 후방의 팹리스 설계, 제조공정, 공급사슬 관리, 글로벌 협업 R&D를 그 범위로 하는 대형 생태계가 만들어지고 있음에 주목해서, 컨버전스 대응전략을 조속히 강구해야 한다.

아직 초기 개발 단계인 의료헬스산업의 경우, 앞선 국내 임상의료 부분의 지식자산을 비즈니스화할 수 있는 방안을 모색하는 것이 가장 시급하다. 이를 통해 신기술 단계에서 신성장 단계로 이끌기 위한 대규모 시범사업을 하거나 다국적 연합팀이 참여하는 Global Open Healthcare Challenge의 개최를 정례화할 수 있다. 이러한 사업기반이 구축되면, 그다음 단계로 PHR(Personal Health Record) 기반의 개인맞춤형 의료 헬스케어 서비스를 개발하고, 이에 필요한 건강관리 소프트웨어나 fast MRI 등 AI 기반 진단 의료기기 시장을 개척해 갈 필요가 있다.

전기전자정보 섹터의 산업구조 전환 추진전략

사실 개별 기업의 입장에서 산업구조 전환을 스스로 추진한다는 것은 어려운 일이기도 하고, 혼자 할 수 있는 전략적 행위가 아닌 경우도 많다. 어떻게 보면, 산업구조 전략은 산업을 구성하고 있는 기업들이 집단으로, 서로 동태적으로 경쟁, 협력, 분할, M&A 등을 통해 변화해가는 과정으로 보는 것이 더욱 현실적이다. 그런 관점에서 보면, 산업구조 전환의 행위 주체는 개별기업, 기업집단, 산업 전체일 수도 있지만, 그 산업을 둘러싸고 있는 법·제도, 규제환경, 공공시장개발 등에 큰 영향력을 행사하고 있는 정부로 보는 것이 더욱 타당하다.

〈그림 5-1〉은 산업구조 전환 추진전략모형을 전기전자정보 섹터에 적용하여 도출한 추진전략을 단순화하여 보여주고 있다. 우선 신기술 산업군에

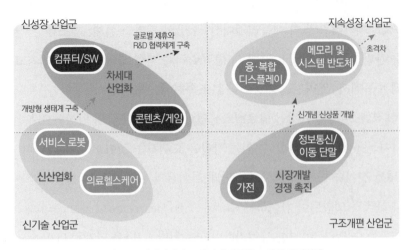

〈그림 5-1〉 전기전자정보 섹터의 산업구조 전환 추진전략

속해 있는 서비스 로봇산업과 의료 헬스케어산업에 대해 가장 시급하게 요구되는 것은 충분한 매출을 일으킬 수 있는 시장을 조기 개발함으로써 조속히 이들을 가시적으로 신산업화하는 일이다. 우선 정부가 공공조달 시장을 활용, 초기 시장을 만들어주되, 공급 시장을 키우기 위해 개방형 생태계를 구축, 비즈니스 아이디어와 자산을 가지고 있는 주체라면 누구든지 벤처를 설립하고 시장에 진입할 수 있는 여건을 마련해야 한다.

신성장 산업군에 머물고 있는 컴퓨터/SW와 콘텐츠/게임산업은 급성장하고 있다는 점에서 신성장 단계라고 하나, 시장 규모에 있어서는 문제가 있는 것이 사실이다. 따라서 신성장 단계에 있는 이들 산업을 차세대 주력산업으로 육성하기 위해서는 시장 확장과 함께 대규모 시장 개발이 필요하다. 이를 위해서는 글로벌 시장으로의 진출과 비즈니스 자체의 글로벌화가 필요한데, 이런 관점에서 플랫폼 자체를 글로벌 플랫폼으로 전환함으로써 시장 확장성, 즉 scalability를 높이고 사업 확장을 위한 글로벌 제휴와 R&D 협력체계 구축이 필요하다.

지속성장 산업군에 있는 반도체와 디스플레이산업은 현재 세계시장에서 선두그룹에 속해 있는 만큼, 후발주자와의 기술격차를 더 벌리는 초격차 전략을 구사해야 한다. 그러나 미국과의 경쟁에 있어서나 정부의 자원을 총동원해서 기술격차를 줄이고 있는 중국과 경쟁하면서 초격차 전략을 구사한다는 것이 현실적이냐에 대해서는 의문이 없지 않다. 따라서 같은 초격차 전략이라고 할지라도 기술 분야에 한정하기보다는 이제 제품 자체의 디자인이나 콘셉트, 그리고 소비문화적 환경에 이르기까지 전방위적인 초격차를 구사하는 것이 필요하다.

구조개편 산업에 속해 있는 정보통신/이동 단말 산업의 경우는 서비스 산업이 장비와 단말 산업의 성장을 견인하고 있는데, 이 분야 전체의 성장을 재건하기 위해서는 정보통신서비스 시장부터 시장구조 개편을 통해 경쟁 강도를 높일 필요가 있다. 경쟁압력이 높아져야 시장혁신이 일어나고, 서비스 시장의 혁신은 바로 단말과 장비 시장으로 파급된다. 그러자면, 통신비 인하 압력과 같은 정부의 지나친 간섭과 규제는 과감하게 철폐하여야 하고, 새로운 네트워크 플랫폼이 신규사업으로 시장 진입할 수 있도록 여건을 열어주어야 한다.

같은 구조개편 산업군에 속해 있다 하더라도 가전산업은 이미 글로벌 시장에서 성장해 왔다는 점에서 시장개발을 경쟁 촉진이라는 국내 정책을 활용할 수가 없다. 따라서 국내 가전산업이 산업구조 전환을 위해 추구해야 할 전략은 첫째, 탄소중립 시대에 대비해서 친환경, 저에너지소비의 시장을 조기 개발하는 것, 둘째, 가전/가구/인테리어/건축 등 인접 분야에서 차세대 가전 시장이 개발될 수 있는 여건을 산학연관이 함께 모색해 가는 것이다.

전기전자정보 섹터의 산업구조 전환 추진과제

국가 차원에서, 산업 차원에서, 심지어 기업 차원에서 전략이 수립되었다고 해서 저절로 실행되는 것은 아니다. 그 어느 것도 단일 개체가 아니며, 모두 이해관계를 달리하는 개체들이 모여서 형성한 복합체이다. 따라서 전략이 실질적으로 실행되고 또 실행에 이은 전략효과로 연결되기 위해서는 전략을 추진과제 단위로 낮추어 하나의 행동규범으로 변환해야 한다. 〈표 5-2〉는 전기전자정보 섹터에서 실행으로 옮겨야 할 추진과제를 보여주고 있다.

〈표 5-2〉에 의하면, 가전/서비스 로봇산업뿐 아니라, 컴퓨터/소프트웨어, 디지털콘텐츠/게임산업, 그리고 의료 헬스케어 산업에서 생태계 활성화, 여건 개선을 위한 선제적 법제, 그리고 종합적 정책 거버넌스가 모두 신속하게 마련되어 실행되어야 한다. 시장구조를 전면 개편하고, 미래 시장수요를 정부가 공공시장을 통해 선개발하는 것 역시 서비스 로봇산업, 소프트웨어산업, 정보통신 서비스, 그리고 의료 헬스케어산업에 적용할 수 있다. 한편 부품적 성격이 강한 반도체와 디스플레이 분야에 대해서는 우리가 글로벌 경쟁력을 가지고 있는 만큼, 핵심기술과 인력이 중국과 같은 경쟁국에 유출되지 않도록 정부가 기업 인수 합병에 대한 규제를 강화하고, 국가 차원에서 핵심 기술인력을 특별히 관리하는 프로그램을 마련해야 한다.

이와 함께 범정부 차원의 생태계 정책으로 이른바 빅 엔지니어링 이니셔티브를 추진할 필요도 있어 보인다. 한국공학한림원은 이 이니셔티브가 망라해야 할 범위를 특성화하여 일명 '스마트 디지털(smart digital)'이라는 국가 차원의 미래지향적 플랫폼 정책을 제안하고자 한다. 이것은 구체화된 정책이기보다는 하나의 비전이면서 모토이다. 따라서 추진방법도 정부와 민간이 상호 협력하는 PPP(Public Private Partnership) 방식이어야 하며, 내용상으로는 AI와

가전/서비스 로봇	• 중소/벤처의 시장진입 활성화, 가전 CPND 생태계 협업 독려, CP 부문 인재육성 및 규제 완화 • 로봇 안전과 책임에 대한 선제적 법제(의료 로봇-보험수가, 배달 로봇-도로교통법 보완 등) 마련 • 종합적 정책 거버넌스(R&D, 표준화, 실증사업, 국제협력 등)의 조속한 정립 필요
컴퓨터/ 소프트웨어	• R&D, 사업화, 우수 인력 조달/양성, 생태계 협업기반 구축을 정부가 주도하거나 지원 • 공공 부문에서 오픈소스 소프트웨어의 개발/도입/이용을 견인하고 촉진 • 다양한 공공/실증 파일럿 프로젝트를 추진
디지털 콘텐츠/ 게임	• 종합적인 정책 지원(R&D 투자, 부정적 인식 개선, 벤처 지원, 생태계 조성, 규제 완화/재정비 등)
정보통신/ 이동 단말	• 시장구조의 전면 개편, 미래 수요시장 활성화 • 주파수 공유/Private 5G Net 등 신성장 기반조성
메모리/ 시스템반도체	• 공정 기술 및 노하우와 전문인력의 경쟁국 유출 방지 • 반도체 관련 소부장 국산화, IT 분야 전반의 원천기술 경쟁력 강화 • 글로벌 산학연 융합연구 생태계/반도체 클러스터 조성 및 반도체 분야 우수인력양성
융복합 디스플레이	• 원천기술(소재/부품/장비) 확보를 위한 글로벌 제휴, 소싱 다변화, 글로벌 협업 R&D 센터 • 공정부문에서 디지털 전환의 요구(공정 생산성 혁신), 수요시장의 디지털 전환에 의한 견인
의료 헬스케어 신사업	• 소프트웨어 기반 의료기기 산업혁신 생태계 조성(바이오 및 의료 빅데이터 플랫폼 구축) • 혁신 의료기기에 대한 특례제도 도입(신청 특례, 보험 특례 등) • K-healthcare 브랜드 개발로 글로벌 시장진출 모색

CPS(Cyber Physical Systems)가 상호보완적으로 융합된 디지털 트랜스포메이션의 플랫폼이다. 이를 하나의 그림으로 도식화하면 〈그림 5-2〉와 같다.

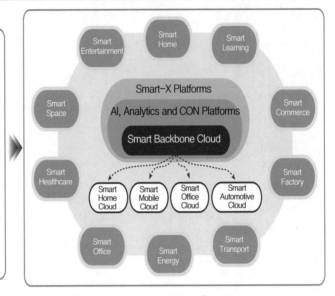

빅 엔지니어링 이니셔티브,
'스마트 디지털(Smart Digital)' 제안
• PPP에 의한 국가 차원의 메가프로젝트로 IT 전 영역을 포괄
• AI+CPS(Cyber Physical Systems)로 디지털 트랜스포메이션 플랫폼 선도 개발

Enabler

• Man-Machine Interaction
• 인공지능과 Virtualization 기술
• 오픈소스와 글로벌 플랫폼
• Open RAN/Space Internet/6G
• Memory-centric Computing
• DoT와 융·복합 디스플레이
• 바이오인포메틱스
• 헬스케어 빅데이터
• 지능형 가전과 서비스 로봇
• 고성능 IoT 센서
• 모바일 엣지 컴퓨팅
• 오감인지/인터렉티브 햅틱/몰입형 멀티미디어
• 양자통신/양자 암호화 기술
• 블록체인

Smart Entertainment
Smart Home
Smart Learning
Smart Space
Smart-X Platforms
AI, Analytics and CON Platforms
Smart Backbone Cloud
Smart Commerce
Smart Healthcare
Smart Home Cloud
Smart Mobile Cloud
Smart Office Cloud
Smart Automotive Cloud
Smart Factory
Smart Office
Smart Energy
Smart Transport

〈그림 5-2〉 빅 엔지니어링 이니셔티브, '스마트 디지털'의 개념도

3. 운송장비기계 섹터,
디지털 전환으로 새로운 모빌리티 시대를 연다

운송장비기계 섹터의 산업 포트폴리오 전략

운송장비(자동차, 조선, 항공, 철도) 및 기계산업의 산업 포트폴리오 전략 방향은 매우 단순하고 명확하다. 즉 친환경화와 디지털 전환으로 요약되는 글로벌 환경변화에 대응할 신기술의 선점을 통한 글로벌 시장의 확대야말로 우리나라의 자동차, 조선, 항공, 기계산업을 차세대 주력산업으로 재도약시킬 수 있는 관건이라 하겠다. 〈그림 5-3〉은 SWOT 분석을 통해 도출된 산업 포트폴리오 전략을 보여주고 있다.

먼저 자동차와 조선 등 한국이 현재 강점을 보유한 분야에서는 강점 기반 기회 활용 전략의 일환으로 친환경 규제에 대한 선제 대응으로 글로벌 시장

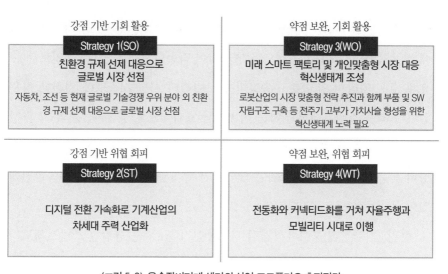

〈그림 5-3〉 운송장비기계 섹터의 산업 포트폴리오 추진전략

을 선점하는 전략을 모색할 필요가 있다. 구체적으로는 기후변화로 인한 온실가스 감축에 대한 국가적 노력과 글로벌 환경규제가 강화되고 있는 만큼 자동차 조선의 기존 화석연료 기반의 동력을 전기나 수소 연료전지와 같은 친환경 제품으로 대체해야 한다. 또한, 친환경 차량과 수송기기에 대한 소비자의 선호도가 제품 시장 확대 여부를 크게 좌우하는 만큼 이제부터는 부품과 소재의 경량화와 관련 소재의 친환경화는 물론, 충전기술 고도화 등 전기와 수소 등 신에너지원에 대한 인프라 구축을 통해 모빌리티 시장에서의 경쟁우위 원천 확보가 중요한 전략이 될 것으로 여겨진다.

한편 이들 산업이 지닌 약점을 보완하는 동시에 새롭게 부상하는 위협을 해소하는 전략으로서 운송장비 및 기계산업의 전동화와 커넥티드화를 통해 하드웨어와 관련 서비스를 연결하여 최종 소비자에게 통합서비스를 제공하는 모빌리티 서비스 시장으로의 전략적 진출을 생각해 볼 수 있다. 이러한 모빌리티 시장에 대한 대응이 적시에 이루어지지 않으면 향후 이러한 모빌리티 시장이 진입이 아예 불가능해지거나 부분적인 참여에 그치는 상황을 충분히 예상할 수 있다. 따라서 향후 개별 운송장비의 제품경쟁력보다는 해당 제품과 연결되는 모빌리티 시장에서의 개별 운송장비가 얼마나 모빌리티 시스템에 잘 부합하고 비용 효과적으로 연계되어 작동할 수 있는지가 무엇보다 중요해진다. 따라서 앞으로 운송장비를 모빌리티 시장 시스템에 연결할 경우 얼마나 최종 소비자에게 원하는 서비스를 효과적으로 제공하는가와 그 과정에서 해당 운송장비가 어떤 역할과 기능을 감당할지가 중요하며 동시에 운송장비 특유의 경쟁우위 요소가 무엇인지가 향후 운송장비산업의 지속발전에 있어 무엇보다 중요해진다고 할 수 있다.

한편, 기계장비 분야에서처럼 정보통신기술(ICT)을 융합한 스마트팩토리 기술 등 스마트화가 진행되고 있고, 산업용 협동 로봇, 적층 방식의 3D프린터 등 새로운 제조방식의 장비 수요도 증가하고 있어 강점기반 위협 회피 전략으로 디지털 전환 가속화를 통한 글로벌 시장을 선점을 생각해 볼 수 있을 것이다. 특히 기계장비 분야처럼 글로벌 시장이 세분되어 있고 단기간에 글로벌 시장에서의 경쟁우위 확보가 어려운 산업에서는 새로운 비즈니스 환경을 맞아 기존과 다른 중장기 관점의 대응전략이 필요하다. 다시 말해 기존 기계장비 분야에서 기술우위 국가를 단기간에 따라잡기 어려운 만큼 새로운 선진 기계장비로 전환을 하고 이를 국산화하는 데 필요한 신규 소재와 부품을 기획 단계에서부터 설계하는 등의 노력을 통해 글로벌 시장을 공략하자는 것이다. 새로운 선진 제조업(advanved manufacturing) 시대에서는 이러한 중장기적이고 지속적인 노력과 투자를 통해서만 해외수입 제조 장비가 아닌 국산 제조 장비 및 기계의 차세대 주력 산업화가 가능할 것이다.

　마지막으로 기존 운송장비와 기계산업보다 상대적으로 신성장 산업 분야에 속하는 로봇산업의 경우 해당 산업이 지닌 약점을 보완하되 새로운 기회를 활용하는 전략의 일환으로 미래 스마트팩토리 및 개인맞춤형 시장 도래에 대비한 혁신 생태계를 조성하는 신산업 육성전략도 필요하다. 특히 로봇과 같은 신기술 기반의 제품이 기존 로봇시장을 대체하기 위해서는 해당 기술의 선진화도 중요하지만 새로운 기술의 적용과 확산이 이루어지기 위한 관련 생태계의 구축이 무엇보다 중요하다는 점에 유의할 필요가 있다.

운송장비기계 섹터의 산업구조 전환 추진전략

　〈그림 5-4〉는 자동차, 조선, 항공 등 운송장비기계 섹터의 세부 업종별 차별적 구조 전환 전략의 방향성을 단순화하여 보여주고 있다.

　신속한 사업재편 산업군에 속하는 내연기관 자동차와 전통적 조선 및 철

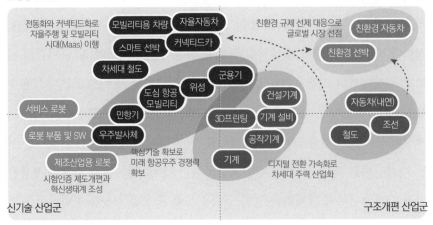

〈그림 5-4〉 운송장비기계 섹터의 산업구조 전환 추진전략

도산업의 경우 두 갈래의 구조전환 전략이 가능하다. 첫째는 자동차 분야의 경우 최근 급속히 진행되고 있는 친환경화에 대응하여 새로운 동력원을 기준으로 세분되는 미래 자동차 시장에서 글로벌 경쟁우위를 확보하는 것이다. 둘째는 디지털 전환 가속화 및 AI와 빅데이터 기술 발전에 힘입은 글로벌 지능화에 부응해 자동차와 조선의 스마트화를 통해 구조 전환을 추진하는 것이다. 구체적으로는 전동화와 커넥티드화로 자율주행 및 모빌리티 시대로의 이행을 선도하는 것이 중요한 미래 대응전략이 될 것으로 보인다.

한편, 기계산업의 경우 자동차와 마찬가지로 구조 전환은 두 방향에서 추진할 필요가 있다. 첫째는 최근 진행되고 있는 디지털 전환의 가속화를 통해 차세대 주력산업으로 육성하는 전략이다. 기존 범용기계와 새롭게 부상하고 있는 신성장 산업으로서의 건설, 공작기계 및 반도체 디스플레이 장비 등의 기계설비 모두 디지털 전환을 통한 지능화와 스마트화가 필요하다는 것이다. 둘째는 이들 기계산업도 자동차와 마찬가지로 친환경화 대응이 불가피하다.

기계산업의 경우 온실가스 배출은 전체 제조업의 4.5% 수준에 불과하지만, 공정 특성상 직접배출(9.5%)보다 간접배출(90.5%) 비율이 압도적으로 높다.

한편, 우주항공 분야는 소형 군집 위성과 정밀 항법 위성 등 다양한 위성 군을 확보하고, 우주발사체는 중소형 저궤도 위성 발사체와 달 탐사용 대형 발사체를 자력으로 확보하는 등 독자적 기술 확보에 주력하는 것이 필요하다. 로봇 분야는 새로운 로봇 시장에 대응하지 못하고 있는 시험 인증제도 등 규제를 개편하고 혁신생태계를 조성해 신산업으로 육성할 필요가 있다. 또한, 제조산업용 로봇 분야에서는 협동 로봇 및 웨어러블 로봇 등에 얽혀있는 규제를 개편함으로써 다양한 신산업 품목을 육성할 수 있을 것이다.

운송장비기계 섹터의 산업구조 전환 추진과제

운송장비기계 섹터에 속한 5개 산업의 미래 대응 산업구조 전환 과정에서 기업들이 추진해야 할 과제는 다양할 수밖에 없다. 크게 신속한 사업재편이 필요한 산업과 이제 막 신성장 산업의 초기 단계에 진입하고 있는 산업이 저마다 다른 구조 전환의 과제가 있기 마련이다. 그러나 이들 산업의 구조 전환에 있어 공통으로 필요하거나 전략적 접근이 필요한 과제를 중심으로 검토해 볼 필요가 있다. 〈그림 5-5〉는 운송장비기계 섹터에 속한 기업과 정부가 실행 단계에서 반드시 검토해 봐야 할 추진과제를 요약해서 잘 보여주고 있다.

첫째, 친환경 규제에 대한 선제 대응이다. 다양한 전동화 차량의 기술적 경쟁우위 확보를 위해 경량화 기술, 소재 기술, 충전 및 인프라 기술을 확보하는 한편, 친환경차(전기차, 수소차)용 대용량 배터리 등 초고속, 고효율 저비용 배터리 관련 기술과 친환경 에너지(풍력, 전기, LNG, 수소) 추진 교통수단 등 친환경차 시대를 뒷받침할 수 있는 선제적 기술 확보와 생태계 구축이 긴요

친환경 규제 선제 대응	모빌리티 서비스 시대 이행	차세대 주력 산업화	혁신 생태계 조성
• 다양한 전동화 차량의 기술적 우위를 위한 경량화 기술, 소재 기술, 충전 및 인프라 기술의 확보 • 친환경차(전기차 & 수소차)용 대용량 배터리 등 초고속, 고효율 저비용 배터리 관련 기술 • 친환경 에너지(풍력, 전기, LNG, 수소) 추진 교통수단 등 차세대 품목 특정 기술 개발 • 국제 규제에 대한 선제 기술 확보로 글로벌 기술격차 및 시장 지배력 확대(조선)	• 자율주행, 커넥티드 및 모빌리티 연계기술 확보로 글로벌 시장 선점 • 모빌리티와 커넥티드 서비스를 위한 인공지능 기반의 플랫폼 기술 확보 • 친환경차(전기차 & 수소차) 및 도심 항공 모빌리티용 대용량 배터리 등 초고속, 고효율 저비용 배터리 관련 기술 • 자율운항 스마트화 기술, 스마트 생산화 관련 기술 확보(조선)	• 설계-제조-운영 전 주기 디지털 통합을 통해 최적화 역량을 기반으로 한 솔루션 산업으로 진화 • 핵심기술 확보 및 디지털 전환 가속화를 통한 미래 글로벌 시장 선점	• 로봇 및 우주항공과 같은 신산업 분야의 시험 인증 제도 확충 및 혁신 생태계 조성 • 친환경 스마트화와 GVC의 변화에 따른 산업 생태계 재편, 관련 기업들의 상생 모델 개발(조선)

〈그림 5-5〉 운송장비기계 섹터의 산업구조 전환 추진과제

할 것으로 보인다. 특히 최근 탄소 국경세 도입, 환경규제 강화 등 EU를 비롯한 주요 선진국을 중심으로 논의되고 있는 조치들이 새로운 무역장벽으로 작용할 가능성이 커지고 있다. 따라서 정부는 이러한 새로운 무역장벽이 세워지는 새로운 통상환경에 대해 양자 및 다자간 무역협정을 확대하는 한편 산업계는 새롭게 부상하는 친환경 신시장의 선점 차원에서 전기차, 수소차 관련 부품과 소재 등 친환경차 산업 시대 도래에 부합한 전략적 대응과 효과적인 생태계 구축에 주력할 필요가 있다. 내연기관 자동차를 전기차, 수소차 같은 친환경차로 전환하는 것이 우선 과제이지만 단기간에 쉽지 않은 만큼 단계적인 접근이 필요하며, 동시에 기존 내연기관 자동차의 주행 효율 향상 등 다각적인 노력이 필요하다.

둘째, 자율주행, 커넥티드 및 모빌리티 연계 기술 확보로 글로벌 시장을 선점하는 것이 긴요하다. 구체적으로는 모빌리티와 커넥티드 서비스를 위한 인공지능 기반의 플랫폼 기술을 확보하고, 친환경차(전기차, 수소차) 및 도심 항공 모빌리티용 대용량 배터리 등 초고속, 고효율 저비용 배터리 관련 기술 및 자율운항 스마트화 기술, 스마트 생산화 관련 기술 확보 등을 통해 글로벌 시장의 선점이 필요하다. 최근 딜로이트의 국내 주요 산업 디지털 전환 현황에 대한 분석결과[*]에 따르면 '한국 자동차산업의 디지털 전환은 준비-실행-확산-정착의 4단계 중 2단계인 실행(Doing)에 근접하는 수준'이며, '타 업종보다 디지털 전환에 대한 노력을 일찍 시작했지만, 자동차의 개발과 생산, 판매가 수직으로 이어지는 국내 자동차산업의 구조적 특성상 급격한 기술 변화와 업종 간 융·복합 추세에 신속히 대응하는 데 한계가 있다'. 따라서 자동차산업은 지난 한 세기 넘게 담당해 온 기존 운송기능을 뛰어넘어 탑승객에게 종합 서비스를 제공하는 모빌리티 플랫폼 산업으로 빠르게 변하고 있는 만큼 기존 자동차업계는 국내외 IT 기업과의 협업 등을 통해 새로운 자동차를 비롯한 다양한 운송장비를 상호 연계하고, 이를 도로와 도시 내 기존 도로망과 주차거점 등을 네트워킹하는 새로운 형태의 산업 생태계를 선제적으로 구축해 나갈 필요가 있다.

셋째, 기계와 같이 차세대 발전 가능성이 큰 신성장 기계산업의 경우 '설계-제조-운영' 전 주기 디지털 통합을 통해 최적화 역량을 기반으로 한 솔루션 산업으로의 전환을 추진하고, 핵심기술 확보 및 디지털 전환 가속화를 통한 미래 글로벌 시장 선점을 통해 차세대 주력산업화하는 노력도 필요하다. 또한, 반도체·디스플레이 장비, 제조용 로봇, 스마트제조 장비 분야는 제품

---

[*] 딜로이트 컨설팅(2021), 디지털 전환과 제조혁신: 자동차산업(대한상의 전환기 업종별 미래산업포럼 발표자료에서 딜로이트 컨설팅사의 Digital Maturity Index 분석결과 참고)

다변화로 경쟁국의 추격을 따돌리는 동시에, 차세대 기계장비 분야는 가상·증강현실, 무인 시스템, 네트워크 융합 같은 혁신기술의 접목에 적극적으로 나설 필요가 있다.

마지막으로 로봇이나 우주항공과 같은 신산업 분야의 시험인증 제도 확충 및 혁신 생태계 조성과 함께 조선업의 경우처럼 친환경 스마트화와 GVC의 변화에 따른 산업 생태계 재편, 관련 기업들과의 상생 모델 개발 등 혁신적 협업 생태계를 조성하는 것이 무엇보다 중요한 과제이다.

4. 건설환경 섹터,
공간산업의 차세대 주력 산업화를 추진한다

건설환경 섹터의 산업 포트폴리오 전략

건설환경 섹터에 도출된 산업 포트폴리오 전략은 〈그림 5-6〉과 같다. 우선 강점 기반 기회를 활용하는 전략으로는 미래 관점의 건설업 재정의, 강점 기반 위협 회피 전략으로서는 아날로그 건설과 디지털 기술의 결합과 고도화, 약점보완 및 기회 활용 전략으로서는 산업 생태계 조성, 그리고 약점 보완과 위협 회피 전략으로 섹터별 칸막이 부처 정책/규제시스템 변화로 요약할 수 있다. 그렇다면, 각 산업 포트폴리오 전략의 세부내용은 무엇인가.

첫째, 우리의 강점을 살리고 기회를 활용하기 위해서는 미래 관점에서 건설환경산업을 전면 재정의할 필요가 있다. 건설환경산업의 정의를 기후변화

강점 기반 기회 활용	약점 보완, 기회 활용
Strategy 1 (SO)	**Strategy 3 (WO)**
미래 관점의 건설업 재정의	**산업 생태계 조성**
건설업을 기후변화 및 4차 산업혁명 진전에 대응해 공간을 재구축하는 '융복합 생활/사회/산업 인프라 산업'으로 재정의하고, 구조개편을 새로운 성장기회 확보 방안으로 활용	스타 기업을 만들고 전 주기 가치사슬이 형성될 수 있도록 생태계 조성 노력 필요
강점 기반 위협 회피	약점 보완, 위협 회피
Strategy 2 (ST)	**Strategy 4 (WT)**
아날로그 건설과 디지털 기술 결합, 고도화	**섹터별 칸막이 부처 정책/규제 시스템 변화**
한국 건설산업의 우수한 시공력 강점에 AI, Big Data 등 4차 산업혁명 기술을 적극적 도입, 활용해 해외기업들 주도의 산업 패러다임 변화 위협 회피	건설산업은 대표적인 다부처 규제 산업으로서 부처 간 충돌이 빈번한 낡은 규제시스템을 혁신유도형으로 슬림화, 고도화

〈그림 5-6〉 건설환경 섹터의 산업 포트폴리오 전략

및 4차 산업혁명 진전에 맞추어 공간을 재구축하는 '융·복합 생활/사회/산업 인프라 산업'으로 바꾸어야 한다는 것이다. 이를 바탕으로 현재의 인력 투입형 시공 중심에서 하이테크 기술 및 엔지니어링 위주로 산업의 체질을 개선해야 한다. 이러한 방향으로 산업구조를 전환하기 위해서는 국내적으로 한국형 뉴딜 정책의 틀 안에서 생활/사회/산업 인프라를 융·복합, 디지털 관점에서 업그레이드할 기회를 다양하게 마련할 필요가 있다. 동시에 해외 공공민간파트너십(PPP: Public Private Partnership) 사업 진출 확대를 위해서 금융기관과의 연계 지원을 강화해야 할 것이다.

둘째, 우리의 강점을 살리고 위협에 대처하기 위해서는 건설환경산업에 디지털 기술을 결합하고 고도화해야 한다. 이런 방향으로 산업의 체질을 바꾸기 위해서는 AI, 빅데이터 등의 기술을 적극 도입, 활용해 고부가가치화를 추진하고 생산성을 높여나가야 한다. 일본은 이미 조사, 측량부터 시공, 검사, 유지관리까지 모든 건설생산 프로세스에 ICT를 활용하는 'i-Construction' 정책을 전개하고 있다. 정부는 디지털 전환 지원 및 촉진 정책을 통해 산업 전반에 걸쳐 디지털 전환을 추진하고, 기업들은 디지털 기술을 이용해 사업 프로세스를 고도화해야 한다. 역량이 부족한 중소 건설 기업에 대해서는 산학연 연계로 디지털 전환을 위한 기술 개발 및 확산을 지원해야 할 것이다. 이 과정에서 산업 전체가 공유할 수 있는 건설 디지털 전환 플랫폼 기술을 개발해서 활용할 필요가 있다.

셋째, 약점을 보완해서 기회를 살리는 관점에서는 전 주기에 걸친 가치사슬을 제대로 구축하는 등 산업 생태계 조성을 위해 노력해야 한다. 부실 건설사를 퇴출하고 경쟁력 있는 기업 중심으로 시장 환경을 정비하는 등 산업구조를 선진화해야 한다. 특히 중요성이 커지고 있는 환경, 안전/방재, 리사이클 등 분야에 대한 민간 투자 유도 및 영세 사업구조 탈피 지원을 강화해야 할 것이다. 시장 환경 정비 및 생태계 조성을 통해 글로벌 경쟁력을 갖춘 스타 기업을 만들어내는 것이 중요하다. 이와 같은 스타 기업을 구심점으로 생태계가 지속해서 강화되고 확장될 수 있는 선순환 구조가 이루어지도록 해야 한다.

넷째, 약점을 보완하여 위협에 대처하기 위해서는 섹터별 칸막이식의 정책 및 규제 시스템을 바꾸어야 한다. 건설 및 환경 산업은 대표적인 다부처 규제 산업이다. 현재 부처별 역무 구분은 건설 및 환경 산업의 융·복합 인프라 산업으로의 진화를 저해할 가능성이 있다. 예를 들어 자율주행의 경우 개발·생산은 산업부, 운행은 국토부 소관인데, 이들 간 업무 협조가 제대로 되지 않고 있다. 또한, 현재 정책/규제 시스템은 건설 기술력의 고도화나 건설과 디지털 기술의 결합 잠재력을 제한하고 있다. 건축 기술은 건축법 안에서 규제를 받고 있어 운용의 폭이 제한되며, 디지털 기술 결합으로 건축 기술 발전이 눈부시게 빨라지고 있지만, 기존 규제상 제한으로 사용이 어려운 경우가 존재한다.

건설환경 섹터의 산업구조 전환 추진전략과 과제

건설환경 섹터의 산업구조 전환 추진전략은 〈그림 5-7〉과 같다. 현재 건설환경 섹터에서 지속성장 산업군에 속한 산업이나 업종이 보이지 않는 점은 건설환경 섹터의 구조 전환이 매우 시급함을 시사하고 있다.

건설환경 섹터의 경우, 산업구조 전환의 추진 방향은 크게 세 가지로 정리된다. 첫째 신기술 산업군에 있는 안전방재, 환경, 리사이클 산업은 제도개편과 산업 생태계 조성을 통해 선택적, 조건부 신사업으로 육성하는 것, 둘째 신성장 산업군에 명시한 도시산업은 아날로그 건설과 디지털 기술을 결합하

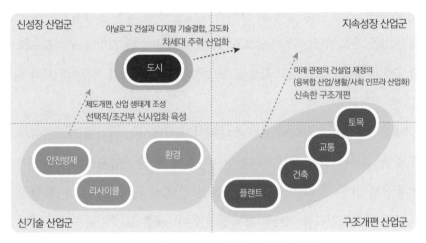

신성장 산업군

아날로그 건설과 디지털 기술결합, 고도화
차세대 주력 산업화

지속성장 산업군

도시

미래 관점의 건설업 재정의
(융복합 산업/생활/사회 인프라 산업화)
신속한 구조개편

제도개편, 산업 생태계 조성
선택적/조건부 신사업화 육성

토목

교통

건축

안전방재

환경

플랜트

리사이클

신기술 산업군

구조개편 산업군

〈그림 5-7〉 건설환경 섹터의 산업구조 전환 추진전략

고 고도화함으로써 차세대 주력산업으로 키우는 것, 그리고 마지막으로 구조개편 산업군에 속한 플랜트, 건축, 교통, 토목 분야는 건설업의 재정의를 통해 융·복합 산업/생활/사회 인프라를 하나의 토털 솔루션으로 공급하는 거대산업으로 구조개편하는 것이다.

그러면, 이렇게 설정된 산업구조 전환 추진전략을 실제로 실행하고자 한다면, 어떠한 전략 또는 정책적 과제를 실행해야 할까. 〈그림 5-8〉은 〈그림 5-6〉의 산업 포트폴리오 전략, 그리고 〈그림 5-7〉의 산업구조 전환 추진전략으로부터 도출된 과제를 영역별로 정리하여 보여주고 있다. 과제의 수행 주체는 산업 내 기업이나, 산업의 성장환경이나 고도화 기회를 극대화할 정책적, 경쟁적 환경을 만드는 데에 정부의 역할 역시 중요하다. 따라서 〈그림 5-8〉에서 제시되는 추진과제는 산업 내 기업과 정부가 상호 협력하여 함께 풀어가야 할 숙제라고 할 수 있다.

첫째, 건설업을 재정의하자는 것은 그것 자체가 목적은 아니다. 건설업을 재정의함으로써 인력 투입 시공 중심에서 하이테크 기술 및 엔지니어링 중심

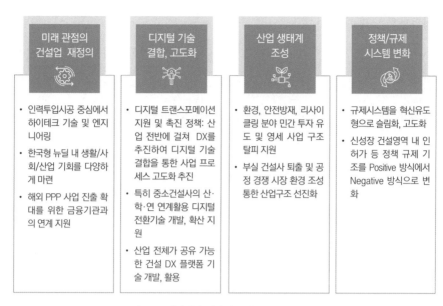

미래 관점의 건설업 재정의	디지털 기술 결합, 고도화	산업 생태계 조성	정책/규제 시스템 변화
• 인력투입시공 중심에서 하이테크 기술 및 엔지니어링 • 한국형 뉴딜 내 생활/사회/산업 기회를 다양하게 마련 • 해외 PPP 사업 진출 확대를 위한 금융기관과의 연계 지원	• 디지털 트랜스포메이션 지원 및 촉진 정책: 산업 전반에 걸쳐 DX를 추진하여 디지털 기술 결합을 통한 사업 프로세스 고도화 추진 • 특히 중소건설사의 산·학·연 연계활용 디지털 전환기술 개발, 확산 지원 • 산업 전체가 공유 가능한 건설 DX 플랫폼 기술 개발, 활용	• 환경, 안전방재, 리사이클링 분야 민간 투자 유도 및 영세 사업 구조 탈피 지원 • 부실 건설사 퇴출 및 공정 경쟁 시장 환경 조성 통한 산업구조 선진화	• 규제시스템을 혁신유도형으로 슬림화, 고도화 • 신성장 건설영역 내 인허가 등 정책 규제 기조를 Positive 방식에서 Negative 방식으로 변화

〈그림 5-8〉 건설환경 섹터의 산업구조 전환 추진과제

으로 전환하자는 것이고 한국형 뉴딜 내 생활/사회/산업 인프라를 업그레이드하면서 정부 주도의 신시장 개발에 나서야 한다는 것이다. 물론 이러한 국내 시공 경험을 바탕으로 해외 PPP 사업 진출의 확대가 가능하도록 이 과정에서 금융기관과의 협업 분위기 조성도 필요하다.

둘째, 디지털 기술 결합 및 고도화를 위해서는 정부가 디지털 전환 지원 및 촉진 정책을 펼쳐야 한다. 이를 통해 건설업을 고도의 IT 서비스업으로 변환시켜 나갈 수도 있다. 이를 위한 제도적 여건으로서 중소건설사의 산학연 연계활용이 가능한 디지털 전환 기술의 개발, 확산 지원이 필요하고, 이를 플랫폼화할 필요도 있다.

셋째, 신기술산업인 환경, 안전방재, 리사이클링 분야에 민간 투자를 유도하고 영세사업구조에서 탈피할 수 있도록 정부의 지원이 필요하다. 물론 신시장 확대를 위해 부실 건설사를 퇴출하여 활력있는 공정 경쟁 시장을 조성하도록 노력해야 한다.

　마지막으로 필요한 것은 정책 및 규제시스템의 변화이다. 낡은 규제시스템을 혁신유도형으로 단순화하여야 하고, 신성장 건설 영역에서 인허가 등 정책규제의 기조를 포지티브 리스팅 방식에서 네거티브 리스팅 방식으로 전면 전환해야 한다.

5. 화학생명에너지 섹터,
바이오/탄소중립 시장을 개척한다

화학생명에너지 섹터의 산업 포트폴리오 전략

화학생명에너지 섹터의 각 산업과 업종에 대한 시장입지 평가에 근거해서 이른바 SWOT 프레임워크에 의해 도출한 산업 포트폴리오 전략을 표로 정리하면 〈표 5-3〉과 같다.

전반적으로 바이오헬스 분야는 환경, 웰빙, 건강에 대한 수요 증가로 인해 계속 성장하는 미래 주력산업으로 육성해야 하는 데 이견이 없을 것이다. 그러기 위해서는 바이오 분야의 혁신 기술 및 보건의료 서비스 플랫폼 개발을 위한 대규모의 장기적인 연구개발 투자가 이루어져야 하며 대기업과 신생 벤처기업 간의 시너지가 원활히 이루어질 수 있도록 바이오 클러스터 확보와 생태계 형성이 필요하다. 또한, 보건 의료 및 식품 자원 분야의 빅데이터 구축과 이를 활용한 차별화된 기술혁신과 새로운 비즈니스 모델이 개발되고 이를 주도할 신생 벤처 창업이 활성화되어야 한다.

구체적으로 의약품 및 의료기기 산업의 경우 그동안의 유기합성 및 바이오시밀러 분야 역량과 성과를 기반으로 한 단계 더 도약하기 위해서는 여러 중소벤처기업이 신약 관련 후보 물질을 개발하고 이를 대기업이 글로벌 임상과 마케팅을 담당하는 협업 구조를 갖는 산업 생태계 구축이 이루어져야 한다. 이를 위해 바이오산업 생태계의 허브 역할을 할 수 있는 글로벌 big pharma 기업의 육성과 기업 간 나아가 산학연 간 원활한 전략적 협업이 이루어지는 개방적 혁신이 산업 규범으로 자리 잡도록 하는 것이 중요하다.

<표 5-3> 화학생명에너지 섹터의 산업 포트폴리오 전략

바이오 헬스	• 차세대 주력 산업으로 육성하기 위해 대규모 R&D 투자와 big data 인프라 구축 • 새로운 혁신과 Business model을 활성화하기 위한 규제 완화
식품	• 장류 및 전통주의 고유 브랜드화와 글로벌 시장 진출(K-Wave 결합) • 식품소재 기업과 IT 업체 간의 제휴 혹은 합병을 통해 기능성 친환경적 식품개발/제조/유통 역량 확보와 글로벌 시장 진출
의약품/ 의료기기	• 대기업과 중소기업 간 협업/전략적 제휴: discovery(중소벤처) 임상 및 마케팅(대기업) • 첨단 생명과학기술 및 AI/Big data를 활용한 신약과 세포/유전자 개발 • 개발, 생산, 글로벌 유통과 판매 전 가치사슬에서 Digital Transformation 맞춤형 기능성 의료기기 및 의료 솔루션 서비스(노인층을 위한 퇴행성 치료 등) • 유기합성 신약 및 바이오시밀러 시장진입 확대
화장품	• 유전자 분석 및 바이오, ICT 기술을 융합한 맞춤형 화장품 및 미용 서비스 개발 (피부 마이크로바이옴 마커 기술과 피부진단을 위한 data science 기술 등을 융합) • Digital Transformation을 기반으로 생산 및 유통 혁신(화장품 구독 플랫폼 등) • Biosafety를 통한 안전한 화장품 개발과 글로벌 시장 진출
신재생 에너지	• 태양광과 풍력의 에너지 생산 변동성과 수소 ESS의 경제성 확보 간의 시너지를 추구 • 정부의 장기적 안목의 일관된 정책으로 안정적인 투자 개발과 사업이 가능함
태양광	• 고효율 페로브스카이트 개발 및 상업화 • 수상형/건물 일체형 태양광 발전 EPC • 새로운 BM을 가진 운영서비스 기업과 벤처 진입 • Total Energy Solution Provider로 전환
풍력	• 국내 대규모 부유식 해상풍력 단지 조성으로 시장 확대 • 이를 통해 기술 역량과 reference를 확보하여 세계시장 진출
수소	• 수소 기반의 전기차 개발과 양산, 충전소 인프라 구축 및 ESS 개발 • Green Hydrogen 생산, 운송, 저장 전 과정의 생태계 구축이 관건
정유/ 석유화학	• 친환경 Refinery 및 Petrochemical Refinery(석유화학형 정유공장)로 전환 투자 • Digital Transformation을 통한 효율성 극대화 • 고부가가치 Specialty Chemical사들과 전략적 제휴 • 산유국 정유사 및 Specialty Chemical사들과 전략적 제휴
섬유	• 고기능 친환경 스마트 섬유 개발 • 산업용 섬유 개발(의료/헬스케어, 스포츠, 토목, 자동차, 전자용 등)

세포 및 유전자 기술 같은 첨단 생명과학기술 개발과 AI/Big Data를 활용한 신약개발 전 주기에 대한 경험과 역량 확보, 그리고 의약품 가치사슬 전반에서의 디지털 전환에 집중하는 것도 필요하다. 또한, 유망한 성장기회로서 노인층을 위한 퇴행성 치료 등 기능성 의료기기 및 개인의료정보 등을 기반으로 한 맞춤형 의료 솔루션 서비스 개발도 이루어져야 한다.

화장품 산업 역시 유전자분석과 피부진단 데이터 분석, 피부 마이크로바이옴 마커와 같은 바이오 및 IT 기술을 융합한 맞춤형 화장품 및 미용 서비스 개발이 미래 경쟁력 확보에 매우 중요하다. 또한, 화장품 구독 플랫폼과 같이 디지털 전환으로 가능해진 새로운 생산 및 유통 혁신과 함께 생물학적 안전성을 확보한 화장품 개발이 이루어진다면 글로벌 시장에서 경쟁력을 높일 수 있을 것으로 생각된다.

식품 산업은 한류의 확산을 활용하고 우리 고유의 장류 및 전통주를 고유 브랜드화한다면 글로벌 시장 진출 가능성이 있다고 판단된다. 또한, 식품 소재 기업과 바이오기업, 그리고 IT업체 간의 합병이나 전략적 제휴를 통해 친환경적 가능성 식품 개발과 제조, cold chain 같은 유통 역량을 확보하고 이를 기반으로 글로벌 시장으로 진출해야 한다.

신재생에너지 분야는 기후변화와 친환경의 세계적 흐름 속에서 수요와 공급이 급속히 증가하는 만큼 기술력과 경제성에 대한 경쟁 역시 극도로 심화할 것으로 보인다. 따라서 과학기술 기반의 객관적인 경제성 예측과 향후 기술발전 잠재력을 기반으로 기존 에너지와의 최적 에너지 믹스 전략을 수립해야 한다. 아울러 관련 소재와 ICT 기술을 융합한 기술혁신과 상업화에 전력을 다해 2050년 탄소중립 목표를 달성하고 세계적인 경쟁력과 일자리를 창출하는 산업으로 발전할 수 있도록 정책적 지원이 요구된다. 신재생에너지 분야는 태양광과 풍력 에너지 생산 확대로 인한 변동성과 이를 보완할 수 있는 수소 ESS의 경제성 간 시너지를 추구할 수 있도록 장기적인 안목에서의 일관된 정부 정책 지원이 있어야 안정적인 투자와 사업 개발이 이루어질 수 있다.

이를 전제로 태양광의 경우 현재 국내 태양광 보급사업에 집중하는 데서 나아가 장기적으로 글로벌 발전사업으로 확대되어야 한다. 그러기 위해서는 지금보다 획기적으로 높은 효율의 페로브스카이트 태양전지 개발과 상업화만이 기존 중국과의 경쟁에서 승산이 있으며 이를 토대로 수상형과 건물 일체형 태양광 발전 사업 확대가 이루어져야 한다. 아직 세계 시장 점유율이 미약한 풍력 산업은 국내에 대규모 부유식 해상풍력 단지 조성을 통해 기술 역량과 reference를 확보하여 세계 시장에 진출하는 전략을 추진해야 한다. 한편 수소 산업의 경우 아직 초기 단계지만 수소 기반의 전기차 개발과 양산, 충전 인프라 구축과 수소 기반의 ESS 개발 등을 적극적으로 추진하여 우리가 선도하는 위치에 가야 한다. 장기적인 안목으로 그린수소의 생산과 운송, 저장의 모든 과정에서 새로운 생태계 구축이 얼마나 빨리 이루어지는 지가 관건이라 할 수 있다.

정유 및 석유화학 산업은 신재생에너지 분야와 달리 당면한 에너지 대전환 시대에 어느 산업보다 친환경 고부가가치 산업으로의 신속한 전환 여부가 생존과 지속 성장에 중요하다. 이를 위해 기존 공정의 디지털 전환을 통해 효율성을 극대화하고 친환경 석유화학형 정유공장(petrochemical refinery)으로의 전환을 위한 R&D 및 시설 투자가 이루어져야 한다. 특히 석유 및 정밀화학 분야의 경우 촉매, 코팅, 분리막, 전해액 등 고부가가치의 specialty chemical 개발과 사업 다각화로의 전환이 요구되는 데 이를 위해 선진국 specialty chemical 회사들과 적극적으로 공동 개발이나 전략적 제휴를 고려해야 한다. 또한, 기존 정유와 석유화학 업체의 경우 동남아시아 및 오세아니아 등 Non-OECD 국가로 시장 및 공장을 다변화하고 오일 트레이딩이나 바이오 기반의 사업 다각화도 이루어져야 하며, 이때 down stream 진출을 원하는 산유국 정유사와 협력할 수 있는 방안을 모색해야 한다.

한편 섬유 산업은 의료 및 헬스케어, 스포츠, 자동차 및 전자 등 산업용 고기능 친환경 스마트 섬유 개발로의 구조 전환이 필요하다.

화학생명에너지 섹터의 산업구조 전환 추진전략과 과제

이미 수차례 설명한 바와 같이 산업구조 전환은 산업 내 개별기업이 자체 경쟁전략에 의해 추진할 수도 있으나, 산업발전은 산업 내, 그리고 가치사슬을 형성하고 있는 기업 간 다양한 상호작용으로 이루어진다. 여기에 그 구조 전환의 여건과 기반조성을 담당하고 있는 정부의 정책과 지원 역시 필수 불가결한 요소이다. 그런 의미에서 〈표 5-3〉의 포트폴리오 전략은 구조 전환의 관점에서는 〈그림 5-9〉와 같은 모습으로 변환될 수 있다.

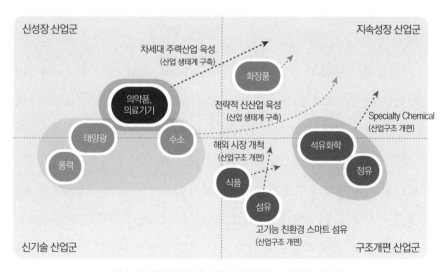

〈그림 5-9〉 화학생명에너지 섹터의 산업구조 전환 추진전략

화학생명에너지 섹터의 산업구조 전환을 구체적으로 어떻게 추진할지 그리고 그 과정에서 정책환경과 정부의 역할은 어떠해야 하는지를 요약한 산업구조 전환 추진전략과 과제가 각각 〈표 5-4〉와 〈표 5-5〉에 제시되어 있다.

〈표 5-4〉 화학생명에너지 섹터의 산업구조 전환 추진전략

바이오 헬스 산업	환경, 웰빙, 건강에 대한 수요 증가로 인해 미래 산업으로서 큰 기회	ICT, 빅데이터 활용 차별화 기술 개발, 국제경쟁력을 갖춘 Big Pharma 기업 육성과 대기업/중소기업 간 협업에 의한 바이오산업 생태계 구축, 규제 및 진입 장벽 완화와 인력양성 정책 필요
정유 및 석유화학 산업	에너지 대전환 시대의 도래, 고부가가치 석유화학 제품 시장 확대는 위협이자 기회	COTC(crude oil to chemical) 및 CCUS(carbon capture, utilization and storage), C1 chemistry 등 기술 확보 필요, Digital Transformation 기반 생산 필요. 폐기물 문제와 탈석유 제품화의 해결 방안 제시 필요
신재생에너지	기후변화대응으로 수요는 증가하나 기술력, 경제성에 대한 경쟁은 극도로 심화	신재생에너지의 주력 에너지화를 위한 기술력 확보 및 기존 에너지와의 에너지 믹스 전략을 포함한 대안 확보 시급, 소재, ICT 융합 등 세계 최고 기술로 경쟁, 국내 보급사업에서 글로벌 발전사업으로 변모 필요
섬유	고기능, 친환경, 스마트, 산업용 섬유 수요증가	융·복합적 협업을 통한 기술력으로 글로벌 선도 필요, K culture 영향으로 패션 및 디자인 국제경쟁력 창출 가능

바이오헬스 분야의 산업구조 전환 추진전략은 미래 성장 동력이나 지속 성장하는 산업으로의 발전을 위해 글로벌 경쟁 역량의 확보와 새로운 혁신을 도모하는 것이다. 구체적으로 국가 차원에서 보건의료정보 및 식품 자원에 대한 통합 데이터베이스를 구축하고 이를 기반으로 AI와 ICT를 활용하여 차별화된 기술 개발과 새로운 개인맞춤형 제품 및 서비스를 개발하여 글로벌 시장으로 진출할 수 있어야 한다. 또한, 신약개발 전 주기에 대한 경험과 기술 역량 확보와 함께 바이오 분야의 혁신 기술 플랫폼 개발을 위한 대규모의 장기적인 연구개발 투자가 이루어져야 하며 기업 간 인수합병을 통한 글로벌

<표 5-5> 화학생명에너지 섹터의 산업구조 전환 추진과제

바이오헬스	• 혁신 기술플랫폼 개발을 위한 대규모/장기간의 연구개발 투자 및 기업 간 대규모 인수합병에 의한 Big Pharma 육성을 위한 산업 재편에 대한 정책적 유도 및 지원 (신약개발 전 주기 경험과 역량 확보 필요) • 신생/관련 기업 간의 시너지를 위한 바이오 클러스터 확보 및 보건의료 서비스 플랫폼 혁신 • Emerging 기술을 활용한 원천 소재 개발 및 응용에 대한 가이드라인 조기 확립 및 초기 사업모델에 대한 규제 완화 • 글로벌 시장에서 경쟁할 수 있도록 업체의 육성 및 대기업, 중소기업 벤처기업 간 협력모델 개발 및 지원 • 국내 보건의료 및 식품 자원에 대한 체계적인 분석 및 통합 D/B 구축 • 유전자 검사를 비롯한 생체 빅데이터 활용/표현 서비스 시장 규제 완화 필요
정유 및 석유화학	• 단기: 스마트 플랜트 촉진 및 디지털 융합 인재 양성 • 장기: Petrochemical Refinery R&D 지원, 오일 트레이딩 규제 완화 등 원활한 specialty 제품의 개발을 위해 중소기업 등에 대한 화평법, 화관법 등 규제 완화 필요 • 우수 R&D 인력 확보를 위한 교육 및 병역 특례지원확대 필요(특히 중견/중소/벤처기업) • 신기술, 신제품의 사업화를 위한 테스트베드 사업이나 산업의 글로벌화를 지원하는 정책 필요
신재생에너지	• 현재 국내 태양광 보급사업에 집중되어 있지만, 장기적으로 글로벌 발전사업으로 접근 필요 • 산업 포트폴리오와 연계된 장기적 전략 지원 필요 • 그린뉴딜 정책(2020.7), 3차 에너지기본계획(2020.6), 2차 기후변화대응 기본 계획(2019.10) 등 정책의 지속성 및 가시성 제시가 최우선 • 에너지 분야 특히 전력 분야의 최대기업인 한국전력 중심에서 미래지향적인 에너지산업으로의 재편정책 필요(ICT 기술, 융합을 위한 통신사업자의 참여뿐만 아니라 민간기업 육성방안과 RE100과 같은 일종의 무역장벽에 능동적인 대처 가능) • 에너지산업의 육성과 에너지 비용 최소화의 최적 병행 추진전략
섬유	• 기초연구 및 개발인력 육성 • 스마트섬유 등 융 복합적인 협업 개발 지원

선도기업의 육성과 중소벤처기업과의 시너지 창출을 위한 바이오 클러스터 생태계를 구축하는 것도 필요하다.

이를 위해 정부에서는 대규모 R&D 투자 지원과 함께 산업 재편과 생태계 구축이 이루어질 수 있도록 정책적 유도와 지원을 할 필요가 있다. 아울러 보건의료 분야의 통합 데이터베이스 구축을 통한 산업적 활용과 개인정보보호의 양립이 가능한 제도를 모색해야 한다. 또한, 유전자 검사를 비롯한 생체 빅데이터 활용과 표현을 통한 새로운 서비스 시장의 개척 등 미래 신기술과 비즈니스 모델로 가능한 새로운 혁신과 벤처 창업이 활성화될 수 있도록 시장 규제 및 진입 장벽의 제거와 동시에 바이오 기술 분야와 경영 및 금융 분야의 융합 인재를 양성하는 정책이 필요하다.

신재생에너지 산업은 전체 에너지 믹스 분야에서 주력 에너지화를 위한 기술력 확보와 기존 에너지와의 연계, 그리고 소재와 ICT 분야와의 융합을 통한 세계 최고의 경쟁력을 기반으로 국내 보급 사업 차원에서 글로벌 발전 사업으로 발전해야 한다. 그러기 위해서는 장기적인 안목에서 R&D 투자 등 일관된 정부 정책 지원이 있어야 안정적인 기술 개발과 사업 개발이 이루어질 수 있다. 그동안 발표된 2차 기후변화대응 기본 계획, 3차 에너지 기본 계획, 그린 뉴딜정책, 2050 탄소중립 추진전략 등 에너지환경정책의 지속성 및 가시성의 제시가 가장 중요하다.

여기에 더해 에너지 환경 분야의 규제를 완화하고 한전 중심의 폐쇄적인 모델에서 미래지향적인 에너지 산업 생태계로의 전환이 이루어져야 한다. 이를 통해 기존 에너지 업체뿐 아니라 ICT 융합을 위한 통신사업자, RE100을 추구하는 민간기업들 그리고 창의적이고 새로운 사업모델 기반의 운영서비스를 제공하는 벤처기업 등이 시장에 진입할 수 있도록 해야 한다. 또한, 글로벌 에너지 시장에서 경쟁력을 가진 'total energy solution provider'를 육성할 수 있도록 산업 재편에 대한 정책적 유도가 필요하다. 2050년 탄소중립 목표 달성과 에너지 비용의 최소화 그리고 국제경쟁력 있는 에너지 산업의 육성이라는 세 가지 목표를 균형 있게 달성할 수 있는 범부처적인 정책 방향과 지원이 필요하다.

정유 및 석유화학 분야는 친환경 고부가가치 산업으로의 구조 전환 추진이 가장 시급하다고 할 수 있다. 단기적으로는 기존 공정의 디지털 전환을 통해 극도의 효율적인 생산 역량을 가진 스마트플랜트가 필요하고 이를 주도할 디지털 융합 인재 양성이 이루어져야 한다. 장기적으로는 친환경 석유화학형 정유공장으로의 전환을 위한 R&D 및 시설 투자가 이루어져야 한다. 이를 위해 COTC, CCUS, C1 Chemistry 등의 기술을 확보하는 것이 시급하고 폐기물의 처리와 재활용을 통해 탈석유화학 제품화 개발이 필요하다. 또한, 고부가가치의 specialty chemical 개발과 사업 다각화로의 전환을 위해 정부는 석유화학 분야의 중소중견기업에 대한 화평법과 화관법 등의 규제 완화와 함께 우수 R&D 인력을 확보할 수 있도록 교육 및 병역 특례 지원의 확대를 지원할 필요가 있다. 이를 통해 개발된 신기술과 신제품의 사업화를 위해서는 정부 주도로 테스트베드 사업과 글로벌화를 지원하는 정책도 이루어져야 한다.

한편 섬유 분야는 고기능 친환경 스마트 산업용 섬유 개발을 통한 산업구조 전환이 필요하다. 이를 위해 정부에서는 섬유 관련 기초연구와 R&D 인력의 육성이 이루어지도록 정책적 지원과 함께 스마트섬유 개발을 위한 타 산업 분야와의 융·복합적인 협업 체계 추진이 필요하다. 섬유 산업의 경우 고기능, 친환경, 스마트, 산업용 섬유의 시장 수요에 집중하기 위해 소재 분야에서는 다른 기술 분야와의 융·복합적인 협력이 필요하며 최종재 시장에서는 K Culture의 확산을 활용한 패션 및 디자인의 국제경쟁력을 강화하는 산업 정책이 요구된다.

6. 재료자원 센터,
소부장의 초부가가치화를 꾀한다

재료자원 섹터의 산업 포트폴리오 전략

재료자원 섹터의 포트폴리오 전략 역시 시장 매력도와 산업 경쟁력의 관점에서 분석한 SWOT 프레임워크로부터 도출될 수 있다. 〈그림 5-10〉은 한국공학한림원의 전문가 패널이 판단한 기회와 위협, 강점과 약점을 기반으로 도출된 재료자원 섹터의 산업 포트폴리오 전략을 도식화한 것이다.

첫째, 강점 기반으로 기회를 활용하는 관점에서는 수요-공급 산업 간 연대와 협력이 가장 필요한 전략으로 도출되었다. 소재는 부품-모듈-제품 전주기에 걸친 부가가치를 결정하는 혁신 촉진자이며 제조업 부가가치의 원천이다. 우리나라 소재 산업은 현재 양적 성장에서 질적 성장으로의 변곡점에

<table>
<tr><td>강점 기반 기회 활용</td><td>약점 보완, 기회 활용</td></tr>
<tr><td>**Strategy 1(SO)**</td><td>**Strategy 3(WO)**</td></tr>
<tr><td>**수요-공급 간 연대와 협력**</td><td>**고부가가치화 및 강소기업 육성**</td></tr>
<tr><td>글로벌 시장 선도 국내 수요산업과 연대하여
신모빌리티, 스마트 시티, 신에너지 등
신시장 연계 고부가 소재 공급 Hub 역할 강화</td><td>다품종 고부가 소재 수요산업에 유연·맞춤형 대처 가능한
강소기업 생태계 육성, 주력산업 고도화와
신산업 육성에 적극 대응</td></tr>
<tr><td>강점 기반 위협 회피</td><td>약점 보완, 위협 회피</td></tr>
<tr><td>**Strategy 2(ST)**</td><td>**Strategy 4(WT)**</td></tr>
<tr><td>**친환경+디지털 융합, GVC 재편 대응**</td><td>**산업 생태계 강건화 추진**</td></tr>
<tr><td>기후변화 대응 친환경 Operational Excellence와
선제적 디지털 전환을 융합하여 초격차 경쟁력 확보로
환경규제 선제 대응과 GVC 재편 신시장 개척</td><td>소수 대기업 의존 수직적 산업 생태계의 한계를 극복하고
제조혁신플랫폼을 가동하여 친환경화,
스마트화 과정을 통해 수평적 산업 생태계로 구조혁신</td></tr>
</table>

〈그림 5-10〉 재료자원 섹터의 산업 포트폴리오 전략

위치해 있으며 범용 소재는 이미 성숙 위험 단계지만 특수용도용 철강, 경량소재, 복합소재 등 고부가 소재는 수요산업 고도화로 고성장이 기대된다. 수소경제의 진전, 미래형 모빌리티 시대의 도래에 따라 적용 소재에 대한 경량화, 고기능화, 친환경, 복합기능 요구가 높아지고 있다. 탄소중립에 대한 요구가 높아질수록 경량소재와 경량화 솔루션의 중요성은 높아질 수밖에 없고 고순도 소재와 희토류 수요를 필두로 AI, IoT, 5G/6G 등 전자소재 수요 역시 4차 산업혁명의 진전에 따라 급증할 것으로 예상된다. 또한, 전기차, ESS, IT기기 등 전방산업의 수요 증가로 인한 이차전지 시장 규모는 현재 급성장 중이다. 이러한 시장, 산업, 기술 변화에 따라 새로운 수요 창출의 기회를 선점하는 전략이 요구된다.

둘째, 강점을 기반으로 위협을 회피하기 위해, 친환경과 디지털의 융합을 시도하고, 그 과정에서 재편될 GVC에 선제 대응하는 것이다. 사실 국내 제조업이 당면한 여러 위협 요인 중 최대의 위협 요인은 탄소중립의 파고를 어떻게 넘을 것이냐이다. 특히, 탄소 다배출 산업인 철강을 비롯하여 석유화학, 시멘트 등 소재 산업은 그 위협 강도가 기업과 산업 생태계의 흥망을 좌우할 정도로 심각한 수준이다. 유럽연합(EU)과 미국 등 탄소 배출 부담이 적고 차별화된 기술 확보에 유리한 강대국들은 탄소 국경세 입법을 본격적으로 시작했으며 기후변화에의 대응으로 위장한 새로운 무역장벽을 세우고 있다.

당장 비상이 걸릴 곳인 철강업계이다. 국내에서 계획하고 있는 2050 탄소중립 감축 로드맵은 EU, 미국 등 선진국의 과세 스케줄을 따라가지 못할 것으로 우려하고 있다. EU 탄소 국경세는 철강, 시멘트, 비료, 알루미늄, 전기 등 5개 분야에 2023년부터 3년간 과도기를 거친 후 2026년 전면 도입된다. 즉 5년 뒤부터는 철강, 알루미늄 등을 수출할 때 탄소 국경 조정제도(CBAM) 인증서를 구매해야 하지만 탄소 배출량이 많을수록 비용부담이 커져 가격경쟁력을 잃게 된다. 우리의 최대 강점인 IT 기반 조업 역량과 친환경 기술을 융합한 초격차 전략을 모색함으로써 탄소중립과 수소경제를 적극적인 구조 전환의 기회로 삼아야 한다.

셋째 약점을 보완해서 강점을 살리기 위해서는 소부장의 고부가가치화와 함께 강소기업의 육성이 필요하다. 우리는 이미 일본의 수출규제를 계기로 국내 소재·부품·장비산업의 대외 의존성과 취약한 기술경쟁력을 적나라하게 드러낸 적이 있다. 선진국들은 완제품이나 범용 소재·부품 중심의 저부가가치 산업에서 고부가 소재·부품과 엔지니어링, 서비스 영역으로 진화해가고 있는 데에 반해, 우리는 대기업 의존형 범용 품목 대량 생산 체제에 편중되어 있다. 국내 소재·부품기업의 거래 구조를 보면 87%가 대기업의 가치사슬에 의존하는 우물 안 개구리 신세이며 독자적으로 고부가가치 제품 개발을 통해 글로벌공급망에 진입하는 역량은 부족한 실정이다. 글로벌 역량은 대기업, 중소기업 모두 취약한 상태이며 특히 중소기업의 수출 역량은 2010년 23.6%의 비중이 2012년 21.9%, 2015년 18.6%로 계속 감소 추세에 있다.[*]

히든 챔피언 강국인 독일과 일본의 예를 들지 않더라도 중국 정부는 올해 2월부터 히든 챔피언 기업을 현재의 10배 수준인 1,000개까지 육성하기 위해 약 13억 유로를 투자하는 정책을 착수하였다.[**] 이에 비해 우리는 아직도 독일 1,573개, 일본 283개에 비해 턱없이 부족한 22개의 히든 챔피언을 보유하는 수준에 머물러 있다. 범용 소재부품 비중을 낮추면서 다품종 맞춤형 유연 생산 체제로 다변화하기 위해서는 글로벌 강소기업(히든 챔피언) 육성을 위한 지속 가능한 정책 실행이 절실히 요구되고 있다.

마지막으로 약점을 보완하여 위협을 회피하기 위해서는 장기적으로 산업

[*] 장웅성, 기술과 혁신, vol. 435(2019.11), 산업기술진흥협회
[**] https://mmkorea.net/2021/06/23/

생태계의 강건화를 추진해야 한다. 바야흐로 기업 경쟁 시대에서 생태계 경쟁 시대로 전환됨에 따라 소수 대기업 주도의 산업 생태계는 그 확장성에 한계를 드러내기 시작했다. 자동차, 조선 등 전통적인 제조업이 모빌리티 서비스 산업으로 진화하면서 기존의 산업 생태계가 그 구조를 바꾸고 있는 것이다. 이에 따라 소재 산업은 스마트화, 고부가가치화, 친환경화 추세에 따라 IT 솔루션 기업, 장비 기업, 에너지 기업 등 다양한 새로운 진입자들과 함께 가치 창출을 이뤄가는 수평적 산업 생태계로 진화해야 한다. 연관산업의 확장과 진화를 통해 생태계 경쟁력을 강화하는 한국형 혁신 플랫폼 실행 전략이 필요한 이유이다.

재료자원 섹터의 산업구조 전환 추진전략

재료자원 섹터의 산업구조 전환 추진전략은 〈그림 5-11〉과 같다. 추진전략의 기본 프레임은 추진전략 모형이 제시하는 바와 크게 다르지 않으나, 세부적인 전략은 재료자원 섹터를 구성하는 세부 산업과 업종이 보유하고 있는 산업 경쟁력과 시장 매력도를 고려해서 다양한 구조 전환 경로를 모색하는 것이 필요하다.

국내 철강, 비철, 석유화학, 시멘트 등 대표적인 소재 산업의 산업 경쟁력은 세계 최고 수준을 유지하지만, 시장 매력도는 점차 낮아지고 있는 대표적인 구조개편 산업군에 속한다. 대표적인 소재 산업인 철강 산업의 경우, 세계 6위의 생산 능력을 보유하고 있고 국내 대표 철강사는 11년 연속 세계 최고의 철강사로 평가받고 있지만 동시에 탄소중립 대응, 보호무역주의와 글로벌 공급망 재편, 디지털 전환과 같은 거대한 도전을 맞고 있다. 철강 이외에도 대부분의 국내 소재 산업 역시 범용 소재 중심의 저부가가치 산업 체제로 구조

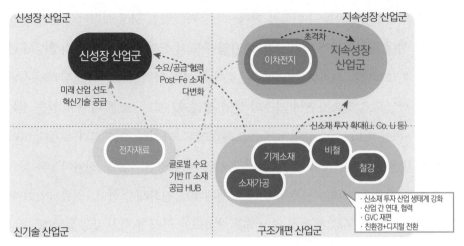

〈그림 5-11〉 재료자원 섹터의 산업구조 전환 추진전략

개편의 위기를 맞고 있다. 따라서 이들 구조개편 산업군의 소재 산업은 현재의 생산체제에 대한 경쟁력을 최대한 유지하면서 유연하고 다양한 전환 경로를 모색할 필요가 있다.

첫째 경로는 친환경화와 디지털화의 흐름을 적극적으로 반영하여 엔지니어링, 전용 장비, IT 솔루션 기업 등과 연대하여 그린 디지털 기반 융합 신산업을 육성하고 이를 통해 소재 산업의 영역을 확대해 나가는 것이다. 둘째 경로는 모빌리티, IT 신산업, 항공우주, 수소산업 등 신성장 산업군과의 연대와 협력을 통해 경량소재, 자성재료, 신에너지 소재 등 신소재 부품 시장을 확대해 가는 것이다. 이를 위해서는 혁신기술 개발은 물론 기존 저부가가치 산업의 과감한 구조 개편과 신사업 인수·합병 등 체질 개선 노력이 필요하다. 마지막 세 번째 경로는 초고부가가치 철강 소재, 이차전지 소재, 수소 Complex와 같은 신소재 투자 확대를 통해 지속성장 산업군과 함께 성장해 가는 것이다.

현재 신기술 산업군에 속해 있는 전자재료 산업의 경우, 스스로 미래 산업을 선도할 혁신기술개발을 추진해서 자체적으로 신성장 산업화할 수 있고, 다른 한편으로는 현재 확장 일로에 있는 이차전지 시장에 IT 소재공급의 Hub 역할을 강화함으로써 장기적인 지속성장을 모색해 갈 수 있다. 소재부품의 특성을 고려하면 GVC상 전후방 연계와 통합을 강화하는 것이 최선의 전략이면서 최적 전략이 됨을 다시 한번 상기할 필요가 있다.

재료자원 섹터의 산업구조 전환 추진과제

재료자원 섹터는 소부장 산업이 가지고 있는 가치사슬 구조상의 특성을 반영하여, 다른 섹터와는 다소 다른 산업구조 전환 추진과제가 도출되었다. 〈그림 5-12〉는 재료자원 섹터의 산업구조 전환 추진과제를 보여주고 있는데, 첫째는 그린 디지털 대전환, 둘째는 초부가가치 창출 Term Korea, 셋째 상생형 혁신생태계가 그것이다.

첫째, 그린 디지털 대전환은 산업 간 융·복합화를 통한 그린 전환과 디지털 전환을 동시에 추진하자는 제안이다. 예를 들어 국내 유일의 등대 공장을 보유한 세계 최고 수준의 스마트 제조 역량을 바탕으로 친환경 공정과 설비를 하이브리드화 함으로써 탄소중립 시대에 펼쳐질 그린 디지털 전환을 선도

〈그림 5-12〉 재료자원 섹터의 산업구조 전환 추진과제

해나가자는 것이다. 신철강 기술과 디지털 제조, 신공정 설비 등이 융·복합화된 수소 환원 제철이 그 대표적 예이다. 석탄 기반에서 수소 기반으로 제철 공법을 변환시키는 기술 개발이 전 세계적으로 진행되고 있는데 우리만의 차별화된 초융합적 신제철 기술을 개발하면 신제조공정의 데이터와 노하우에 기반한 EPC(Engineering, Procurement, and Construction) 산업과 제조업의 서비스 업화를 꾀할 수 있다. 이를 위해서는 산업 간, 학문 간, 정책 간 융·복합화가 필수이며 이를 뒷받침하는 실행 전략이 수립되어야 한다.

최근 들어, 글로벌 반도체 시장에서 가장 주목받는 기업 중 하나를 꼽으라면 극자외선(EUV) 반도체 장비를 독점 공급하는 네덜란드 기업 ASML을 들 수 있다. 이러한 ASML의 독점적 시장 지배력은 ASML만의 힘이 아니라 ASML 장비에 들어가는 독일 자이스(Zeiss)의 광학 렌즈와 독일 트럼프(Trumpf)의 레이저 기술이 있었기 때문이다. 이들이 강조하는 경쟁력의 원천은 협력기업과의 생태계 구축과 활발한 산학협력이다.[*] 이처럼 특정 기업이나 특정 기술 단독으로는 구현하기 힘든 복잡한 기술이라도 융·복합화함으로써 얼마든지 독점적 경쟁력을 창출할 수 있다. 정부의 R&D 역시 기업 간, 기술 간 융·복합화를 통해 높은 혁신성과 파괴력을 지닌 고도의 사업 기획과 지원이 반드시 이루어져야 한다. 익숙하게 판에 박힌 예산 배분과 평가관리보다 혁신적인 기획과 유연한 조정, 역량의 축적이 훨씬 중요한 이유이다. K-어벤져스는 그냥 쉽게 탄생하는 게 아니라 엄청난 산고를 겪어야 비로소 난세의 영웅으로 출현하는 것이다.

둘째, 초부가가치 창출 Team Korea는 소재산업과 연관산업 간 연대와 협력을 통해 초부가가치 창출의 협업 구조를 만들자는 제안으로서, 다양한 제조업과 막강한 ICT 기반을 보유한 우리나라의 장점을 극대화할 수 있다. 자동

---

[*] https://www.sedaily.com/NewsVIew/1YXH83GMX0, 서울경제, 2020.1.1

차, 조선, 기계 등 구조개편 산업군과는 GVC 재편에 함께 대응하고, ICT 산업과 이차전지 등 국내 지속성장 산업군과는 긴밀한 락인(lock-in) 전략을 통해 전략 소재 공급의 허브(hub) 역할을 수행하자는 것이다. 그리고 미래 모빌리티, 그린에너지, 항공우주, 스마트 인프라 등 신성장 산업군과는 혁신 소재부품 공급 기반을 확충해 가는 등 산업군별 맞춤형 연대와 협력 강화로 강건한 소부장 공급망을 구축하자는 것이다.

우리가 단기간 내에 세계 최고 수준의 제조업 경쟁력을 확보한 배경에는 그 성장 과정에서 철강과 조선, 자동차, 건설 등 다양한 수요-공급기업 간 긴밀한 Team Korea 활동에 힘입은 바 컸다. 우리나라의 장점인 제조 역량과 다양한 수요 기반을 최대한 활용하여 새롭게 전개되는 첨단 신제조업 경쟁에서도 세계 최고의 우위를 점할 수 있는 'Again Team Korea' 활동이 요구되는 시점이다. 이를 뒷받침하기 위해 명목상의 얼라이언스가 아닌 실행력이 담보된 산업과 산업 간 연대와 협력의 플랫폼 구축과 지원이 필요하다.

셋째, 상생형 혁신생태계는 국내 소부장 가치사슬 구조를 소수 대기업 의존형 수직구조에서 맞춤형 제품생산력을 갖춘 고부가가치 강소기업과의 수평적 생태계 구조로 보완하자는 제안이다. 우리나라는 대기업 중심의 소재 산업과 수요 산업에 비해 중간에 위치한 뿌리 산업과 가공 산업은 상대적으로 규모가 작고 기술력 역시 부족하다. 따라서 향후 전개될 그린 디지털 전환이나 초부가가치 산업으로의 전환 과정에서 소재-공정-제품으로 이어지는 가치사슬의 공진화(共進化)를 정책적으로나 전략적으로 잘 관리해 나가야 한다. 이를 통해 소재 산업이 친환경화, 디지털화, 지능화, 첨단화를 추진하는 과정에서 뿌리 기업, IT 솔루션 기업, 장비 기업 등 다양한 새로운 진입 기업들과 함께 가치를 창출해 가는 상생형 혁신플랫폼 기반의 수평적 산업 생태계로 전환할 수 있을 것이다.

7. 산업구조 전환 추진전략과 과제의 요약

이제까지 5개 섹터, 23개 산업에 대해 한국공학한림원 산업미래전략위원회가 도출한 산업구조 전환 추진전략과 추진과제를 살펴보았다. 원래 어느 산업이나 업종이든 각기 자신만의 독특한 환경여건과 내재적 특성 때문에 각각에 대해 맞춤형 산업구조 전환 추진전략과 과제를 요구하기 마련이다. 이제까지 살펴본 23개 산업의 구조 전환 추진전략과 과제 역시 이러한 요구를 충실하게 반영하고 있다. 그러나 한국공학한림원 산업미래전략위원회가 대한민국의 산업구조 전환을 주장하면서 견지하고자 하는 핵심적 정책요구는 5개 산업 섹터, 23개 산업 전체를 공통으로 관통하는 메시지를 분명 가지고 있다. 이들은 산업구조 전환 추진전략과 정책의 가치 철학, 패러다임, 거버넌스, 실행 메커니즘을 담고 있다는 점에서 정책 이니셔티브라고 할 수 있다. 그러면 이제부터 한국공학한림원 산업미래전략위원회가 대한민국의 산업구조 전환을 위해 포괄적으로 던지는 메시지를 정책 이니셔티브로 정리해서 살펴보기로 하자.

정책 이니셔티브 1
정책 기조의 대대적 전환이 필요하다.

한국공학한림원 산업미래전략위원회는 국가산업 생태계의 과감한 혁신을 위해 국가가 운영하는 정책 기조를 근본적으로 바꿀 필요가 있다고 주장한다. 한국공학한림원이 제안하는 새로운 정책 기조는 다음과 같다.

- 정책 기조 1: 산업정책 기조를 추격에서 선도로 전면 전환한다.
- 정책 기조 2: 산업구조개편을 선제적으로 실행한다.
- 정책 기조 3: 기술뿐 아니라 제품/서비스 시장에서 초격차 전략을 구사한다.
- 정책 기조 4: 글로벌 협업에 의한 R&BD 선도가 필요하다.
- 정책 기조 5: 정책 거버넌스와 법 제도를 선도적으로 개편한다.

이들 정책 기조는 5개 산업 섹터, 23개 산업별 구조 전환 추진전략과 추진 과제를 도출하는 과정에서 공통으로 도출된 하나의 정책 철학인 동시에 새로운 정책 패러다임이기도 하다. 이들 정책 기조는 향후 실질적 산업구조 전환을 추진하는 단계에서 늘 간직하고 견지해야 할 지침이며 가이드라인이다.

정책 이니셔티브 2

기술 및 시장 초격차를 통해 신성장을 추구하자.

정책 이니셔티브 2는 정책 이니셔티브 1에서 제시한 정책 기조 3의 구체적 실행 버전에 해당한다. 우리나라는 그동안 반도체, 디스플레이, 그리고 이차전지 등에서 기술적 초격차 전략을 구사해 왔다. 그러나 이들의 초격차 전략이 반도체나 파운드리 사업에서 보듯 중국과 미국 기업의 추격으로 점차 무력화될 위험에 처해 있다. 따라서 전방 파급효과만을 갖는 기술 초격차 전략의 한계에서 벗어나, 가치사슬 전반에 걸쳐 전후방 파급효과를 갖는 시장 초격차 전략으로 시급히 전환해야 한다. 우리나라가 시장 초격차를 통해 연관 산업을 견인하고 가시적 성과를 보이는 대표적 예로는 K-culture를 들 수 있다.

이런 관점에서 시장 초격차를 시도할 수 있는 품목으로서 전기전자정보 섹터에서 차세대 프리미엄 가전, 지능형 가구와 인테리어, 지능형 서비스 로봇, 메타버스와 같은 실감형 콘텐츠, 차세대 스마트 단말, 신개념 차세대 디스플레이, 그리고 데이터 기반 의료 헬스케어 서비스를 들 수 있다. 화학생명에너지 섹터에서는 개인맞춤형 화장품, 고기능성 식품 소재, 토탈 에너지솔루션, 대규모 부유식 해상풍력설비, 연료전지 기차와 선박, 친환경 및 산업용 섬유가 있고, 운송장비기계 섹터에서는 친환경 대용량 배터리, 고성능 차량용 반도체, 친환경(LNG, 수소, 전기, 암모니아, 초소형원자로, 풍력) 선박, 스마트 건설기계 등이 시장 초격차를 시도할 수 있다.

건설환경 섹터는 생활 및 산업기반을 구축하는 산업의 특성상 미래지향적 차세대 도시건설과 생활기반 구축에 있어서 모범모델을 개발, 상용화함으로써 시장 초격차 전략을 구사할 수 있다. 재료자원 섹터는 가치사슬 구조상 전방산업이기보다는 후방산업에 더 가까우므로 시장 초격차의 수혜산업 성격을 갖는다. 그러나 시장 초격차를 가능케 하는 것이 소재부품장비의 기술 초격차라는 점에서 이 섹터에서는 기술 초격차와 시장 초격차 간 연계구조를 단단하게 확립하는 전략이 요구된다.

정책 이니셔티브 3
글로벌 시장 선도를 위해 메가프로젝트를 추진하자.

메가프로젝트의 기본 아이디어는 전기전자정보 섹터의 빅엔지니어링 이니셔티브인 일명 '스마트 디지털'에서 도출되었다. 그러나 현재 전 세계적으로 급속히 진행되고 있는 3대 대전환의 여파가 비단 전기전자정보 섹터뿐 아니라, 화학생명에너지 섹터, 운송장비기계 섹터, 건설환경 섹터 전반에 걸쳐 그 근간을 바꾸고 있기에, 그 필요성은 이들 전기전자정보 섹터에 한정되지 않는다. 화학생명에너지 섹터에서는 탄소중립 시대에 걸맞는 에너지 대전환의 과제를 에너지 생산산업뿐 아니라 에너지 소비산업이 함께 추진할 필요가 있다는 점에서 일명 차세대에너지시스템 메가프로젝트를 구상하고, 운송장비기계 섹터에서는 AGW(Air, Ground, Water)를 모두 아우르는 차세대 모빌리티 모델을 개발함으로써 이들 섹터의 시장 초격차를 생태계 전반에서 실현해 갈 수 있을 것이다.

건설환경 섹터는 근본적으로 업의 재정의를 통해, 기존 건설업/토목업/환경 산업의 한계를 극복하되, 인간 생활의 본질적 문제에 접근할 필요성을 느끼고 있다. 이런 관점에서 그 필요성이 강력하게 부상하고 있는 과제가 미래도시의 설계와 건설이다. 미래도시 재설계와 건설이라는 시대적 요구에 불을 지핀 것이 바로 COVID-19이며, COVID-19 이후에 전개될 뉴노멀의 세계에서 디지털 대전환이 에너지 혁신, 모빌리티 혁신과 맞물리면서 이 프로젝트에 대한 시장 요구는 급물살을 타고 있다.

정책 이니셔티브 4
산업 간 융합생태계 및 플랫폼을 구축하자.

이미 언급한 바와 같이 재료자원 섹터는 다른 네 개의 산업 섹터와 그 근본적 성격을 달리한다. 가치사슬 구조상 하류 산업이 아니라 상류의 기반산업이면서 기술주도적 견인산업이기도 하다. 따라서 이 섹터는 뚜렷한 산출물을 목표로 하는 메가프로젝트보다 타 섹터에서 추진하는 메가프로젝트에 함께 참여하면서 전방산업과 후방산업을 탄탄하게 연결하는 산업 생태계 플랫폼을 구축하는 데에 집중할 필요가 있다. 그러면서 다른 섹터가 추구하는 산업구조 전환을 생태계적 차원에서 지원하고 가속하는 역할을 해야 한다.

산업 간 융합생태계 및 플랫폼 구축은 뚜렷한 수단과 목표가 전제되지 않으면 실행에 옮기기가 어렵다. 한국공학한림원 산업미래전략위원회가 이번에 제안하는 메가프로젝트가 아니더라도 융합생태계를 조성하고 기반이 되는 플랫폼 산업을 지원하는 것은 얼마든지 가능하다. 그러나 그 정책효과가 불분명한 정책을 남발하기보다는, 한국공학한림원 산업미래전략위원회가 시범적으로 제안하는 메가프로젝트를 수행하면서 산업 간 융합생태계 및 플랫폼 구축의 성공사례를 만들어가는 것이 정책성과를 극대화하는 가장 현명한 방법이라 판단된다.

정책 이니셔티브 5
3대 대전환에의 선도적 대응을 모색하자.

지정학적 대전환, 그린에너지 대전환, 그리고 디지털 대전환이라는 3대 대전환은 향후 세계 경제의 수요구조는 물론 공급구조까지 뿌리째 바꿀 잠재력을 가지고 있다. 문제는 이러한 대전환이 장기적인 메가트렌드가 아니라 현재 빠르게 진행 중인 체제 전환이라는 점에 있다. 따라서 우리나라 정부와 산업이 이에 얼마나 신속하게, 그리고 선제적으로 대응하느냐에 따라 우리가 G5 선도국 대열에 합류하느냐, 아니면 다시 후진국의 나락으로 추락하느냐가 좌우될 것이다.

이런 관점에서 선도적 대응을 위해 한국공학한림원 산업미래전략위원회가 제안하는 정책적 조처는 다음과 같다.

- GVC 대전환에 대응하여 가치동맹을 기반으로 글로벌 가치사슬의 경쟁력과 협상력을 강화해야 한다.
- 친환경/에너지혁명/수소경제에 대한 선제 대응으로 에너지 환경정책을 규제 중심에서 진흥중심으로 전면 전환하고 범정부 조정능력을 강화해야 한다.

- 디지털 대전환을 가속하고, 디지털 트랜스포메이션 특별법을 제정하여 전환에 따르는 부작용을 최소화하고 전환을 통해 얻어지는 산업정책적 과실을 극대화한다.
- 대전환의 과정에서 나타날 불가피한 소득 양극화, 일시 실업증가, 부의 집중 등 경제 사회적 부작용에 대해서는 대증적 처방이 아니라, 새로운 경제사회 안전망 개발이라는 적극적 대응책을 강구해야 한다.

정책 이니셔티브 6

선제적 법제 및 융합정책 거버넌스를 확립하자.

이미 살펴본 5개 산업 섹터에서 공히 요구되는 정책 패러다임 변화는 구조 전환을 촉진하기 위해 규제방식을 포지티브 리스팅 방식에서 네거티브 리스팅 방식으로 전면 전환해야 한다는 것이었다. 현재 우리나라의 법 제도가 전통적으로 포지티브 리스팅에 기초하고 있고, 그러한 법 제도적 기반이 수십 년 지속해 온 점을 고려하면, 규제 샌드박스나 일시적 규제면제 제도 등이 오히려 현실적이라는 점이 인정된다. 그러나 그렇다고 해서 제도적 한계의 정당성이 유지되어서도 안 된다는 것이 한국공학한림원 산업미래전략위원회의 인식이다. 따라서 이를 극복할 보다 혁신적 제도 전환을 지속해서 모색하고 점진적으로 체제를 전환해 나가는 노력이 필요하다.

이러한 법 제도적 보완 조처는 표준화, 상용 테스트베드, 실증사업, 공공조달, 녹색금융 등 신성장 산업 육성을 위한 내용과 함께, 가칭 '신성장 산업진흥법'으로 법제화할 수 있다. 이에 대한 후속 작업이 진행되어야 하며, 더욱 바람직하기는 이 법을 통해 부처별로 분할 점령된 산업정책 영역 간 칸막이가 과감히 철폐되어야 한다. 왜냐하면, 각 정부 부처의 규제관할권보다는 한국경제의 앞날을 좌우할 산업구조 전환과 기업혁신이 훨씬 시급하고 절실하기 때문이다.

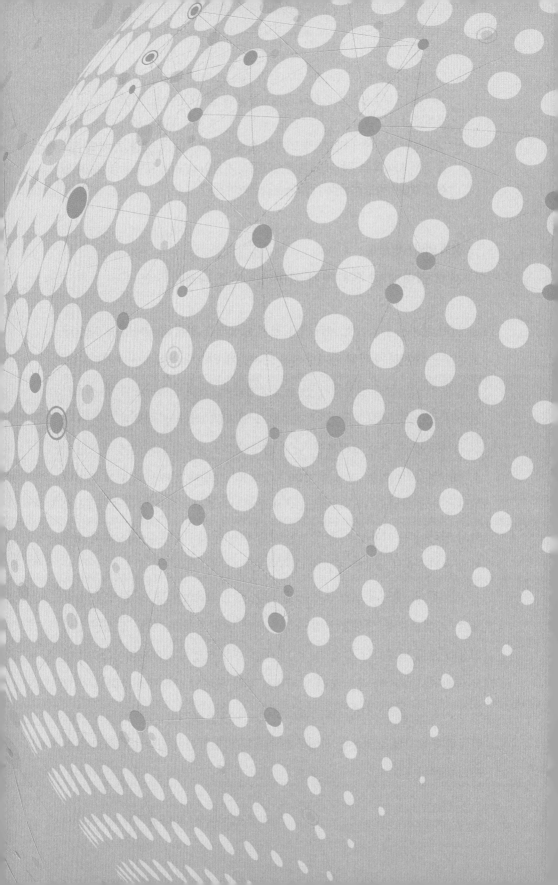

제3부
구조 전환 실행을 위한
G5 메가프로젝트를 제시하다

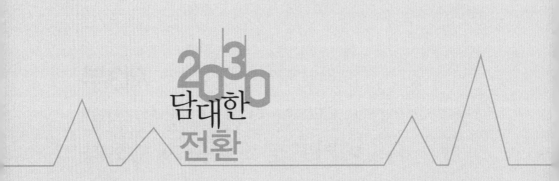

제6장
G5 메가프로젝트 구상

1. 왜 G5 메가프로젝트인가

이제까지 우리는 한국공학한림원이 제기한 최대의 아젠다, '산업구조 전환'의 방향, 추진전략, 그리고 풀어가야 할 과제를 23개 주요 산업 각각에 대해서 살펴보았다. 그런데, 이렇게 세부 추진전략과 과제가 도출되었다 하더라도 이를 실행에 옮기지 않으면 아무 소용이 없다. 전략을 실행 프로그램으로 구현하고 그 성과를 정량적으로 입증하지 않으면 우리가 희망하는 미래지향적, 발전적 산업구조 전환은 구호에 그칠지도 모른다.

한국공학한림원 산업미래전략위원회가 산업구조 전환을 실행에 옮길 구체적 실행 전략으로 G5 메가프로젝트를 구상하게 된 배경은 바로 그것이다. 그 배경에 깔린 의도와 목표, 그리고 논리를 정리하면 다음과 같다.

- 우리나라가 산업구조 전환을 통해 궁극적으로 달성하고자 하는 비전 목표는 G5이다. 원래 G5는 'Group of Five'의 약자로서 미국, 영국, 프랑스, 독일, 그리고 일본을 지칭한다. G5는 글로벌 지배 구조상에서 정치적 지도력을 기준으로 형성된 그룹이다. 이와는 달리 한국공학한림원이 이번 미래전략 수립 작업을 통해서 목표로 하는 것은 경제적 관점에서 국가산업 경쟁력 순위 세계 5위 이내를 달성하자는 것이다. 현재 개별 국가가 가진 산업 경쟁력을 포괄적으로 평가할 때, 우리와 경쟁할 국가들로서는 미국, 독일, 일본, 중국, 프랑스, 인도 등을 들 수 있을 것이다.

- 현재 전 세계적으로 진행 중인 지정학적 대전환, 그린에너지 대전환, 그리고 디지털 대전환의 파급효과를 고려할 때, 국가 차원의 산업구조 전환은 국가 경제를 지탱하는 플랫폼과 기반 구조의 전면 재구축을 통해 추진해야 한다. 더욱이 그러한 구조 전환은 개방형 한국경제의 특성을 고려할 때, 국내 시장보다는 글로벌 시장을 목표로 해야 한다. 따라서 한국공학한림원 산업미래전략위원

회가 제안하는 프로젝트를 G5 메가프로젝트로 명명한 이유는 명확하다. 첫째 이들 프로젝트는 경제 전반에 걸쳐 큰 파급효과를 갖는 범산업, 범생태계적 프로젝트라는 점, 둘째 이들 프로젝트의 궁극적 목표는 이를 통해 글로벌 시장을 선점하는 데 있다는 점이다. G5를 'Group Five'가 아니라, 'Global Five'로 중의적으로 해석할 수 있는 관점이기도 하다.

- G5 메가프로젝트의 정체성이 산업 생태계의 플랫폼과 기반 구조에 있음은 이미 설명하였다. 한국공학한림원 산업미래전략위원회가 구상한 전략의 핵심은 바로 플랫폼 전략, 기반 구조 구축전략, 그리고 초연결/초융합 컨버전스 전략이라는 데에 있다. G5 메가프로젝트를 제안하면서 우리가 계속 국가 차원, 범정부, 범산업이라는 점을 강조하는 이유는 바로 여기에 있다. 이와 함께, G5 메가프로젝트의 추진을 강조하는 이유는 바로 실행성에 있다. 사실 현실에서 정책을 구상하고 기획하여 발표하는 것과 그 정책을 구체적 실행프로그램으로 변환하여 애초 의도한 정책효과를 만들어내는 것은 별개의 문제이다. 이것이 국가 차원의 산업구조 전환을 얘기하면서, G5 메가프로젝트라는 세부 실행프로그램까지 내거는 까닭이다.

- 한국공학한림원 산업미래전략위원회는 대대적 산업구조 전환의 비전을 제시하고 이를 실행할 세부적인 추진전략과 추진과제를 도출하였다. 23개 산업별로 도출된 이들 추진전략과 추진과제는 분명 나름의 설득력과 실행력을 갖는다. 그러나 이러한 맞춤형 전략에 추가해서 한국공학한림원 산업미래전략위원회가 던진 여섯 가지 정책 이니셔티브는 국가 차원의 선도적 메가프로젝트를 기획하고 실행함으로써 그 성과를 가시화할 수 있다. 이런 관점에서 G5 메가프로젝트의 추진은 한국공학한림원이 내건 여섯 가지 정책 이니셔티브의 시금석이 될 것이다.

2. 산업 생태계 아키텍처와 G5 메가프로젝트

G5 메가프로젝트의 성격을 제대로 규명하기 위해서는 우선 국가산업 생태계의 구조부터 살펴봐야 한다. 일명 '생태계 아키텍처(ecosystem architecture)'이다. 생태계 구조상 상위계층은 하위계층을 기반으로 형성되고, 하위계층은 상위계층으로부터 목표나 역할을 위임받는다. 〈표 6-1〉은 국가산업 생태계의 계층구조를 보여주고 있다.

생태계 계층구조는 최상위에서 최하위 방향으로 거버넌스계층(governance layer), 정책계층 (policy layer), 시장/산업계층(market/industry layer), 제품/서비스계층(product/service layer), 플랫폼계층(platform layer), 그리고 기술계층(technology layer)으로 구성된다. 거버넌스계층에는 정부 정책을 입안하고 실행하는 조직, 즉 정부조직 전체와 조직간 권한위임구조가 포함된다. 정책계층은

〈표 6-1〉 국가산업 생태계의 계층구조

	계층(Layer)	임무 및 전략 변수(Mission and Strategic Tools)
6	거버넌스계층 Governance Layer	정부조직 및 법제도 Government Agencies and Governance Structure
5	정책계층 Policy Layer	새로운 정책 패러다임 New Policy Paradigm
4	시장/산업계층 Market/Industry Layer	시장/산업구조 전환 Market and Industry Structure Transformation
3	제품/서비스계층 Product/service Layer	G5 협업생태계 메가프로젝트 G5 Collaborative Ecosystem Mega Projects
2	플랫폼계층 Platform Layer	기술 플랫폼 및 인프라의 개발 Development of Technological Platform and Infrastructure
1	기술계층 Technology Layer	핵심기술 및 부품의 연구개발 R&D of Core Technologies and Components

<표 6-2> 국가산업 생태계의 영역 범위

계층(Layer)	수평적 영역(Domain)				
거버넌스계층 Governance Layer	전기전자정보 섹터	건설환경 섹터	운송장비기계 섹터	화학생명에너지 섹터	재료자원 섹터
정책계층 Policy Layer					
시장/산업계층 Market/Industry Layer					
제품/서비스계층 Product/Service Layer					
플랫폼계층 Platform Layer					
기술계층 Technology Layer					

정부가 기획, 제정, 실행하는 모든 정책을 포괄하며, 이는 그 아래 시장과 산업을 둘러싼 법 제도 환경을 형성한다. 시장/산업계층은 이미 2장에서 23개 산업에 대해 산업구조 전환의 구체적 방안을 구체적으로 모색한 바 있다. 그러나 이들의 시장입지와 산업 경쟁력을 분석하기 위해 제품/서비스계층에서 다양한 제품/서비스 경쟁력을 분석하였고, 장기적으로 그들을 견인할 미래 신기술을 제시하였다.

그렇다면, 국가산업 생태계는 그 영역에 있어서 어떤 산업들로 구성되어 있을까? <표 6-2>에서 보듯이 우리가 고려한 국가산업 생태계는 영역에 있어서 전기전자정보 섹터, 건설환경 섹터, 운송장비기계 섹터, 화학생명에너지 섹터, 그리고 재료자원 섹터로 구성되어 있다. 이는 대분류로서 더 세부적으로 나누면, 다시 23개 산업으로 나누어지는 것이며, 이를 더 세부적인 업종으로 나누면 55개의 업종이 나타나게 된다.

이제까지 국가산업구조 전환의 추진전략과 과제를 논의하면서, 충분한 논의가 이루어지지 못한 부분이 있는데, 그것은 바로 플랫폼계층이다. 플랫폼은 기술계층과 제품/서비스계층 사이에 위치하면서, 기술기반이 주어져 있을 때, 제품/서비스의 개발/보급/성장을 쉽게, 효율적으로, 빠르게 만들어내는 하나의 생산기반구조를 일컫는다. 다시 말하면, 기술이 주어졌을 때, 제품과 서비스 생산의 효율과 확장성을 극대화하는 생산공정기술(production process technology)이라고 할 수 있다. G5 메가프로젝트를 제안하면서 생태계 아키텍처에 대해 논의하는 이유는 국가산업 생태계 전반에 걸쳐 플랫폼의 효율성과 확장성을 극대화한 전략이 바로 G5 메가프로젝트이기 때문이다.

G5 메가프로젝트를 통해 우리가 달성하고자 하는 전략목표는 분명하다. 첫째는 이를 통해 산업 생태계의 계층 구조상에서는 계층 정합성(hierarchical alignment)을 높이고 영역 간 정합성(cross-industry alignment)을 높여 전체 산업 생태계의 시너지를 극대화하는 것, 둘째는 그동안 기술 부문에서만 얘기되어 온 일명 '초격차 전략'을 선도적 플랫폼 구축을 통해 제품/서비스 계층으로 끌어올리자는 것이다. 이렇게 함으로써 융합에 능한 우리 기업의 장점을 살려서 대한민국의 시장입지를 '추격자'에서 '선도자'로 전환할 수 있을 것이다.

한국공학한림원 산업미래전략위원회는 국가 차원의 종합적인 생태계 전략으로서 다섯 가지 G5 메가프로젝트를 예시적으로 제안하고자 한다. 생태계 관점에서 대표적으로 필요하다고 생각되는 다섯 가지 정책 전략적 구상을 형상화하여 국가산업 생태계에 도식화하면, 〈표 6-3〉과 같다.

산업미래전략위원회가 G5 메가프로젝트를 도출할 다섯 가지 영역은 첫째 일명 SDI(Smart Digital Initiative)라고 해서 디지털 대전환을 담아 산업구조 전환을 이끌 기반 구조로서 '스마트 디지털', 둘째 기술과 플랫폼계층에서 그

<표 6-3> G5 메가프로젝트 구상의 산업 생태계 구조상의 위치

계층(Layer)	수평적 영역(Domain)		
거버넌스계층 Governance Layer	거버넌스 전환(Governance Transformation)		
정책계층 Policy Layer	정책 기조 전환(Policy Transformation)		
시장/산업계층 Market/Industry Layer	스마트 그린 대전환(Smart&Green Transformation)		
제품/서비스계층 Product/Service Layer	스마트그린 인프라 Smart & Green SOC Initiative	스마트그린 모빌리티 Smart & Green Mobility Initiative	소부장 플랫폼 New Formation of Material & Components
플랫폼계층 Platform Layer	스마트 디지털 Smart Digital Initiative	그린 에너지 Secure Green Energy Initiative	
기술계층 Technology Layer			

린에너지 대전환을 통해 산업구조 전환을 이끌 '그린에너지(Secure Green Energy Initiative)', 셋째 미래 생활을 지배하는 기반 구조인 '스마트 그린 모빌리티(Smart & Green Mobility Initiative)', 넷째 사회간접자본 분야에서 구조 전환을 이끌 '스마트 그린 인프라(Smart & Green SOC Initiative)', 그리고 마지막으로 기술에서 플랫폼을 거쳐 제품/서비스를 갖추는데 필요한 소재부품장비 영역의 '소부장 플랫폼(New Formation of Material & Components)'이다.

3. 구조 전환 실행 전략으로서의 G5 메가프로젝트

한국공학한림원 산업미래전략위원회는 〈표 6-4〉에 도식화한 산업구조 전환의 생태계적 구상에 따라 다섯 가지의 G5 메가프로젝트를 기획하였다. 영역별로 스마트 디지털 영역에서는 MetaNet 메가프로젝트, 그린에너지 영역에서는 ETS(Energy Total Solution) 메가프로젝트, 스마트 그린 모빌리티 영역에서는 HFM(Hyper Fleet Mobility) 메가프로젝트, 스마트 그린 인프라 영역에서는 SMC(Smart Mega City) 메가프로젝트, 마지막으로 소부장 플랫폼 영역에서는 ACE(Acceleration, Creation, and Enabling) 소부장 플랫폼 메가프로젝트를 제안하고자 한다. 그러면 이제부터 G5 메가프로젝트 각각이 어떤 취지로 기획되어 무엇을 목표로 하고 있는지 간략하게 살펴보기로 하자.

〈표 6-4〉 산업 생태계 영역별 G5 메가프로젝트 제안

산업 생태계 전략영역	G5 메가프로젝트
스마트 디지털 Smart Digital Initiative	MetaNet 메가프로젝트
그린에너지 Secure Green Energy Initiative	ETS(Energy Total Solution) 메가프로젝트
스마트 그린 모빌리티 Smart & Green Mobility Initiative	HFM(Hyper Fleet Mobility) 메가프로젝트
스마트 그린 인프라 Smart & Green SOC Initiative	SMC(Smart Mega City) 메가프로젝트
소부장 플랫폼 New Formation of Material & Component	ACE(Acceleration, Creation, and Enabling) 소부장 플랫폼 메가프로젝트

MetaNet 메가프로젝트

MetaNet 메가프로젝트는 다가올 미래의 소통 및 콘텐츠 유통방식이 일명 메타버스(Metaverse) 형태로 진화할 것으로 보고, 이를 시간 장소의 제약 없이 실공간과 똑같이 구현하는 것을 목표로 한다. 현재 전 세계적으로 AR, VR, MR 등 가상현실 기반 콘텐츠 상용화가 활발히 진행되고 있고, COVID-19 이후의 뉴노멀 시대에는 온라인 공간의 실공간화가 교육, 상거래, 근무, 훈련, 미디어 등 모든 영역에 걸쳐 급속히 확대될 것으로 예상된다. MetaNet 메가프로젝트는 이러한 예상에 따라 메타버스를 지원하는 차세대 인터넷을 한국이 주도한다는 목표하에 제안하는 인터넷 분야의 디지털 대전환 프로젝트이다.

ETS(Energy Total Solution) 메가프로젝트

전 세계적으로 확산하고 있는 탄소중립화 추세에 따라 에너지 수요와 공급 구조는 뿌리째 그 모습을 바꾸어 가야 할 상황에 직면해 있다. 이미 서두에서 살펴본 바와 같이 우리나라는 산업 구조적으로나 정책적 준비 면에서나 경쟁국과 비교하였을 때 매우 불리한 위치에 있다. ETS 메가프로젝트는 탄소중립뿐 아니라, 이로 인해 달라질 에너지 수급 구조와 새로운 친환경 제품/서비스 시장을 모두 고려한 이른바 에너지환경 분야의 '토탈 솔루션(Total Solution)'을 찾는 프로젝트이다. 그 전략의 기조는 에너지 환경정책을 규제 중심에서 진흥 중심으로 전면 전환하는 것이며, ETS 메가프로젝트는 탄소중립을 달성하기 위해 우리 경제가 부담해야 할 비용을 탄소중립화 과정에서 창출되는 글로벌 파생시장으로부터 거두어들인다는 복안이다. 이것은 에너지 자립도가 약한 한국경제가 그린에너지 대전환을 위협이 아니라 기회로 삼겠다는 강력한 의지표명이기도 하다.

HFM(Hyper Fleet Mobility) 메가프로젝트

차세대 모빌리티 분야는 현재 구조개편의 압박을 받는 자동차, 조선, 항공의 전 영역에 걸쳐 가장 큰 관심을 끌고 있다. 그 근저에는 디지털 대전환의 바람을 타고 이러한 운송장비들이 자율주행을 추구하는 방향으로 발전하는 추세도 있으나, 더 근본적으로는 탄소중립 제약으로 인해 현재의 개인 자가운전 중심의 모빌리티는 점차 가격경쟁력을 상실하고, 더 유연한 대중교통형 하이퍼 모빌리티가 그 자리를 대체할 것으로 보고 있다. HFM 메가프로젝트는 바로 이점에 착안하여, 대중교통 모빌리티의 미래지향적 모델을 그린금융과 정부구매 모델 등을 활용, 우리가 먼저 개발함으로써 글로벌 차세대 모빌리티 시장을 선점하자는 구상이다.

SMC(Smart Mega City) 메가프로젝트

메가시티는 이미 전 세계적으로 활발히 구축되었고, 점차 그 규모를 키워가는 중이다. 한국공학한림원이 제안하는 스마트 메가시티 메가프로젝트, 일명 SMC 메가프로젝트는 그 저변에 MetaNet, ETS, 그리고 HFM을 기반으로 추진하는 프로젝트이다. 그런 관점에서 보면, 디지털 그린 플랫폼 위에 구축되는 상위 메가시티 플랫폼이며, 뉴노멀 시대에 걸맞게 새로 설계 구축되는 미래지향적 도시 모델이기도 하다. 이런 관점에서 기존의 스마트 시티 프로젝트와는 그 수준과 규모와 접근방법에 있어서 전혀 다르며, 국가 차원에서 추진하는 스마트 그린 대전환의 최상위 모습이기도 하다.

ACE(Acceleration, Creation, and Enabling) 소부장 플랫폼 메가프로젝트

소부장 플랫폼은 그 구조와 역할에 있어서 다른 섹터의 프로젝트와 크게 다르다. 앞서 소개한 네 가지 메가프로젝트가 각기 뚜렷한 외형적 목표를 가지고 추진되는 것이라면, 소부장 플랫폼으로서의 ACE 플랫폼은 다른 네 가지 메가프로젝트의 추진을 통한 산업구조 전환을 기능적으로 공급사슬 측면에서 지원하고 촉진하는 소부장 분야의 플랫폼 구축사업인 셈이다. 따라서 ACE 소부장 플랫폼 메가프로젝트는 이미 언급한 바처럼 산업 생태계 계층 간 정합성뿐 아니라 영역 간 정합성을 높임으로써 국내 산업 생태계 전반의 바람직한 구조 전환을 앞당기는데 크게 기여할 것으로 기대하고 있다.

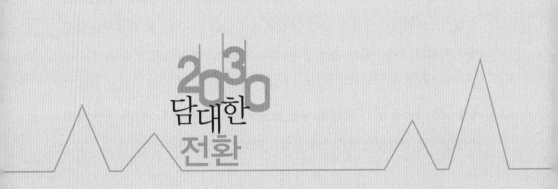

제7장
MetaNet 메가프로젝트

1. 스마트 디지털 산업의 환경변화

수많은 산업 가운데, 지난 30년 동안 정보기술과 관련된 산업, 일명 스마트 디지털 산업만큼 빠른 속도로 성장해 왔고, 다가올 10여 년을 전망해도 이만큼 빠르게 성장할 것으로 예상하는 산업은 없을 것이다. 그 성장은 2007년 출현한 스마트폰에 힘입은 바 크며, 지금은 일명 스마트 기기로 대변되는 스마트 세상을 더욱 가속하고 있다. 그 결과 전방에서는 고품질/고용량의 콘텐츠 시장이 빠르게 커지고 있으며, 후방으로는 이를 지원하는 5G 네트워크, 그리고 콘텐츠 전달망과 클라우드가 빠르게 그 규모를 키워가고 있다.

이러한 급성장의 화로에 최근 기름을 부어버린 사건이 생겼으니, 바로 COVID-19의 창궐이다. 가뜩이나 자율주행차와 UAM(Urban Air Mobility)을 중심으로 한 모빌리티의 지능화와 자율화로 디지털 산업의 수요가 빠르게 증가하고 있는 와중에 COVID-19는 지구촌을 대면 사회에서 비대면 사회로, 오프라인 중심에서 온라인 중심으로 바꾸어 버렸다. 이와 더불어 이제는 상호작용 및 서비스의 경계가 2차원에서 3차원으로 확장하는 단계로 접어들고 있으며, 이의 중심에는 Space-X가 촉발한 대규모 저궤도 소형위성 기반의 글로벌 광대역 인터넷 사업이 있다. 그리하여 우리가 맞이하게 될 미래사회는 초고속광대역 인터넷을 핵심 인프라로 하는 초공간/초현실 기반의 스마트 디지털 사회로 변모할 것이다.

그동안 매우 빠르게 전개되어 온 글로벌 디지털 산업환경은 소위 IT 강국이라고 하는 한국의 경제발전을 매우 유리하게 이끌어 왔다. 우리는 5G 표준 선도 및 세계 최초 상용화를 통해 이동통신 기술 강국의 위상을 보여주었고, 이 과정에서 5G 네트워크 장비 세계시장 점유율을 7% 수준으로 회복시키기도 하였다. 더 나아가 위성 발사와 위성 탑재체 시장 진출을 위한 국내 기업의 노력이 가시화되어 일명 스페이스 허브(Space Hub)를 출범시키고 2026년까지 저궤도 통신위성 500기를 발사하겠다는 계획까지 발표하기에 이르렀다.

그러나 이러한 장밋빛 전망과 다르게 다가올 스마트 디지털 시장 환경은 우리에게 그리 녹록하지만은 않을 것이다. 이른바 지정학적 대전환이 진행되면서 첨단통신장비 및 소프트웨어 시장에서 자국보호의 성향이 강화되고 있고, 무역 패러다임도 안보 동맹을 기반으로 한 새로운 GVC 결성으로 분위기가 전환되고 있다. 여기에 기술적 시장 환경이 오픈 RAN과 같이 개방형 아키텍처로 전환되면서 기존의 공급사슬 구조가 붕괴하고 동시다발적 생태계 구조가 새로이 자리 잡을 것으로 전망된다.

이는 그동안 이 분야에서 우리가 확보한 경쟁역량을 새로운 글로벌 디지털 생태계에 맞는 미래지향적 역량으로 조속히 전환하지 않으면 커다란 위기에 봉착할 수 있음을 의미한다. 반도체, 스마트폰, 디스플레이 시장에서 효과를 발휘해 왔던 기능 중심의 초격차 전략이 앞으로도 계속 그 효력을 지속할 수 있을까? 이를 보장할 수 없다면, 이제 우리는 기술을 넘어 제품과 서비스 시장으로 초격차 전략을 확대하여 새로운 지속성장을 모색해야 한다.

결론적으로 현재 세계시장은 디지털 대전환과 함께, 스마트 디지털 산업의 성장 패러다임 자체를 바꾸는 중이며, 빠른 추격자(fast follower) 전략만으로는 경쟁 자체가 불가능하고 오직 선도자(leader)만이 살아남는 플랫폼 기반 디지털 생태계로 전환되고 있다. 한국공학한림원의 산업미래전략위원회가 스마트 디지털 분야에서 매우 미래지향적이고 아직 세계 어느 국가도 제시하지 않은 파격적인 미래지향적 메가프로젝트를 제안하는 이유도 바로 여기에 있다.

2. MetaNet 메가프로젝트의 정의와 필요성

한국공학한림원이 G5 메가프로젝트로서 스마트 디지털 분야에서 제안하고자 하는 프로젝트는 일명 MetaNet이다. MetaNet은 메타버스(Metaverse)와 네트워크(Network)의 합성어로서 이른바 메타버스를 글로벌 스케일에서 가능케 하는 차세대 인터넷을 지칭한다. 그동안 인터넷 분야에서 차세대 인터넷(NGN: Next Generation Network)이나 미래 인터넷(Future Internet)에 관한 연구 제안이 있었지만, 현재 활발히 시장수요가 부상되고 있는 메타버스를 글로벌 스케일로 구현하는 네트워크의 구축에 대해서는 전 세계 어느 국가에서도 아직 공식화한 바가 없다.[*]

MetaNet이란 무엇인가

〈그림 7-1〉은 MetaNet의 개념을 형상화한 것이다. 이 개념도에 나타난 내용을 중심으로 MetaNet을 기능적 관점에서 정의하면 다음과 같다.

- MetaNet은 초실감형 미디어 처리를 위한 초고밀도 실시간 분산 컴퓨팅 접속 망이다.
- MetaNet은 대용량 캐싱 기반 글로벌 콘텐츠 전달망이다.
- MetaNet은 초실감형 비디오 스트리밍을 지원하는 지상망과 비지상망의 결합을 통한 3차원 입체통신의 코어 네트워크이다.

---

[*] 메타버스(Metaverse)에 대한 내용은 ETRI, National AI Research Institute, METAVERSE, 2021을 참조.

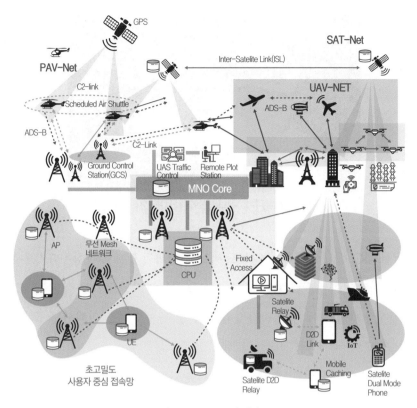

〈그림 7-1〉 MetaNet의 개념도

MetaNet은 왜 필요한가

MetaNet의 필요성은 최근 메타버스의 출현 및 확장추세와 밀접하게 연관되어 있다. 〈그림 7-2〉는 최근 기술적으로나, 서비스 개발, 더 나아가 시장개발을 활발히 모색하고 있는 메타버스의 모습을 예시적으로 보여주고 있다.

메타버스가 시장에서 전면 부상하면서 기업들의 전략적 기회와 정부의

〈그림 7-2〉 메타버스의 형상화된 모습

정책적 대응 필요성에 대한 인식도 빠르게 확대될 것으로 예상된다. 이에 따라 향후 지속해서 성장할 메타버스 시장을 주도하려면 국가 차원의 기술선도 및 신시장 개발 등에 대한 전략적 대응이 필요하다. 이를 위해서는 구체적으로 MetaNet과 같은 메타버스 네트워크 플랫폼을 선점해야 한다. 이를 포함하여 MetaNet의 필요성을 열거하면 다음과 같다.

- 초실감형 콘텐츠 출현에 따른 스마트 디지털 산업의 선제 대응
- 메타버스 출현에 따른 기술적 대응
- 6G의 차별화된 비전으로서 새로운 생태계 확보
- 국내 디지털 산업의 역량을 결집한 성공사례 도출

3. MetaNet 메가프로젝트의 구성과 내용

MetaNet의 구조

MetaNet의 개념에 따라, 그 구조를 형상화하면 〈그림 7-3〉과 같다. 구조적으로 보면, 6G 기반의 글로벌 콘텐츠 전달망에 초실감형 메타버스 구동을 위한 분산협력 컴퓨팅 및 콘텐츠 캐싱 플랫폼으로 볼 수 있다.

〈그림 7-3〉에 의하면, 지상의 유선 인터넷과 컴퓨팅 자원을 기본으로 해서 백본 클라우드와 엣지 클라우드가 백엔드와 프론트엔드에서 컴퓨팅 부하를 분산 수행하고, 모바일 컴퓨팅 디바이스는 이동통신 네트워크, 그리고 우주 공간의 일명 'Optical Backbone in Space'와 직접 또는 지구국(Earth Station)을 통해 연결된다. 지구국을 포함하는 지상센터는 글로벌 규모의 메타버스 플랫폼을 구축하기 위해 6G 기반 대용량/저지연 인프라 위에 메타버스 미디어 스트리밍을 위한 전달망을 갖추고, 메타버스 엔진과 인공지능 프로세서, 그리고 다중 사용자 자원/경로 제어를 위한 네트워크 컴퓨팅을 수행한다.

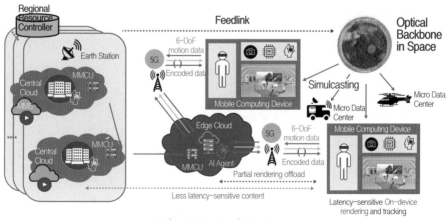

〈그림 7-3〉 MetaNet의 구조도

'Optical Backbone in Space'는 'Massive LEO Constellation' 기반의 스페이스 인터넷 (space internet)을 백본망으로 활용하고, 광역 브로드캐스팅 기능으로 콘텐츠 캐싱 및 전달 기능을 효율적으로 수행할 수 있다. MetaNet에 접속되는 단말은 무수히 많은 다양한 형태로 개발될 수 있다. 예컨대, 자율주행 차량에 마이크로 데이터 센터를 탑재할 수 있으며, 차량의 이동 경로를 활용하여 컴퓨팅 수요에 따라 동적으로 자원배치 및 최적화를 수행하면서 단말의 컴퓨팅 및 콘텐츠 요구사항을 지원할 수 있다. 특히, 이동 단말의 경우에는 소형 셀에 직접 접속하거나 D2D(Device to Device) 통신 기능을 이용하여 무선으로 MetaNet에 접근이 가능할 것이다.

MetaNet의 주요 구성요소

MetaNet 개발 프로젝트의 수행을 위해 요구되는 기능을 먼저 정의하고, 이를 위한 구성요소에 대해서 살펴보자. 기본적으로 고려할 수 있는 MetaNet의 기술적 구성요소와 그 기능은 다음과 같다.

1. 현실과 가상세계를 이어주는 초실감형 메타버스 플랫폼
   - 현재 게임 수준에 머무르고 있는 메타버스의 품질과 5G에서 추구하는 XR 기반 실감형 콘텐츠의 품질을 넘어, 누구나 자신의 눈앞에서 공존하도록 시공간을 초월하는 초실감형 미디어 처리 기능

2. 다자간 비대면 화상회의 플랫폼
   - 메타버스에 특화된 다자간 실시간 인터액티브 회의가 가능하도록 하는 초실감형 미디어 스트리밍 기능
   - 분산 클라우드 기반의 자원 제어 최적화를 통한 고화질 대용량 미디어의 종

단 간 실시간 처리

3. 초실감형 미디어의 실시간 처리를 위한 분산컴퓨팅 및 전달망 플랫폼
   - 실시간 초실감형 스트리밍에 대한 종단 간 네트워크 성능 보장을 위한 대용량 데이터 센터 간 저지연/무결성의 백본망을 통한 콘텐츠 전달
   - 메타버스 서비스에 특화된 콘텐츠 전달망을 통한 경제적인 망 구축

4. 초저지연 무결 무선 액세스 기반 MEC 인터페이스
   - 단말은 최소한의 컴퓨팅 기능을 갖고, 단말은 대부분의 계산을 클라우드에 오프로딩(offloading)함으로써 전력 소모의 최소화와 대용량 미디어 처리 실현
   - 단말과 MEC(Multi-access Edge Computing)는 마치 컴퓨터 내부 프로세스 간에 버스(bus)로 접속된 효과를 얻기 위해 무선 구간에 1Tbps의 접속 속도를 제공(그림 7-4 참조)

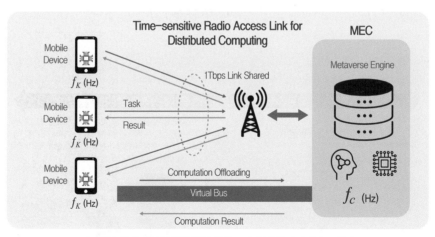

〈그림 7-4〉 초저지연 무결 무선 액세스 기반 MEC 인터페이스 개념

MetaNet 융합 테스트베드 구축

MetaNet 메가프로젝트를 추진하면서 다양한 구성요소에 대한 연구개발과 함께, 단계별로 실증 테스트베드가 필요하다. 이는 시스템의 최적화와 더불어 사업화 과정에서 주로 봉착하게 되는 장애를 돌파하는 데 필수이다. 그런 관점에서 사전부터 계획을 세워두어야 하는 것이 바로 〈그림 7-5〉에 도식화한 MetaNet 융합 테스트베드이다.

MetaNet 구축 프로젝트가 진행되면 단계별로 확보된 네트워크 기술을 기반으로 한 융합 테스트베드를 업그레이드해 나가고, 그 위에서 시스템 반도체, 시스템/서비스 소프트웨어, 그리고 스마트 디바이스 및 디스플레이 등 핵심기술을 실증해야 하는데, 융합 테스트베드와 타 구성요소와의 연결 관계는 〈그림 7-6〉과 같다. 〈그림 7-6〉에서 MetaNet 디바이스와 디스플레이의 예로서는 AI 기반 메타버스 프레임(AI-created Metaverse Frame), 모바일 디스플레이, 무안경 디스플레이, 모션 시뮬레이터 등이 있을 수 있다.

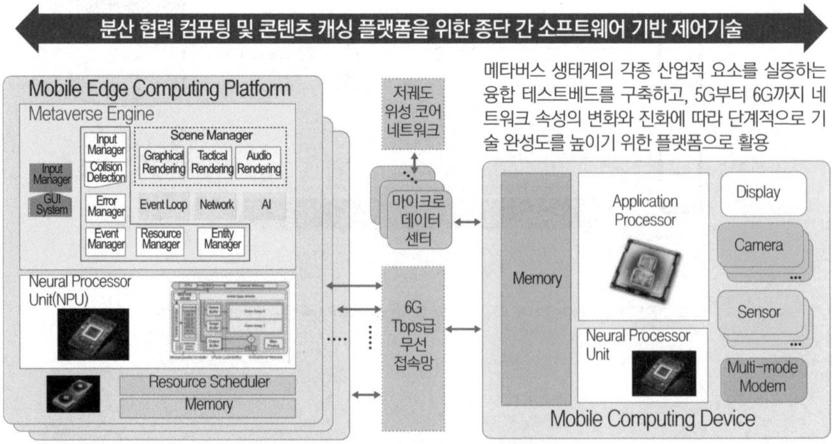

〈그림 7-5〉 MetaNet 융합 테스트베드의 구성

〈그림 7-6〉 융합 테스트베드와 타 구성요소와의 연결 관계

4. MetaNet 메가프로젝트의 추진체계

MetaNet 메가프로젝트를 제안하는 것은 두 가지를 전제로 한다. 첫째가 다양한 기술적 요소를 세밀하게 융합하기 위한 강력한 기술적 리더십이고, 둘째는 전 세계적으로 전례가 없는 과제에 내포된 불확실성과 위험을 감수하겠다는 각오이다. 따라서 이런 프로젝트를 성공적으로 추진하기 위해서는 필요한 정책적 조건을 점검하고, 그 조건이 충족되도록 엄밀한 추진체계를 갖추어야 한다. 이동통신 네트워크는 10년 주기로 국제 표준이 제정되기에, 비전 수립과 표준 기술 개발, 그리고 표준 제정 및 승인까지 6~10년이 소요되는 중장기 투자가 필요하다. 이와 함께 인프라 표준화와 병행하여 변혁적인 서비스 개발 및 글로벌 수준의 플랫폼 경쟁력 확보를 위해 선행적인 투자와 제도기반 구축도 병행되어야 한다. 5G가 시스템 표준 개발에만 주력함으로써 선제적 융·복합 서비스 생태계 구축에 미흡했다는 평가를 받는 점을 반면교사로 삼아야 할 것이다.

MetaNet 메가프로젝트가 추구하는 목표

메가프로젝트를 추진하면서 가장 먼저 해야 할 일은 메가프로젝트의 목표를 분명히 하는 것이다. 〈그림 7-7〉은 MetaNet 프로젝트가 추구해야 할 핵심 목표를 네 가지로 구체화한 것이다.

MetaNet 메가프로젝트는 스마트 디지털 생태계의 산업구조에 대한 획기적 전환을 궁극적 목표로 하는 만큼, 세부적으로는 연관산업까지를 아우르는 다양하고 포괄적인 목표를 지향한다. 그 첫째는 초실감형 미디어 발전과 연

MetaNet 메가프로젝트의 핵심 목표	
초실감형 미디어 발전과 연계한 6G 시스템 개발 및 표준화	**스마트 디바이스 시장 변화에 대한 선제 대응**
• 메타버스의 부상으로 초실감형 미디어 환경이 더 구체화하면서, 차세대 네트워크 인프라 구축을 위한 6G의 방향성이 산업발전과 직접 연계되어야 함	• 스마트폰 시장 이후에 기존 시장은 중저가 단말을 중심으로 시장 경쟁이 치열해지면서, 다양한 스마트 디바이스를 중심으로 시장의 재편 예상; AP, 메모리, 디스플레이 등에서 초격차 기술경쟁력을 극대화하면서 네트워크 및 서비스 발전에 선제적으로 대응하기 위해 MetaNet 특화 디바이스를 통해 새로운 시장 창출 기회 • 4G LTE 구축을 통해 스마트폰 시장이 활성화되고 신산업이 창출된 바와 같이, 새로운 네트워크 인프라의 구축을 통해 새로운 시장 창출 기회 포착 및 선제 대응 가능
콘텐츠 및 소프트웨어 플랫폼 산업의 경쟁력 강화	**Memory-centric Computing 역량 활용 및 시스템 반도체 역량 강화**
• 게임과 일부 SNS 콘텐츠를 제외하고, 대부분 서비스 및 Cloud 플랫폼에 대한 해외 의존도가 매우 높음 • MetaNet 실증사업을 중심으로 시스템 및 서비스 소프트웨어 개발 역량 강화와 중장기 지속적 투자로 전략적 강소기업 육성	• 초실감형 미디어를 위한 컴퓨팅 중심의 네트워킹 기술에 따라 MEC 연계된 시스템 반도체의 특화가 요구되며, 새로운 요구사항에 선제 대응할 수 있는 산업 역량 강화 • Memory-centric computing 역량을 실증할 수 있는 플랫폼으로 활용하여 초격차 실현

〈그림 7-7〉 MetaNet 메가프로젝트의 핵심 목표

계한 6G 시스템을 개발하고 표준화하는 것이다. 둘째는 스마트 디바이스 시장의 변화에 선제 대응함으로써, 이 영역의 글로벌 시장을 선점하는 것이다. 셋째는 콘텐츠 및 소프트웨어 플랫폼 산업의 경쟁력 강화로서, 이는 MetaNet에 내재된 경쟁력 요소에 해당한다. 이 분야에서 충분한 경쟁력을 MetaNet 메가프로젝트 추진과 함께 갖추어 나가야만 MetaNet 프로젝트를 성공적으로 이끌 수 있다. 마지막 목표는 메모리 중심 컴퓨팅(Memory-centric Computing)

분야에서 미래지향적 기술 역량을 미리 확보하고, 동시에 이를 구현하는 시스템 반도체를 선제적으로 개발함으로써 우리나라의 반도체 경쟁력을 한 단계 끌어 올리는 것이다.

MetaNet 메가프로젝트의 거버넌스 구축

MetaNet 메가프로젝트는 다부처에 걸쳐 있는 다양한 자원과 정책, 그리고 기술적 정합성을 확보할 정보교류 및 협력이 필요하다. 그 대표적 사례로는 예비타당성조사를 거쳐 금년에 시작된 6G 연구개발 프로젝트, 과학기술정보통신부와 산업통상자원부의 연구개발 사업, 그 이외에 여러 사업 부문에서 구축되는 다양한 융합 테스트베드와 함께 업계 자율로 구축되는 융·복합 산업 클러스터가 있다. 한국공학한림원은 MetaNet 메가프로젝트를 성공적으로 추진하기 위한 거버넌스 체계를 〈그림 7-8〉과 같이 제안한다.

그 핵심은 〈그림 7-8〉에서 보는 바와 같이 범부처 전략적 컨트롤 타워로서 가칭 '메타버스 전략위원회'를 설치 운영하는 것이다. 이를 통해 MetaNet과 6G가 동일한 축상에서 연구개발을 추진할 수 있도록 하나의 융합 테스트베드 내에서 과제를 관리하고, 관련 산업 생태계 육성을 위해 사업화 단계까

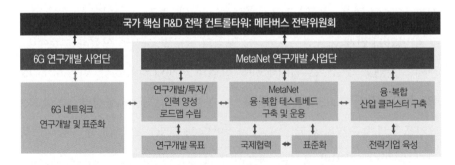

〈그림 7-8〉 MetaNet 메가프로젝트의 추진을 위한 거버넌스 체계

지 과제를 기획 관리하고 평가한다. 또한, MetaNet 연구개발 사업단을 별도로 전문화한 후, MetaNet 융·복합 테스트베드를 중심으로 융·복합 산업 클러스터를 구축하여 연구개발, 표준화, 그리고 전략기업 육성을 일원화해야 한다.

MetaNet 메가프로젝트의 추진 로드맵

프로젝트 추진에 있어서 목표와 거버넌스 체계가 마련되면, 그다음 실행을 위한 마스터플랜, 즉 로드맵이 필요하다. 〈그림 7-9〉는 한국공학한림원이 MetaNet 메가프로젝트 추진을 위해 제안하는 로드맵을 예시적으로 보여주고 있다. 이 로드맵은 필요한 요소기술의 개발에 우선순위를 고려해서 계획한 것이며, 실제 단계별 목표실현을 위한 작업을 기술하고 있다.

5G: 2020~2024 ~50 to 200Mbps Latency < 100ms	5G+: 2026~2029 ~200 to 5000Mbps Latency < 20ms	6G+: 2030~ ~5Gbps to 10Gbps Latency < 1ms
• 5G MEC • 고정용 마이크로 캐싱 디바이스	• 3D 이동체 마이크로 캐싱 디바이스 • 저궤도위성 백홀(space core)	• 통합 마이크로 캐싱 디바이스 • Space Core Cloud
• K-Metaverse Platform 요구사항 도출 • K-Metaverse Platform 0.1 구축 • 1단계 Metaverse Engine 제작 • 1단계 Metaverse Media Server 구축 • 3D 업체 통신 환경의 MEC 개발	• K-Metaverse Platform 2.0 구축 • 2단계 Metaverse Engine 제작 • 2단계 Metaverse Media Server 구축 • Space Core Cloud 장비 개발 • 6G 통합 마이크로 캐싱 디바이스 개발 • K-Metaverse Platform 상용화 • Metaverse 전략 부품 상용화	• K-Metaverse Platform 3.0 구축 • 3단계 Metaverse Engine 제작 • 3단계 Metaverse Media Server 구축
• Metaverse 전략 부품 개발 • 기존 연구개발 성과 통합 • 상용 솔루션 활용 • 국내 전략기업 육성 • 국내 관련 산업체 클러스터 구축	• 국내 전략 부품 생산 • K-Metaverse 활용 계획 • 글로벌 전략 기업 육성 • 글로벌 산업체 클러스터 구축	• Metaverse 전략 부품 초격차 실현 • Metaverse Platform 초격차 실현 • Metaverse Engine 초격차 실현

〈그림 7-9〉 MetaNet 메가프로젝트 추진을 위한 로드맵

5. 프로젝트 성공을 위한 정책적 요구사항

국가 차원의 대규모 메가프로젝트를 성공적으로 추진하는데, 그 성공 여부를 결정할 정책적 조건들을 사전에 도출하고 이를 충족하는 개발 및 시장 여건이 조성되도록 사전 정지작업을 해 둘 필요가 있다. 이런 관점에서 Meta-Net이 요구하는 정책조건들을 제시하면 다음과 같다.

■ MetaNet은 네트워크와 컴퓨팅, 그리고 부품에서 서비스에 이르는 가치사슬 전반에 걸친 협력이 있어야만 구축된다. 따라서 개발, 구축, 시장 개발 단계에서 국가 차원의 다부처 협력을 끌어낼 수 있는 톱다운(top-down)형 정책 추진체계가 필요하다.

■ MataNet에 의해 교육/문화/상거래 등 전 산업에 걸쳐 새롭게 재편될 차세대 인터넷 생태계의 질서를 통제하기 위한 효율적 규제방식을 재설계하여야 한다. 그 과정에서 규제 내용에 대한 전국민적 공감대를 형성하고 관련 부처 간 통합적 정책 수립 및 집행을 위한 다부처 협력체계와 인센티브 메커니즘을 갖추어야 한다.

■ 초격차 기술전략의 실행을 위해 가칭 '메타버스 산업진흥법'을 제정하고 특히 MetaNet 기반 융·복합 테스트베드 구축 및 활용에 필요한 정부 예산이 선택과 집중의 원칙하에 편성되고 집행되어야 한다. 또한, 상위의 컨트롤 타워는 부처 간의 중복투자를 피하고 단계별로 효율적 생태계 구축을 통해 조기에 산업적 성과를 낼 수 있도록 선제적으로 투자 및 제도 여건을 개선해야 한다.

■ 대규모 저궤도위성 기반 스페이스 인터넷 구축은 대규모 투자가 요구되고, 우리나라에는 새로운 개척영역이기도 하다. 따라서 장기적으로 국가가 보유한 우주개발 정책과 역량을 최대한 집결하여 하나로 통합된 추진체계를 갖추면서 공공분야에서 선도적 서비스를 개발 제공하는 것이 필요하다.

제8장
ETS(Energy Total Solution) 메가프로젝트

1. 프로젝트 배경 및 필요성

전 세계는 지금 기후변화에 대응하기 위해 2050년 탄소제로 사회를 목표로 강력한 환경 및 에너지 정책을 강구하고 있다. 우리나라 역시 2020년 그린 뉴딜 정책과 탄소중립 선언을 통해 2050년까지 탄소제로 사회를 달성하기로 이미 천명한 바 있다. 이제 탄소중립을 위한 사회경제적 변혁은 거스를 수 없는 대세이다. 이를 통해 우리나라는 기후환경 변화에 효과적으로 대응할 수 있을 뿐 아니라 안보 차원에서 에너지 확보와 자급률의 향상을 꾀할 수 있다. 한 걸음 더 나아가 에너지환경 분야에서 미래 고부가가치 및 일자리 창출을 위한 기존 산업의 구조 전환과 신산업 성장을 추구할 수 있다.

주지하다시피 탄소중립을 위한 국제 사회와 각국의 정책 변화는 에너지 환경 관련 분야의 국가 간 시장 경쟁의 패러다임을 바꾸어 우리나라의 산업 경쟁력에도 지대한 영향을 미치고 있다. 예를 들어 최근 EU에서 발표된 탄소국경조정제도(CBAM)가 발효되면 탄소 배출이 많은 제품의 EU 수입 관세가 높아져 우리나라 제품의 수출 경쟁력에 큰 영향을 미치게 된다. 이에 따라 우리나라의 철강, 석유화학 및 시멘트 등 온실가스 배출이 많은 산업에서는 2050 탄소중립 목표달성과 기업의 생존을 위해 탈탄소 제조공정 개발과 함께 RE100, ESG 경영 강화 등 전략적 대응책을 마련하고 있다. 우리나라 정부도 그동안 재생에너지 3020 이행계획, 수소경제 활성화로드맵, 3차 에너지 기본 계획, 그린 뉴딜 정책, 그리고 2050 탄소중립 추진전략 등을 통해 환경 문제 해결과 에너지 관련 산업의 경쟁력 확보를 위해 노력해 왔다.

그러나 에너지환경 분야가 미래성장산업으로 도약을 하기 위해서는 보다 과감한 투자와 전략적 발상의 전환이 필요하다. 사실 전 세계적인 탄소중립 사회로 이행하는 과정에서 에너지 패권은 중동의 산유국 등 자원보유국에서 재생 및 청정 에너지 관련 기술 보유국으로 이동하고 있다. 이에 따라 많은 국가에서 경쟁적으로 친환경 에너지 생산과 소비를 위해 막대한 투자를 하고 있다. 앞으로 글로벌 탄소중립 노력으로 인해 재생에너지와 전기차, 수소 등 에너지 신산업 분야의 투자가 급증할 전망이다. IEA 2020 보고서는 2020년 대비 2030년 수소는 0.45 Mt에서 40Mt으로, 전기차는 250만대에서 5천만대로, 청정전기 투자는 3천8백억 달러에서 1조 6천억 달러로 증가할 것으로 예상한다.

그런데 안타깝게도 우리나라는 2019년 현재 재생에너지 투자 규모 세계 15대 국가에 포함되어 있지 않다.* 친환경 에너지 전환으로 인한 태양광, 풍력 등 에너지 신산업의 급성장에도 불구하고 한국의 실적은 아주 미미하다. 예컨대 2019년 기준 태양광 모듈은 중국이 전 세계 시장의 70% 이상을 점유하고 있고, 풍력 터빈도 중국이 세계시장 절반을 점유하고 있는 데 반해, 우리나라는 태양광 시장에서 8%, 풍력 시장에서 미미한 점유율을 보일 뿐이다.

따라서 2050년 탄소중립 목표 달성뿐 아니라 안보 차원에서 에너지 자급도의 향상, 그리고 에너지환경 분야 제조 서비스업의 국제경쟁력을 확보하기 위해서는 특단의 대책이 필요하다. 지금까지 추진해 온 방식에서 과감하게 탈피하여 산업 측면, 기술 측면, 그리고 에너지 생산과 보급 측면에서 입체적인 범정부 차원의 정책 대전환을 모색해야 한다.

---

* 중국(834억 달러), 미국(555억 달러) 순이며 아시아에서는 중국 외에 일본, 인도, 대만이 포함되어 있음(Source: FS-UNEF Collaborating Center, Global Trends in Renewable Energy Investment 2020)

2. ETS 메가프로젝트 개념 및 세부내용

　한국공학한림원은 탄소중립 목표 달성뿐 아니라 이 과정에서 에너지환경 관련 신산업을 육성하여 글로벌 산업 경쟁력을 확보하기 위한 메가프로젝트로서 ETS(Energy Total Solution) 메가프로젝트를 제안하고자 한다. ETS는 에너지의 해외 의존도를 줄여 에너지 자립도를 높이는 안보성(Secure), 탄소중립화 과정에서 불가피한 변동재생에너지(Variable Renewable Energy)의 불안정성을 최소화하는 탄력성(Resilient), 그리고 온실가스 배출이 없는 에너지로 전환하는 친환경성(Clean)을 담보하면서, 세부 에너지원 차원에서는 에너지 신제조업의 글로벌 경쟁력을 높이는 전략을 추구한다. 즉, 재생에너지 개발, 에너지 이용효율 개선 및 저장, 수소와 차세대 원전과 에너지원(전력, 열, 가스 등) 간 섹터 커플링, 탄소 포집 및 활용 등을 디지털 기반으로 융합하여 기술기반의 친환경 에너지를 보급함과 동시에 그로 인해 파생되는 새로운 산업 및 혁신 기업을 육성함으로써 제조업 르네상스 및 프로슈머형 에너지 산업을 창출하자는 것이다.

　그러면, 우선 어떻게 진정한 탄소제로 에너지를 구현할 수 있는지부터 살펴보자. 전체 탄소 배출량에서 에너지 생산과 소비와 관련하여 배출되는 온실가스는 세계적으로는 평균 75%, 우리나라에서는 87% 정도를 차지하고 있다. 탄소제로를 만족하는 에너지시스템을 구현하는데 필요한 네 가지 주요 전략은 일명 OECD로 요약된다. 첫째, 에너지 생산과 소비의 향상된 효율성을 기반으로 에너지 사용량을 줄이는 최적화(Optimize), 둘째 화석연료에서 벗어나 비전력 에너지(열, 가스, 연료 등) 수요를 전기로 바꾸는 전기화(Electrify), 셋째 탄소를 직접 모아 저장하거나 활용하는 포집(Capture), 마지막으로 탄소제로 기술을 활용하여 에너지나 제품을 생산하는 탈탄소화(Decarbonize)이다. 탄소중립을 위해서는 이 네 가지 전략이 에너지 공급 부문뿐 아니라 주요 에너지 소비 부문 즉, 산업/수송/건물 및 에너지 발전/전환 부문, 심지어 폐기물 처리에 이르기까지 모두 적용되어야 한다.

이러한 전략을 효과적으로 실행하기 위해서는 먼저 과연 탄소제로를 달성하기 위한 최적의 가능 기술(BAT: Best Available Technologies)이 무엇이고 아직 현실화하지 않았지만, 미래에 개발될 파괴적이고 혁신적인 기술(DIT: Disruptive & Innovative Technologies)은 무엇인지 파악해야 한다. 그다음 우리나라가 이러한 신기술을 선도적으로 활용할 인센티브를 어떻게 제공할 것인지에 대해 대안을 제시해야 한다. 또한, 탄소중립 추진과정에서 기술기반의 조성, 혁신산업의 육성, 국제협력 및 투자, 정책 및 제도의 혁신, 기존 산업의 구조전환 및 저탄소화, R&D 및 인력양성 등 다양한 산업정책적 목표와 어떻게 조화를 이루어나갈지에 대한 큰 그림을 그릴 수 있어야 한다.

한국공학한림원이 에너지 분야의 메가프로젝트를 제안하면서, 에너지 토탈 솔루션(ETS: Energy Total Solution)이라고 명명한 이유는 ETS의 추진을 통해 풀어가야 할 기술 전략적, 시장 전략적, 산업정책적 과제가 한둘이 아니기 때문이다. 〈그림 8-1〉은 ETS 메가프로젝트의 아키텍처와 ETS를 구성하는 세부 프로젝트 모듈들을 도식화하여 보여주고 있다. 또한, ETS 메가프로젝트는 앞서 살펴본 국가 산업 생태계의 수직적 계층구조 상에서의 기술계층, 플랫폼계층, 제품/서비스계층을 관통하고 있으며 궁극적으로는 시장/산업계층에서의 스마트 그린 대전환을 구현하기 위한 것이다.

ETS 메가프로젝트를 구성하는 세부 프로젝트는 총 11개로서 〈그림 8-1〉의 수직 하단부로부터 상단부로 올라감에 따라 기술계층, 플랫폼계층, 제품/서비스계층으로 개념이 확장되고 있다. 또한, 그림의 좌측으로부터 우측으

Energy Total Solution MegaProject			
	BAT	BAT & DIT	DIT
제품/서비스계층	분산 에너지 기반 커넥티드 커뮤니티	그린에너지 마켓플레이스	플러스에너지 커뮤니티를 통한 탄소중립 도시 구축
플랫폼계층	태양광/풍력 소부장 제조혁신 플랫폼	산업단지의 섹터 커플링 에너지시스템	
기술계층	전고체 리튬 이차전지	폐기물 에너지화 수소 에너지 저장시스템	차세대 원전 분산형 이산화탄소 포집

〈그림 8-1〉 ETS 메가프로젝트의 아키텍처와 구성

로는 현재 상용화에 근접한 기술군(BAT)과 미래 개발이 필요한 기술군(DIT)으로의 발전 형태를 보여주고 있다. 이러한 11개의 세부 프로젝트가 유기적으로 디지털과 융합함으로써 안보성과 탄력성 그리고 친환경성이 담보된 에너지 토탈 솔루션의 구현이 가능해진다. 또한 탄소중립화에 따라 과도기적으로 상실되는 국부(national wealth)를 중장기적 관점에서 글로벌 시장에서 회수하는 에너지 신제조업의 육성도 가능해질 것이다. 그럼 이제부터 11개 세부 프로젝트의 내용을 각각 살펴보자.

고에너지밀도/고안전성 전고체 리튬 이차전지 개발

태양광이나 풍력 등 미래 재생에너지 발전량 확대에 따라 예견되는 불규칙 출력 혹은 간헐성을 극복하면서 미래 모빌리티의 핵심인 전기차를 대량 보급하기 위해서는 안정적인 에너지 저장 및 공급 시스템이 필요하다. 따라서 기존 이차전지의 기술 한계를 뛰어넘는 고용량/고안정성의 고성능 전고체 전지 개발이 시급하다. 현재 이에 대한 유력한 대안으로 고려되고 있는 기술로 고에너지/고안전성 전고체 리튬 이차전지가 있다.

기술 개발의 포괄적 최종목표는 대용량 충전 시스템용으로 활용될 수 있는 350Wh/kg급 이상의 고안정성 전고체 리튬 전지의 핵심 원천 및 양산기술을 확보하는 것이다. 여기에는 고이온전도성 유/무기계 고체 전해질 기술, 전고체 전지용 고에너지밀도 복합 전극 기술, 그리고 리튬 금속 전고체 전지 설계, 제조 및 양산 장비기술이 포함된다.

세부적으로는 고이온전도, 고안정성 및 고내구성을 동시에 보유한 유무기 고체 신물질 기술 및 대량 제조 기술, 상기 고체 전해질과 계면형성에 적합한 양극재 및 음극재 전극 소재와 공정기술, 그리고 기존 리튬계 액체 전해질 기반 이차전지 산업을 대체할 수 있는 리튬 금속을 음극으로 하는 전고체 전지 셀 제작 및 양산화 기술, 그리고 리튬-황 등 차세대 초고에너지 밀도 전고체 전지 셀 제작 기술을 들 수 있다.

2025년까지 350Wh/kg 고체 전해질 및 전고체 전지 기술 개발과 2028년까지 전고체 전지 사용을 위한 장비 및 소재 기술을 국산화하고 2030년에는 350Wh/kg 및 800Wh/L급 고체 전해질 및 전고체 전지를 양산하는 것을 목표로 제시한다.

Active Air-Purifying Zinc-Air 전고체 이차전지 개발

수소 연료전지가 갖는 장점인 미세먼지 저감 기능과 함께 충전 시에 대기로 청정 산소 공급이 가능한 기술이 있다면 온실가스 감축의 핵심수단이 될수 있다. 고에너지밀도 금속공기 이차전지 기술이 바로 그것이다. 기존 수소 연료전지는 방전 기능만 있으므로 외부 공기를 필터로 단순 정화하여 배출하는 수동형(passive) 미세먼지 저감 기술이다. 반면 아연공기(zinc-air) 이차전지는 방전할 때 연료전지와 동일한 수동형(passive) 미세먼지 정화 기능을 갖지만, 충전 시에는 산화된 금속이 환원될 때 고순도 산소를 대기로 방출하는 능동형 공기정화(active air-purifying) 기능도 갖는다.

기존 수소 연료전지 기반의 수소 에너지 기술과 리튬 기반의 이차전지 기술을 연계할 수 있는 핵심기술도 관심 대상이다. 연료전지의 공기극으로 적용 가능한 금속 공기전지의 공기극(양극) 제조 기술을 확보하면 기존 이차전지의 기술 한계를 뛰어넘는 고용량/고성능은 물론 물과 산소로 구동되는 초고안정성 전고체 전지 적용이 가능하여, 미래 모빌리티 혁신의 핵심인 전기차 대량 보급에 한 발 더 다가갈 수 있다.

이 프로젝트의 최종목표는 대용량 충전 시스템용으로 활용할 수 있는 500Wh/kg급의 고안정성 아연 공기전지의 핵심원천기술을 확보하는 것이다. 여기에는 고이온전도성 바이오셀룰로즈(biocellulose) 기반 고체 전해질 기술, 고에너지밀도 공기극(양극) MOF(Metal-Organic Framework) 촉매 전극 기술, 저원가 아연(zinc)을 음극으로 하는 전고체 전지 대량 제조기술이 포함된다.

2025년까지 400Wh/kg급 아연 공기전지 양산 기술 개발과 2028년까지 전고체 전지 상용화를 위한 장비 및 소재 기술 국산화를 달성하고 2030년에는 500Wh/kg급 고성능 공기정화 전고체 아연 공기전지 파우치 셀(pouch cell)을 양산하는 것을 목표로 제시한다.

수소 에너지저장시스템(HESS) 모듈기술 개발

재생에너지의 확대를 위해서는 앞서 언급한 바와 같이 대용량 에너지저장시스템(ESS)을 통한 불규칙 출력의 해결이 필요하다. 현재 사용되고 있는 이차전지 에너지저장시스템(BESS: Battery Energy Storage System)에 의해 충분히 해소되지 못하고 있는 이 문제는 수소 에너지저장시스템(HESS: Hydrogen Energy Storage System)으로 극복할 수 있다. 수소 에너지저장시스템은 단순 전력 저장뿐만 아니라 상황에 따라 추가 수소 공급을 통해 더 많은 전력을 생산 공급할 수 있는 유용한 시스템이다. 2030년 시스템 가격($25/kWh), 시스템 효율(30%)을 가진 MWh급 수소에너지저장시스템을 위한 HESS 시스템 원천기술 개발 및 실증을 목표로 제시한다.

이러한 목표를 달성하기 위해서는 구체적으로 고효율 부하 가변운전이 가능한 AEM(Alkaline Electrolyte Membrane) 수전해 MEA(Membrane Electrode Assembly), 스택 및 시스템 기술, 내구성 향상 기술, 수소 저장을 위한 LOHC(Liquid Organic Hydrogen Carries) 신규 소재, 수소화 및 탈수소화 촉매 및 반응기술과 PMS(Power Management System)/ESS(Energy Storage system)/PCS(Power Conditioning System) 등 시스템 요소 기술, 그리고 저온 수전해–LOHC 수소 저장–연료전지를 연계하는 HESS 시스템 개발 및 재생에너지 연계 실증이 필요하다. 2024년까지 원천기술을 확보한 후 2027년까지 2단계로 양산 및 시스템 요소기술을 개발하고 2032년 MWh급 HESS 상용화를 기대하고 있다.

폐기물 에너지화(poly-generation) 기술 개발

환경부의 한국환경공단에 따르면 2019년 기준 폐플라스틱은 1년에 약 1,048만 톤이 발생한 것으로 보고되었고 그 규모는 계속 증가하고 있다. 전국에 방치된 폐기물 역시 2020년 8월 기준 150만 톤에 달하며 이 또한 매년 증가 추세를 보인다. 만일 이러한 폐플라스틱 폐기물을 자급 자족형 에너지화 시스템과 연계할 수만 있다면 기존의 소각이나 매립 방식보다 획기적으로 환경적, 산업적인 부가가치를 창출할 수 있다. 이 프로젝트의 최종 목표는 지역 내 재순환을 통한 폐기물 에너지화(poly-generation) 기술의 확보이다. 이를 통해 선택적 열적 변환기술(가스화, 열분해, 연소)을 적용하여 필요한 에너지원을 생산함으로써 에너지 수요 및 가격 변동성에 적극적으로 대응할 수 있다. 이 과제는 폐기물을 이용하여 선택적으로 액체연료 수율, 냉가스 효율, 발열량 1.4배 증가한 고체연료 수율을 모두 50% 이상으로 달성하는 것을 목표로 제시한다.

이러한 목표를 달성하기 위해서는 크게 세 가지 기술이 필요하다. 첫째 BAT로서 고속-기포 순환유동층 기술을 이용하여 선택적으로 폐기물을 열로 변환하는 에너지화 기술인 가스화, 열분해, 그리고 연소함으로써 필요한 에너지 자원을 생산하는 기술, 둘째 내부순환(기포) 유동층 반응기 원천기술 개발을 통해 발열과 흡열 반응 조합을 통해 효율적으로 반응하는 기술, 셋째 DIT로서 다양한 형태와 밀도를 가진 폐기물을 전 처리 없이 반응기 내부에 주입할 수 있는 신개념 Feed 주입 기술 개발이 필요하다. 2027년까지 확보된 기술의 실증 단계를 거쳐 2032년 실제 폐기 사업장에 적용하여 사업성을 확보하는 것을 목표로 제시한다.

직접공기포집을 통한 분산형 이산화탄소 포집 기술 개발

다양한 탄소 전환 제품 생산 및 공급을 위해서는 탄소 배출원에 제약이 없는 분산형 탄소 포집 기술이 필요하다. 특히 발전소 배기가스와 비교하여 낮은 농도의 희박 이산화탄소(10% 농도의 약 1/100인 0.1%) 포집은 매우 높은 수준의 기술이 필요하다. 이 프로젝트는 대기 중 낮은 농도의 이산화탄소 포집 비용 $100/톤 이하를 달성할 수 있는 직접 공기 포집(Direct Air Capture; DAC) 기술 개발 및 고도화를 목표로 한다.

이러한 목표를 달성하기 위해서는 공기 중 수백 ppm 수준의 희박농도 CO_2를 인체 무해한 방식으로 효과적이고 값싸게 포집하는 혁신 소재 개발과 함께 다공성 및 선택성에 기초한 물리적 화학적 흡착 소재, 자기유도변동 흡착 소재, 전기화학적 흡착 소재, 수분 변동 흡착 소재 등을 이용한 혁신기술을 개발해야 한다. 또한, 개발된 혁신 소재와 공정 기술을 적용하여 공기 중 이산화탄소 포집을 위한 시스템의 프로토타입 구성과 실증 연구, 그리고 학교, 기차, 자동차, 가정용, 폐쇄 작업 공간, 터널, 잠수함, 우주선, 환경재난 대피소 등 다양한 응용 분야별로 CO_2 한계농도 제어 실험 연구 및 CO_2 처리시스템 제품화가 필요하다. 최종적으로는 CO_2 활용/전환/광물화 연계 및 직접 공기 포집(DAC)한 CO_2 활용을 통한 CCU(Carbon Capture and Utilization) 전 주기 공정과 시스템(full-chain)을 실증할 수 있어야 한다.

안전성과 경제성을 확보한 차세대 원전 개발

소비자 중심으로 변하는 전력시장에서 재생에너지와 완벽하게 연계될 수 있고 분산형 및 다목적 전원으로도 적합한 차세대 소형 원자로(SMR: Small Modular Reactor)를 적극적으로 개발할 필요가 있다. 2050년 탄소중립을 위해 태양광, 풍력 등 재생에너지의 확대가 꼭 필요하기는 하나, 재생에너지의 불규칙 출력으로 인한 전력망 안정 유지가 현안이 되고 있다. 따라서 온실가스 배출 없이 안정적이고 신뢰할 수 있는 에너지 확보를 위해서는 재생에너지와 원전의 밀접한 협력이 상당 기간 필요할 수밖에 없다.

이를 위해 원전 고장 및 사고 가능성에 대해 주민이 충분하게 안심할 수 있도록 안전성과 신뢰성을 확보하는 등, 시장 진출 기반을 마련하는 것이 필요하다. 예를 들어, 초기 투자비용 축소, 건설 기간 단축, 운영비 절감 등 기존의 대형 원전이나 다른 에너지원과 대비하여 높은 시장경쟁력을 확보하는 것이 필수이며, 분산 전원, 수소 생산, 재생에너지-원자력 융합 시스템 등 원자력 에너지의 다양한 파생시장 구축도 필요하다.

차세대 원전개발 프로젝트의 목표는 고유안전성을 획기적으로 높이고 타 에너지원 대비 시장 경쟁력을 갖춰, 2030년대 세계 원자력 시장을 주도할 수 있는 혁신형 소형원자로를 개발하고 표준설계 인가를 취득하는 것이며 더 나아가 재생에너지-원자력 융합시스템 등 차세대 원자력을 다양하게 활용하는 기술 및 사업모델의 개발도 포함한다.

구체적인 세부 기술 개발 내용으로는 가압경수로형, 4세대 원전 등 혁신형 소형원자로 개발, 데이터 기반 디지털 트윈 개발, 표준설계인가 추진, 4차 산업혁명 기술을 활용한 자율 운전, 모듈 설계/제작/건설 등 안전성 및 경제성 향상을 위한 혁신적인 요소 기술 개발, 그리고 분산 전원, 난방열 공급, 해수 담수화, 수소 생산, 재생에너지-원자력 융합시스템 등 원자력의 다양한 활용 기술 및 사업 모델 개발이 포함되어야 한다.

효과적인 가압경수로형 SMR 프로젝트 추진을 위해서는 2020년 개념 개발을 마치고 2026년까지 기본설계를 기반으로 예비 타당성 심사를 통과한 후 표준설계와 요소기술 개발 및 실험 검증을 거쳐 2028년까지는 최종 표준인허가 심사를 완료하는 것을 기대하고 있다. 한편 미국과 해외 경쟁국들과 SMR 시장에서 경쟁력을 갖추기 위해서는 당초 목표보다 최소 2년 이상의 개발 기간 단축이 필요하다. 이러한 일정을 무리 없이 추진하기 위해서는 과기정통부, 산업통상자원부, 원자력안전위원회 등 관련 정부 부처 협력이 필수적일 뿐 아니라 학계, 연구계 및 산업계가 단일팀을 구성하여 해당 프로젝트를 추진하여야 할 것이다.

더 나아가 가압경수로형 대비 안전을 더욱 높일 수 있는 용융염원자로 등 4세대 SMR 개념기반 핵심 요소기술 개발도 함께 추진하고, 국가 차원의 SMR 추진위원회를 설치하여 국제협력을 조율하도록 하는 것이 바람직하다.

태양광/풍력 소부장 개발 및 제조혁신 플랫폼 구축

글로벌 탄소중립 정책 확대로 인해 태양광, 풍력 등 재생에너지 시장이 급속하게 성장할 것으로 전망되는 반면 우리나라는 현재 중국을 비롯한 재생에너지 산업 선진국보다 가격 및 성능 면에서 열위에 있다. 따라서 가격 경쟁력뿐 아니라 고부가가치 제품 개발과 신시장 창출을 가능케 하는 기술경쟁력을 확보하는 것이야말로 재생에너지 산업의 성장과 새로운 고용 창출의 선결 조건이다.

따라서 태양광과 풍력 등 재생에너지 산업에서 우리나라가 경쟁력을 갖기 위해서는 경제성과 기술력에서 한 단계 앞선 제조혁신 플랫폼이 필요하다. 예를 들어, 실리콘과 페로브스카이트를 이중 접합한 태양전지 소재부품 개발과 장비 제조, 건물 일체형 태양전지(BIPV) 소재부품 개발과 장비 제조, 그리고 대규모 해상 풍력 발전에 필요한 소재부품 개발과 장비 제조를 위한 실증 플랫폼 구축 등이 거기에 포함될 수 있다.

세부적으로는 성능과 활용 측면에서 고부가가치를 생성할 수 있는 전략 아이템의 소부장 제조 실증 플랫폼 구축과 플래그십 프로젝트 추진을 통한 개발 성과 활용 극대화 및 시너지 창출, 그리고 초대형 블레이드(길이 100m, 8 ㎿급), 카본 복합재 부품, 증속기, 발전기, 전력변환기/제어시스템 등 핵심부품의 국산화를 고려할 수 있다.

2025년까지 이러한 제조혁신 플랫폼을 구축하여 2028년까지 요소기술의 조기 상용화를 통한 국산화를 추진함으로써 태양광, 풍력 산업 분야의 경쟁력을 확보하고 글로벌 시장 점유율을 확대할 수 있을 것으로 기대한다.

산업단지의 섹터 커플링(Sector Coupling)* 에너지시스템 개발

전기, 가스, 열 부문 간 공급과 수요가 따로 이루어지는 기존 에너지시스템의 효율 한계를 극복하고 재생에너지의 활용성 강화를 위한 P2G(Power-to-Gas), P2H(Power-to-Heat), 연료전지, 에너지저장장치(ESS), 전기차, 지역난방 등을 융·복합한 컨버전스 에너지시스템이 필요하다. 정부는 분산형 에너지시스템으로의 전환을 위해 분산전원의 송전 혼잡, 송전 건설 회피, 재생에너지 변동성 완화 등 사회적 비용 편익을 정량화하여 가격에 반영하고 산업단지 단위의 전기, 가스, 열에너지 통합 공급과 에너지 서비스를 제공하는 사업자를 육성해야 한다. 이 프로젝트의 최종목표는 산업단지 에너지 디지털 트윈 기술 확보를 통해 재생에너지, 연료전지, 에너지저장장치(ESS), 지역난방 등의 에너지시스템을 최적화하는 기술을 확보함으로써 에너지 전환 효율을 향상하고 산업단지 에너지 플로우를 최적화하는 것이다.

이를 위한 세부 기술로는 첫째 산업단지의 에너지원 별 수요 분석 및 재생에너지 중심 에너지 공급망 최적화를 위한 디지털 트윈(digital twin) 플랫폼 개발, 둘째 산업단지의 대형 보일러 및 EHP(Electric Heat Pump) 개발을 통해 생산설비에서 요구되는 열과 냉난방 공급에 대한 예측 및 운영 최적화 기술 개발, 셋째 산업 부문의 탄소중립을 위한 전기화와 재생에너지로 생산한 전기를 수소와 열로 저장하는 설비의 개발을 들 수 있다.

---

* 섹터 커플링(Sector Coupling): 전기, 가스, 열의 통합을 통해 에너지 효율을 향상하고 저장 가능한 에너지로의 전환을 통해 발전, 난방 및 수송 부문을 연결하는 에너지시스템

2025년까지 핵심 요소 및 시스템 기술을 개발하고 2029년까지 산업단지 에너지플랫폼 구축 및 경제성 검증을 거쳐 2030년 산업단지 에너지 효율화 40% 개선을 목표로 실증을 추진하는 목표를 제시한다.

분산에너지 기반 커넥티드 커뮤니티(Connected Energy Communities)* 구축

2050년 탄소중립 실현을 위해서는 제로에너지 건물을 확대하고 커뮤니티 내 분산에너지를 공유하여 개별 건물에너지 효율 한계를 넘는 커뮤니티 차원의 에너지 최적화가 필요하다. 이는 개별 주택 단위의 분산자원 도입의 합보다 적은 비용으로 단지 단위의 에너지 생산 및 저장 시설을 공유함으로써 주민 수용성을 높이고 주민참여형 이익 공유 실현이 가능하기 때문이다.

이 과제는 개별 건물 내부의 분산에너지 시스템과 수요 관리를 넘어 커뮤니티 차원의 에너지 최적화를 꾀하고, 더 나아가 전국 주요거점별 커넥티드 커뮤니티 구축을 통해 시민의 탄소중립 도시 체험 및 새로운 에너지 서비스 경험 확대를 목표로 한다. 이를 달성하기 위해서는 첫째 에너지 비용 절감, 온실가스 저감, 커뮤니티 탄력성(resilience) 등 탄소중립 도시 구현을 위한 분산에너지 최적화 기술, 둘째 태양광, 연료전지, 지열, ESS, 축열 시스템 등 다양한 이종 분산에너지의 실시간 연결을 위한 커넥티드 커뮤니티 ICT 융합 기술, 셋째 소비자가 보유하는 분산형 에너지 자원의 시장 참여에 대한 인센티브를 반영한 요금제 등 소비자의 참여 촉진과 기존 에너지 공급사의 역할 변화를 유도하는 신산업 비즈니스 모델 개발이 필요하다.

2024년까지 최적 설계 및 운영 표준기술을 확보하고 2027년까지 소규모

---

* Connected Energy Communities: 커뮤니티의 건물 간 전력 및 열 그리드와 통신을 연결하고 분산에너지 자원 (DER)을 최적 관리하여 전력과 열 그리드의 효율 개선 및 온실가스의 저감을 목표로 한다.

커뮤니티 운전 및 소비자 시장 참여 실증을 거쳐 2032년까지 도시 단위 에너지 자립도 90% 달성을 목표로 제시한다.

그린에너지 마켓플레이스 플랫폼 개발

모든 경제 주체의 탄소중립 참여를 통해 2050년 탄소중립 목표를 달성하기 위해서는 다양한 수단*에 대한 복잡성을 해소하는 포트폴리오 설계와 정책 이행 후 검증을 통해 투자를 회수하는 시스템이 필요하다. 기업의 탄소중립 투자 확대와 소비자의 탄소중립 제품 선택을 촉진하는 시장개발 및 인센티브 제공이 그 예가 될 수 있다. 구체적 수단으로는 기업의 탄소중립 이행을 위한 다양한 수단을 조합한 실행 포트폴리오 설계 및 운영 기술, 그리고 탄소중립 목표 이행 검증을 위한 디지털 기반 인증시스템과 소비자 보상(Payback) 체계 구축이 요구된다.

목표로는 2030년까지 탄소중립 제품 1,000개, 달성 기업 100개를 설정하여 추진할 것을 제안한다. 이러한 목표를 달성하기 위해서는 기업의 탄소중립 실천을 위한 진단, 목표 설정, 투자계획, 운영 효율화, 탄소 절감 산출기준 기술 개발과 탄소중립 인증 제품 구매촉진을 위한 보조금 제도 운영 및 무탄소 인센티브 시스템 개발이 필요하다.

구체적으로 2024년까지 재생에너지와 수요 관리 빅데이터 시스템을 구축하고, 산업 및 건물의 효율적인 탄소중립 설계 기술, 탄소중립 인증 시스템 기준 수립, 배출량제로 에너지 시스템 설계를 완료한다. 2단계로 2027년까지 산업 및 건물의 탄소중립 전환 에너지 시스템 구축과 탄소중립 에너지 시스

---

* 다양한 수단이란 RE100, 효율 향상 · 수요 관리, 제로에너지 건축물, 전기차 · 수소차 · 스마트 에너지 시티 등을 포함한다.

템 운전 그리고 에너지 종합 성능 시험평가 인증체계 개발과 생애주기별 성능, 품질 인증, 등록 관리 플랫폼을 개발한다. 이어 2028년 이후에는 탄소중립 달성 소비자 빅데이터 시스템과 빅데이터 기반 국가 탄소중립 포트폴리오 및 컨설팅 시스템을 구축하고 산업체 탄소 저감 검인증 체계와 함께 탄소배출 저감 활동 모니터링 서비스를 개발한다.

플러스 에너지 커뮤니티를 통한 탄소중립 도시(Carbon Neutral City) 건설

온실가스를 다량 배출하는 도시 단위의 대책으로서 플러스 에너지 커뮤니티 구축이 필요하다. 저에너지 주택 및 건물의 에너지 효율성 향상과 이를 연결한 커뮤니티 구성 기술을 활용하면 기존 시설을 유지하여 비용을 낮출 수 있기 때문이다.

이 프로젝트의 최종목표는 건축물 에너지 효율 향상 및 플러스 에너지 커뮤니티 구축을 통해 넷제로 시티를 구현하는 것이며, 구체적으로는 2030년까지 넷제로 탄소, 제로웨이스트 도시를 10개 구축하고 도시 재생에너지 생산, 저장, 변환, 예측, 최적화 관련 신산업 창출 및 혁신 생태계를 조성하는 것이다.

이러한 목표를 달성하기 위해 필요한 세부 기술로는 첫째 건물, 자동차, 전자기기, 도로 및 열전, 압전 등 활용 에너지 포집 및 저장 기술을 포함하는 에너지 하베스팅 기술, 둘째 배터리, 수소, 태양 등을 활용한 도심 내 친환경 에너지 생산기술, 셋째 분산에너지 자원을 최적 관리하는 연결형 커뮤니티 기술 등을 들 수 있다.

1단계로 2026년까지 도심형 에너지 생산기술을 고도화하고, 2032년까지 2단계로 요소기술 상용화 및 ICT 기술 융합을 실현하고 2040년까지 클러스터

단위 실증 및 탄소중립 시범 도시 구축 및 통합을 실증하는 목표를 제시한다.

3. 프로젝트 성공을 위한 정책적 조건

추진조직

ETS 메가프로젝트, 즉 에너지환경 관련 G5 메가프로젝트는 앞서 언급한 바와 같이 범정부적인 추진 조직체가 필요하다. 공학한림원에서는 〈그림 8-2〉와 같이 대통령 직속의 G5 전략위원회를 구성하고 산하에 관련 정부 부처 인력들이 태스크포스 형태의 ETS 사업단을 실무전담조직으로 운영하되 국내외 기술전문가와 공학한림원의 자문을 받도록 하는 것을 제안한다. 실무전담조직에는 추진 업무의 특성에 따라 탄소중립 기술 개발, 융·복합 산업 클러스터 구축, 실증 및 표준화, 국제협력과 인력양성의 4개 분과를 전담하는 인력이 배치되는 것이 바람직하다.

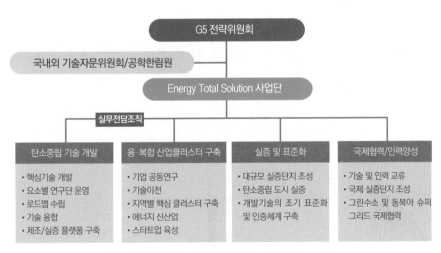

〈그림 8-2〉 에너지환경 G5 메가프로젝트 추진 조직(안)

ETS 메가프로젝트 로드맵

2030년까지 우리나라의 온실가스 감축을 위한 목표와 계획은 〈그림 8-3〉과 같이 전력, 산업, 건물, 수송 등 분야별로 구체적으로 설정되어 있다. 그러나 그 이후 2050년까지 탄소중립 목표 달성을 위해 어떤 경로를 선택할지 아직 계획이 확정되어 있지 않다. 기후변화에 능동적으로 대처하기 위해서는 탄소중립에 공격적인 붉은색 경로가 바람직하겠지만 이는 우리나라 산업 경쟁력과 에너지환경 분야 투자에 대한 막대한 부담을 주는 반면 보수적인 녹색 경로는 지구 기후환경 개선에 그리 바람직하지 않다. 가장 최선의 선택은 기술 기반의 탄소중립을 실현하는 것이며, 바로 현재 가용할 수 있는 BAT와 향후 가능한 DIT의 개발 상황을 고려하여 온실가스 감축 경로를 설계하는 것이다.

이를 위해 ETS 메가프로젝트에서 제안하는 로드맵은 〈그림 8-4〉에 제시되어 있다. 앞서 ETS 11개 세부 프로젝트의 기술 개발 상황과 기술 간 융합을 고려하여 10년 단위의 장기적인 계획을 수립한다면 2030년까지는 기술성숙도(TRL: Technical Readiness Level) 6 이하의 BAT 개발과 기술성숙도 7 이상의 BAT 기술에 대한 실증, 그리고 기술성숙도 3 이하의 DIT 개념을 발굴하는 것이다. 그 후 2030년에서 2040년까지는 기술성숙도 7 이상의 BAT에 대한 상

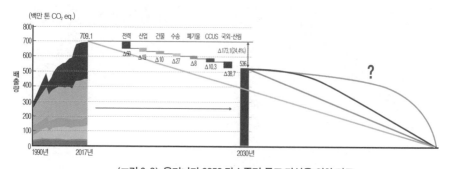

〈그림 8-3〉 우리나라 2050 탄소중립 목표 달성을 위한 경로

현재 ~ 2030년	2030년 ~ 2040년	2040년 ~ 2050년
BAT 실증(TRL 6 이하) BAT 실증(TRL 7 이상)	BAT 상용화(TRL 7 이상)	실증된 BAT 확산 전개
DIT 개념 발굴(TRL 3 이하)	DIT 개발 (TRL 6 이하)	DIT 실증(TRL 7 이상)

〈그림 8-4〉 ETS 메가프로젝트 로드맵

용화와 기술성숙도 6 이하의 DIT를 개발하고, 나머지 2050년까지는 실증된 BAT에 대한 산업 현장에서의 확산 전개와 기술성숙도 7 이상의 DIT를 실증하는 것을 목표로 한다.

정책 혁신 방안

ETS 메가프로젝트의 성공적 추진을 위해 다음 6가지의 정부 정책 혁신 방안을 제안하고자 한다. 앞서 언급했듯이 에너지환경 산업의 획기적인 구조 전환을 위해서는 규제 중심에서 진흥 중심으로, 단기적인 관점보다 장기적으로 안목에서, 그리고 국내 시장 위주에서 글로벌 시장으로 확장하는 과감한 정책 방향이 전제되어야 한다.

첫째, 에너지 관련 제도의 개선과 시장 시스템의 혁신이 필요하다. 현재 중앙집중형 에너지시스템을 개방하여 망 중립성을 확보해야 한다. 또한, 불필요한 규제의 완화 및 새로운 시장시스템의 도입을 통해 에너지 영역별 공기업 중심의 칸막이 에너지 정책으로부터 공기업의 역할(인프라 투자)과 민간의 역할(신산업 투자)을 구분함으로써 효율성과 성장 동력 창출 추진이 가능한 정책으로 과감히 전환할 필요가 있다. 보다 구체적으로는 자가소비(Self-consumption) 인센티브, 한국형 RE100, 직접 거래제(P2P Trading), 탄소세(Carbon Tax), 탄소발자국(Carbon Footprint), 배출권거래제(Cap & Trade) 등을 신규 도입하거나 확대할 필요가 있다.

둘째, 에너지 신기술 및 신사업의 캐즘(chasm)을 극복하기 위해서는 이를 실효적으로 지원할 수 있는 녹색금융 투자 확대와 제도 개혁이 필요하다. 현재 금융기관의 보수적인 프로젝트 파이낸싱의 한계를 과감히 탈피하여 고위험(high-risk) 투자 및 위험공유(risk-sharing) 투자, ESG 기반 투자 등 녹색금융 투자가 확대될 수 있어야 한다. 이를 위해 투자 회수 및 투자 안정성이 가장 중요한 금융지표인 현 금융시스템을 탈피하여 녹색금융 행위 자체가 투자금융기관의 ESG 성과 지표로 활용되는 등 다양한 형태의 녹색금융 제도 개혁이 필요하다.

셋째, 탄소중립과 신성장동력 창출을 지향하는 그린에너지 대전환이라는 국가적 목표를 과학 기술적으로 구현하기 위해 관련 R&D 규모를 획기적으로 확충하고 이를 전략적으로 하향식 추진이 가능하도록 공동 개발 플랫폼의 구축과 함께 관련 소부장 R&D 프로젝트와 연계를 통해 실증 R&D 프로젝트가 확대되도록 노력해야 한다. 또한, 기술 개발의 추진에 있어 기술계층, 플랫폼계층, 제품/서비스계층의 기술 개발이 유기적으로 융합될 수 있도록 R&D 방식과 거버넌스를 개선하여야 한다.

넷째, 신기술이 탑재된 새로운 에너지시스템 및 토탈 에너지 솔루션을 보급하기 위해서는 정부의 공공 조달(procurement)에 기반한 초기 시장 창출이 매우 중요하다. 배터리 전기차, 수소전기차나 연료전지발전소의 초기 시장을 정부 조달을 통해 열어주는 것이 대표적인 예라 하겠다. 위에 기술된 11개 세부 프로젝트와 관련된 보급기술이 조기 상용화되고 구현되기 위해서는 정부의 공공조달 역량을 통해 조기 수용자(early adopter)를 육성하고 민간의 자발적인 참여를 촉진할 필요가 있다.

다섯째, 차세대 원전 개발 및 해외원전 수출 관련 한-미-일 협력, 에너지 고립섬 탈피를 위한 동북아 슈퍼그리드, 한-러시아 가스 망 연결, 해외 그린 및 블루 수소 도입 등 관련 에너지 분야의 국제협력을 강화하고 확대해야 한다. 또한, IEA와 같은 에너지 관련 국제기구 활동에 적극적으로 참여하여 국제 에너지 무대에서 한국의 위상을 높이고 각 분야를 선도하는 리더를 육성함으로써 우리나라의 리더십을 확대할 필요가 있다.

마지막으로 탄소중립을 위한 친환경 관련 기술과 안전성, 경제성 등에 대한 객관적인 정보와 사실을 기반으로 관련 전문가와 정책 결정자들이 국민 소통을 강화하여 올바른 인식의 제고와 교육 홍보가 가능하도록 해야 한다. 또한, 의사결정 시스템의 재정비를 통해 집단지성이 작동하는 형태, 그리고 중요 사안은 국민의 동의를 구하는 절차를 확립할 필요가 있다. 이로써 기후 및 환경변화와 에너지 구조 전환 과정에서 불필요한 이념적 갈등과 사회적 비용을 줄여 2050년 탄소중립 목표를 달성하고 우리 산업의 미래 경쟁력을 강화하는 계기가 되어야 할 것이다.

제9장
HFM(Hyper Fleet Mobility) 메가프로젝트

1. 글로벌 모빌리티 전개 현황과 전망

전 세계적으로 빠르게 진전되고 있는 세 가지 대전환에 의해 가장 크게 영향을 받는 산업 중 하나가 바로 자동차산업이다. 이미 오프쇼어링 형태의 글로벌 생산구조로 오랜 기간 자리 잡은 업종이 자동차산업이고, 탄소중립이라는 거대한 쓰나미를 동반하고 있는 그린에너지 대전환의 한복판에 자리한 업종도 자동차산업이며, COVID-19의 영향으로 가장 큰 타격을 받으면서 모빌리티 수요의 구조적 전환에 직면하고 있는 동시에 시장으로부터 디지털 대전환의 압박을 가장 크게 받는 업종도 역시 자동차산업이다. 이렇게 뿌리부터 흔들리고 있는 글로벌 자동차산업은 현재 다각도로 출구를 모색하고 있으며, 그 대표적 영역이 미래 모빌리티 시장이다.

KPMG 글로벌이 발간한 서베이 조사에 의하면, 2030년까지 자동차산업의 미래 전개 방향을 주도할 트렌드는 〈그림 9-1〉과 같다. 이 중 2020년 현재의 순위를 보면 1위 배터리전기 모빌리티, 2위 커넥티비티(connectivity)와 디지털화, 3위 연료전지 모빌리티(Fuel cell electric mobility), 4위 하이브리드 모빌리티, 그리고 5위 개도국 모빌리티 시장의 성장 등이다.[*] 이를 기술관점에서 보면 일명 CASES, 즉 'Connectivity(연결성), Autonomous(자율주행), Shared & Service(공유서비스), Electrification(전동화), 그리고 Smart UX(스마트 유저인터페이스)로 요약할 수 있다.[**]

---

[*] 삼정 KPMG, Global Automotive Executive Survey 2020, Extended Summary, 2020년 7월.
[**] CASES는 다임러 CEO인 Dieter Zetsche의 4가지 특성, CASE에 이우종(전 LG전자 사장)이 Smart UX를 더해 확장한 것이다.

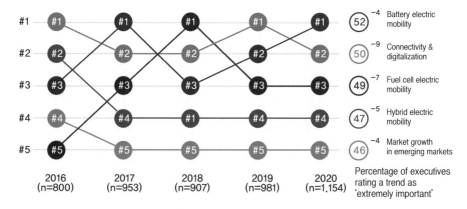

#1	#1	#1	#1	#1	(52) −4	Battery electric mobility
#2	#2	#2	#2	#2	(50) −9	Connectivity & digitalization
#3	#3	#3	#3	#3	(49) −7	Fuel cell electric mobility
#4	#4	#1	#4	#4	(47) −5	Hybrid electric mobility
#5	#5	#5	#5	#5	(46) −4	Market growth in emerging markets

2016 (n=800) 2017 (n=953) 2018 (n=907) 2019 (n=981) 2020 (n=1,154)

Percentage of executives rating a trend as 'extremely important'

〈그림 9-1〉 2030년까지의 자동차산업 핵심 트렌드 변화
Source: KPMG' Global Automotive Executive Survey 2020

이러한 광의의 전동화 추세에 따라 전 세계 자동차 회사들은 앞다투어 전동화 전략을 발표하고 있다. 예컨대 GM은 2023년까지 BEV* 20종 출시, 포드는 2030년까지 전기차 판매 비중을 40%, 세계 4위의 스텔란티스(푸조, 시트롱, 피아트, 크라이슬러 등 14개 브랜드 소유)는 2025년 이후 모든 신차는 전기차로 생산하기 위해 300억 유로 투자, 토요타는 2025년까지 xEV** 10종 출시, 현대기아는 2025년까지 BEV 11종을 포함해 xEV를 23종의 출시를 발표했으며, 유럽의 폭스바겐은 2025년까지 BEV를 무려 50종, PHEV(Plug-in Hybrid Electric Vehicle)/HEV(Hybrid Electric Vehicle)를 30종 출시하겠다고 발표했다. 이러한 자동차 시장의 전동화 전환은 다임러, BMW, 볼보 등도 예외가 아니다. 다임러는 2030년부터 전기차만 판매한다고 최근 21년 7월에 발표하였다.

자동차산업에 예고되는 이러한 대전환의 원동력이 탄소중립에 있음은 이견의 여지가 없다. 실제로, 온실가스 배출의 주범으로 자동차 배출가스가 거론되고 있는데, 참고로 유럽연합의 총 온실가스 중 수송부문이 27%이고 이

---

* BEV: Battery Electric Vehicle 순수 전기차
** xEV: 여러 종류의 전기차 형태를 지칭

중 44%가 자동차에 기인한다고 한다. 특히 2015년 야기된 폭스바겐의 디젤게이트 사건은 탄소중립의 대안으로서 순수 전기차의 위상을 현실화하였다. 2018년 발표된 EFTE(European Federation for Transport and Environment) 보고서는 파리 기후협약 기준을 만족시키려면 늦어도 2050년 수송부문의 배기가스가 Zero화 되어야 하고, 이를 위해선 늦어도 2035년에는 배출가스 Zero인 차량(ZEV)만 판매되고, 2035년 이전에 팔린 내연기관 차량을 소멸시켜야 한다고 기술하고 있다. 이에 유럽연합 집행위원회는 21년 7월에 2035년에는 내연기관차를 완전 퇴출하고 탄소 국경세를 도입하기로 최종적으로 결정하였다. 참고로 해당 보고서에서는 ZEV 대안으로서 순수 전기차가 최적임을 적시하고 있다.

전동화가 현실적 솔루션으로 등장한 배경에는 수요 측면에서는 성능과 편리성 측면에서 기술의 우월성, 그리고 생산 측면에서는 배터리 기술의 획기적 발전이 있었다. 〈그림 9-2〉는 일본 NEDO(New Energy and Industrial Technology Development Organization)가 전망한 2008년 이후 배터리 기술의 발전전망 대비 현실에서 구현된 성능 수치를 보여주고 있다. 배터리 기술의 획기적 발전속도가 시장전망치보다 빠르게 진전되고 있다. 아울러, 가속화된 전기차 전용 플랫폼 개발은 기존의 내연기관차보다도 우수한 제반 성능, 예를 들면 엔진 탑재 공간이 없어지면서 차량 앞뒤 차축 간의 거리, 즉 축거가 확대되어 실내 공간이 대폭 증대되었고, 성능 측면에서도 전동 모터가 갖는 장점을 최대한 활용하여 탁월한 출발 가속 및 진동소음 성능을 제공할 뿐만이 아니라, 배터리를 차체 중앙 하단에 배치함으로써 무게중심을 낮추고 전후 배분을 최적화하여 차량의 핸들링 및 승차감도 대폭 개선되었다.

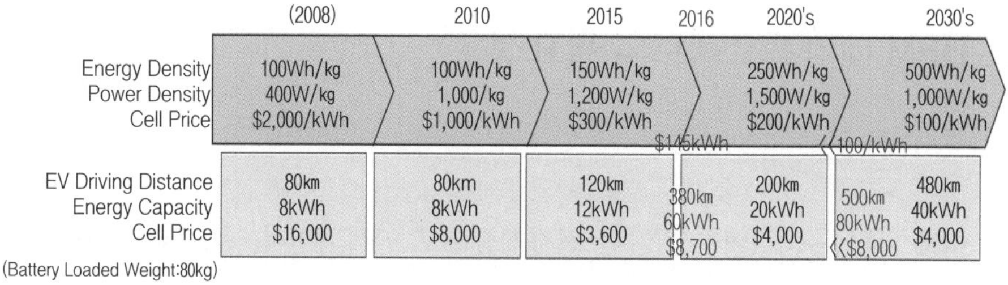

	(2008)	2010	2015	2016	2020's	2030's
Energy Density Power Density Cell Price	100Wh/kg 400W/kg $2,000/kWh	100Wh/kg 1,000/kg $1,000/kWh	150Wh/kg 1,200W/kg $300/kWh	$145kWh	250Wh/kg 1,500W/kg $200/kWh	500Wh/kg 1,000W/kg $100/kWh <100/kWh
EV Driving Distance Energy Capacity Cell Price	80km 8kWh $16,000	80km 8kWh $8,000	120km 12kWh $3,600	380km 60kWh $8,700	200km 20kWh $4,000	500km 80kWh <$8,000 / 480km 40kWh $4,000

(Battery Loaded Weight:80kg)

〈그림 9-2〉 배터리 기술의 발전전망 대비 실제 성능개선 속도[*]

전동화와 더불어 현재 전 세계 자동차업체들이 치열하게 경쟁하고 있는 영역은 자율주행, 통신 연계화 및 스마트 UX 영역이다. 자율주행 관련해서는 미국 자동차학회(SAE)가 제시한 단계를 기준으로 현재 기술 수준은 Level 2.5에 해당한다. 이는 운전자의 손과 발에 의한 조작 기능은 자동화 가능하나 아직은 눈, 즉 시선을 완전 자율화하기에는 여러 제약이 있다는 의미이다. Level 5, 즉 운전자가 필요하지 않은 완전 자율주행까지는 아직 풀어야 할 여러 기술적 난관이 있는 것은 사실이나 무엇보다 제도적 난관 극복과 사회적 합의가 병행적으로 추진되어야 할 것이다. 아울러, 차량의 통신 연계화 및 스마트 UX는 스마트폰으로 촉발된 기술을 자동차에 연계 확대 적용하는 기술적 추세인지라, 자율주행과 더불어 차량의 전기전자화를 가속하면서 자동차 산업의 경쟁요소와 부품 공급사슬(supply chain)을 송두리째 바꾸고 있다.

---

[*] 2008년 일본 NEDO의 전망에 현재 진행되는 성능 실적을 반영하였음.

2. HFM 메가프로젝트의 필요성

이제 차량은 움직이는 커다란 전자제품으로 인식되면서, 글로벌 경쟁력을 높이기 위해서는 다음에 열거한 경쟁력 결정요인에 주목할 필요가 있다.

■ 소프트웨어 개발 능력이 경쟁력을 좌우하게 되었다. 따라서 효율적 개발을 위한 Agile 개발 방법론이 도입되면서, Water Fall 개발방식으로 운영되어 온 하드웨어 중심의 전통적 자동차 개발 방식과 조화로운 통합이 전체 개발 과정의 효율성을 지배하게 되었다.

■ 자동차에 필요한 전자 컨트롤 장치(ECU)가 수백 개에 달함으로써 이를 효율적으로 통폐합하는 아키텍처, 즉 전기전자 아키텍처(E&E Architecture)가 진화하고 있으며 기능 도메인 영역별(통상 3~5개 영역) 통합형으로 변모하고 있다. 궁극적으로는 차량 전체를 담당하는 하나의 컴퓨터가 전 영역을 커버하는 중앙집중형 아키텍처로 발전하고 있다.

■ ECU의 급증은 필요한 반도체의 급증으로 이어지는데 현재 차 한 대당 200~300여 개에서 자율주행 Level 3 이상 도입 시에는 2,000여 개 이상으로 확대되리라 예상한다. 따라서 2021년 전반에 자동차산업이 겪고 있는 차량용 반도체 부족 사태는 빙산의 일각으로 초기적 예고에 불과하고 이러한 추세는 지속할 것으로 보인다.

■ 완전 자율주행을 실현하기 위해서는 크게 두 가지 기술이 필요하다. 하나는 차량에 장착된 각종 센서를 기반으로 주변의 정보를 정확하게 인식하는 것이고, 다른 하나는 지도 및 통신 기능을 이용하여 보이지 않는 영역

에 대한 정보를 입수하고 처리하는 것이다. 따라서 센서와 통신 연계기술 간의 조율(harmonization)이 필수적이다. 아울러, 원가를 고려한 센서 조합의 최적화가 경쟁력에 중요 요소로 작용할 것이다.

- 자율주행의 경우 가장 보편적 주행 정보는 카메라를 통한 영상인식 데이터이다. 그런데 자율주행에 있어 안전은 선택이 아닌 필수 요소이기에 이를 담보하는 충분한 양의 데이터가 필연적이고 이를 통한 인공지능 알고리즘 개발이 경쟁력인 것이다. 결국, 데이터의 우수성이 경쟁력으로 직결되는데 이에 필요한 데이터 수집 및 정비(통상 Labeling 작업이라 칭함)를 효율화하는 프로세스 정립이 보이지 않는 핵심 요소다. 참고로 전 세계를 대상으로 한 영상인식 데이터를 수집하는 데에는 수년간 엄청난 자원이 소요되며, 그 데이터의 규모는 적어도 수십 페타바이트에 이른다.

- 스마트폰의 대중화로 인한 편리한 사용자 중심의 UX는 자동차산업에도 엄청난 영향을 미친다. 실제로 이는 차량용 인포테인먼트를 개발, 공급하는 산업에 일대 전환을 가져오고 있다. 이제 차량 내에서 운전자와 승객이 사용하는 각종 기기는 마치 스마트폰과 같은 효율성을 제시하여야 상품성이 인정된다. 이에 따라 소프트웨어 및 하드웨어 기술은 스마트폰과 같은 방향으로 진화하고 있다. 하드웨어는 디스플레이, 반도체 등이 그 중심에 있고 소프트웨어는 운영체계, 미들웨어, 응용프로그램이 차량에 특화되어 발전하고 있다. IT업계의 선두 주자인 애플과 구글은 이미 차량용 운영체계인 '카플레이'와 '안드로이드 오토'를 판매하고 있고, 이에 대항하여 자동차업계에서는 자신만의 고유 운영체계를 개발하여 대항하고 있다. 현대차그룹은 자체 개발한 운영체계 CCOS(Connected Car Operating System)를 내년부터 전 차종에 확대 적용하여 구글 의존도를 줄인다고 발표한 바 있다.

글로벌 자동차산업이 대대적인 구조 전환의 위협에 직면하여, 전동화, 통신 연계, 자율주행, 그리고 스마트 UX의 방향으로 전환하는 것과는 달리, 시장목표를 아예 광의의 모빌리티 시장으로 확장하려는 노력도 매우 활발히 진행되고 있다. 모빌리티 시장이 태동한 초기에는 미국의 우버, 리프트 및 중국의 디디추싱, 그리고 동남아시아의 그랩 등과 같이 승차 공유가 폭발적 성장을 거듭하면서 주목을 받았다. 그러나 코로나 사태로 승차 공유 사업이 급속도로 기울면서 모빌리티 시장은 새로운 형태의 서비스 사업으로 전환하고 있다. 승객의 모빌리티 욕구를 door-to-door로 분해 분석하여 예컨대 택시를 비롯한 다양한 호출 서비스와 킥보드와 같은 근거리 이동수단 제공을 포함하여 모빌리티 전반의 효율성을 높이는 방향으로 선회하고 있는 것이다.

이와 함께 이동만이 아닌 물류, 배달, 공간이용 서비스를 포함하는 영역 확대도 시도되고 있다. 여기에는 자동차의 용도 자체를 소유형에서 구독경제 기반의 공유형으로 전환하여 새로운 모습의 모빌리티 차량을 설계하려는 시도, 자동차 중심의 모빌리티 시장을 택시, 버스, 트럭, 특수 수송 차량과 같이 수요 특성을 달리하는 영역으로 확장하려는 시도, 더 나아가서는 일명 UAM(Urban Air Mobility)과 같은 새로운 신시장을 개발하려는 시도가 모두 포함된다. 이러한 시도는 향후 물류수송에 특화된 물류 전용 드론(drone) 시장, 해상에서의 다양한 선박이나 시설물을 전동화하는 시장(e-Boat) 그리고 미국의 일론 머스크가 시도하고 있는 하이퍼루프(hyperloop)와 같은 혁신적 모빌리티 인프라 시장으로도 확장될 것으로 예상한다.

〈표 9-1〉은 지난 3월 국토부가 제시한 UAM의 미래 청사진을 요약한 표로, 2025년 상용화를 목표로 한 로드맵이다. 현대자동차는 UAM 사업부를 신설하여 사업을 추진하고 있는데, 현실적으로 Flying Car를 실현하기 위해서는 지상 10km까지 관제가 요구되어 6G 통신이 필수이며, 안전성 기준을 비롯한

구분		초기(2025~)	성장기(2030~)	성숙기(2035~)
기체	속도	150㎞/h(80kts)	240㎞/h(130kts)	300㎞/h(161kts)
	거리	100㎞(62 miles)	200㎞(124 miles)	300㎞(186 miles)
	조종형태	조종사탑승	원격조종	자율비행
항행/교통	교통관리체계	유인교통관리	자동화+유인교통관리	완전 자동화 교통 관리
	비행 회랑	고정식	혼합식	혼합식
버티포트	노선/버티포트	2개/4개소	22개/24개소	203개/52개소
	이착륙장/계류장	4개/16개	24개/120개	104개/624개
기타	기체가격	15억 원	12.5억 원	7.5억 원
	운임(1인, ㎞당)	3,000원	2,000원	1,300원

소음 및 보안과 같은 분야의 각종 규제의 정비가 선행되어야 할 것이다.

이상에서 살펴본 바와 같이 자동차산업의 변화는 산업 탄생 이래 가장 빠르게 전개되고 있다. CASES로 요약되는 이러한 변화가 대중적으로 거론된 지도 벌써 5년이 지났고 그 실체가 제품화되어 실증되고 있는 과정이다. 그 결과 이를 종합화하여 광의의 서비스 사업으로서 전개되는 미래 모빌리티 시장의 조속한 개발 및 안착이 시급하게 되었다. 특히 이를 가능하게 하는 각종 산업환경 조성 및 규제 정비, 그리고 표준화에 이르기까지 이 분야 시장개발 경쟁에서 한번 뒤지면 미래 시장에서 배제되어 시장 참여가 원천적으로 차단될 것이다. CASES의 요소기술이 점차 윤곽을 드러내면서 이를 효과적으로 전개할 수 있는 토양이 필요하다. 테슬라 및 우버와 같은 이 분야 선도 기업이 미국에서 탄생하였다는 것은 결코 우연이 아니다.

우리나라의 대중 교통시스템은 어떠한가. 한국의 대중 교통시스템이 어느 나라보다 경쟁력을 가질 수 있게 된 것은 단순히 요소기술의 우위에서가 아니라 실질적이고 궁극적인 목표 시장과 수요를 분석하고 이를 가능하게 하는 각종 시스템과 환경을 적기에 조성했기 때문이다. 이러한 성공사례에 기초하여 모빌리티 산업의 국가적 성공을 위해서 G5 메가프로젝트의 하나로 HFM(Hyper Fleet Mobility) 메가프로젝트를 제안하는 것은 이러한 절박함에서 비롯된 것이다. 지금이야말로 미래 모빌리티 시장을 재조명하여 필요한 기술과 인프라를 적기 적소에 제공함으로써 시장 창출 면에서 글로벌 주도력을 가질 수 있는 절호의 기회이다.

3. HFM 메가프로젝트의 내용과 구성

글로벌 모빌리티 시장의 전개 전망을 고려할 때, 이 시장에서 우리나라가 선두에 나서면서 자동차산업의 구조 전환을 이끌 메가프로젝트를 구상하여 추진할 필요가 있다. 그 추진 목적에 부합하는 메가프로젝트를 구상하고 기획하기 위해서는 산업 생태계적 관점에서 충족되어야 할 전제조건이 있다. 이를 간략하게 도식화하면, 〈그림 9-3〉과 같다.

이미 설명한 바와 같이 자동차산업의 대변화는 기술적 영역 측면에서 CASES로 요약되는데 이러한 영역의 전개가 갖는 특성적 측면을 고찰하여 보면 CASESM으로 함축할 수 있을 것이다. 즉 영역 간 융·복합(Convergence)이 영역 간 플레이어들의 합종연횡(Alliance)을 동반하면서, 근간에 소프트웨어(Software) 및 전기전자 아키텍처(E&E Architecture)가 핵심 기술로 부상하지만 이에 필요한 자원 투입 규모가 대규모(Scale Merit)이기에, 필연적으로 이를 지배하는 초대형 부품사(Mega Supplier)가 등장한다는 것이다. 그리고 이러한 특성을 가진 미래 모빌리티 시장에서는 기존의 구태의연한 자동차산업의 수직적 계열화 개발방식은 힘을 못 쓰게 되고 결국 수평적 협업 개발 문화를 지향하는 사업자가 승자가 된다는 것이다.

영역: CASES	특성: CASESM	개발문화
• C: Connected • A: Autonomous • S: Sharing & Service • E: Electrification • S: Smart UX	• C: Convergence • A: Alliance • S: Software • E: E/E architecture • S: Scale Merit • M: Mega supplier	수직적 계열화 개발문화 ⬇ 수평적 협업 개발문화

〈그림 9-3〉 모빌리티 메가프로젝트가 성공하기 위한 전제조건

따라서 이러한 대변환의 추세에 부합하면서 정책적 실행력을 갖기 위해서는 다음 사항들을 메가프로젝트에 적극적으로 반영할 필요가 있다.

■ 자동차산업의 변화추세인 CASES는 수송산업 전반으로 확장될 것이다. 전술한 유럽의 EFTE 보고서에 의하면, 탄소 배출량의 27%가 수송산업에서 기인하기에 전동화의 필요성은 수송산업 전반에 해당된다. 따라서 메가프로젝트의 시장을 수송산업 전반, 즉 AGW(Air, Ground, Water)로 확장하여 친환경적 탄소중립 모빌리티를 구현해야 한다.

■ CASES는 동시다발적으로 진행되는 흐름이고, 이를 구현하는 데 필요한 투자는 유례없는 거대한 규모이다. 차량 공유서비스 플랫폼 업체인 미국의 우버와 리프트가 초기에 자율주행 기술에 투자를 시도하였으나, 엄청난 규모의 자금 소요를 견디지 못하고 끝내는 이를 오로라 및 도요타에 매각하고 말았다. 자율주행뿐만 아니라 여타 기술도 개별 수송업계나 자동차업체가 선도하기에는 자원과 역량이 부족하고, 글로벌 사업자와 제대로 경쟁할 수도 없다.

■ 정책적 실현성을 고려할 때, 승용시장보다는 정부의 기획/개입과 자원 지원이 가능한 공공수송(Public Fleet Mobility) 분야에서 우선으로 메가프로젝트를 기획, 추진하는 것이 바람직하다. 특히 구성 요소기술을 정당화하는 데이터를 한국에 맞게끔 특화함으로써 불필요한 자원의 낭비를 방지하고 요소기술 개발에 자원투입을 최적화함으로써 개발단계에서 경제성을 담보할 수 있다.

■ 표준화를 통해 호환성의 문제를 해결하고 공통의 아키텍처, 플랫폼을 추구함으로써 CASES 통합성, 공공성, 친환경성, 그리고 범부처성을 갖도록

한다.

이러한 사항들을 고려하여, 한국공학한림원이 모빌리티 영역에서 제안하고자 하는 메가프로젝트는 Hyper Fleet Mobility, 줄여서 HFM 메가프로젝트이다. 이는 하나의 미래지향적 모빌리티 생태계 아키텍처를 구축하고, 이를 기반으로 5개 대표적인 HFM(Hyper Fleet Mobility) 프로젝트를 선정하여 실행하자는 제안이다. HFM 프로젝트는 공통의 아키텍처를 기반으로 e-고속버스 (e-Highway Bus), e-수송트럭(e-Delivery Truck), e-수직이착륙기(e-VTOL: electric vertical take off and landing), e-선박(e-Boat) 그리고 e-드론(e-Drone)의 다섯 가지 모빌리티 모드로 구성된다. 〈그림 9-4〉는 우선 HFM 프로젝트의 표준 아키텍처를 도식화하여 보여주고 있다.

이에 따르면 궁극적으로 HFM 아키텍처가 제공하는 것은 육해공(AGW: Air, Ground, Water) 인프라로서 고객이 사용하는 플랫폼과 이를 실현하는 기술적

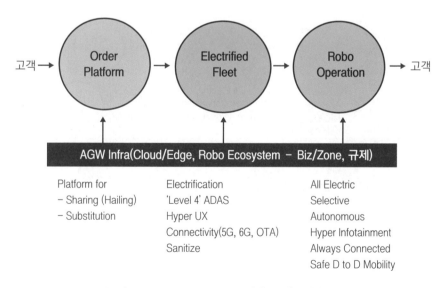

〈그림 9-4〉 HFM(Hyper Fleet Mobility) 메가프로젝트 아키텍처

요소 및 시스템이 지향하는 목표가 축을 이루고 있다. 예를 들면 고객과 맞대고 있는 플랫폼은 전동화, 레벨 4 정도의 자율주행, 그리고 고객 지향적 사용자 편의성(Hyper UX)을 제공하며, 통신 연계(5G, 6G, OTA)를 구비하면서 공공 위생이 보장된 실내 공간을 제공한다. 이러한 기술의 궁극적 지향점은 완전 전동화, 선별적 자율주행, 하이퍼 인포테인먼트(hyper infotainment), 항연결성(always connected)을 갖춘 안전한 door-to-door 모빌리티(Safe DtoD Mobility)인 것이다.

e-고속버스(e-Highway Bus) 프로젝트

5개 모빌리티 모드 중 하나인 e-고속버스(e-Highway Bus)의 시스템 구성도와 운용 메커니즘을 예시적으로 도식화하면, 〈그림 9-5〉와 같다. 전술한 바와 같이 완전 자율주행을 실현하기 위해서는 자동차에 장착된 센서 기반 기

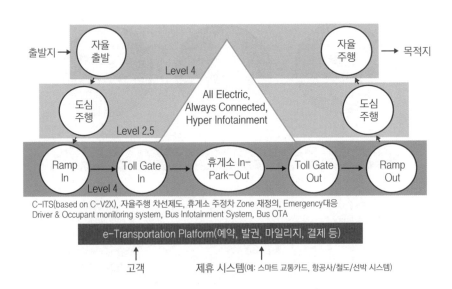

〈그림 9-5〉 e-Highway Bus의 시스템 구성과 운영 메커니즘

술과 함께 통신 연계 기술이 병합되어야 한다. 이러한 병합 측면에서 통신 환경을 무난하게 구축할 수 있는 환경 중 하나가 고속도로이다. 특히 건설교통부가 추진하고 있는 C-ITS(Collaborative Intelligent Transportation System)를 효과적으로 연계 적용함으로써 자율주행은 물론 CASES의 통신 연계성 그리고 스마트 UX를 고속도로를 주행하는 공공 고속버스에 효과적으로 적용할 수 있다.

C-ITS를 구현하기 위해서는 V2X 통신 기술이 전제되어야 한다. 최근 미국의 연방통신위원회(FCC)는 이를 실현하기 위한 통신 표준으로 C-V2X(셀룰러 기반 차량 사물 간) 통신을 제정하고 7월 2일부터 미국 전국적으로 시행한다고 발표하였다. C-V2X의 핵심은 사이드링크인데, 이는 차량과 사물 간 직접 통신을 가능하게 하는 기술이다. 그간 V2X 표준은 C-V2X와 함께 단거리 통신(DSRC)을 지향한 웨이브(WAVE)가 병존하였지만, 미국과 중국이 C-V2X를 단일 표준으로 채택함으로써 빠르게 재편되리라 생각된다. 5G 통신의 초연결성을 자율주행과 연계하기 위해서는 범정부적으로 이제 선택을 단행할 시간이 다가온 것이다.

〈그림 9-5〉는 하나의 예시로서 고속버스의 운행 구간을 분류하여 구간별로 CASES 적용이 가능한 영역을 도출할 수 있으리라는 것이다. 한 예로서, 고속도로에 접어들어 버스 전용 차선에 진입한 이후에는 Level 4 수준의 자율주행이 가능할 것이나, 그 이외의 구간에서는 각기 다른 수준의 자율주행을 검토하여야 할 것이다. 아울러, 고속버스 내부의 인포테인먼트 시스템을 비행기 수준으로 업그레이드하여 새로운 서비스 시장의 개척도 가능할 것이다. 물론 버스 운행은 친환경을 지향하여 전면 전동화를 기본적으로 추진할 수 있고, 이를 통해 전동화 관련한 국내 부품 공급사슬의 경쟁력을 강화할 수도 있을 것이다.

e-수송트럭(e-Delivery Truck) 프로젝트

e-수송트럭과 관련해서는 이미 전 세계 여러 사업자가 시제품이나 상용화 제품을 시장에 내놓고 있다. 현대자동차는 2020년 7월 세계 최초 수소 전기 트럭을 양산해서 스위스에 1600대 수출한다는 기사를 내면서, 서비스 모델이 판매 대신 사용료를 받는 서비스 형식이라고 밝힌 바 있다. 미국의 다임러 트럭이 2020년 9월 한번 충전으로 1,000㎞ 이상 주행이 가능한 연료전지 트럭을 개발해 2023년부터 시험운행에 들어간다고 발표하기도 했다. 메르세데스 벤츠 역시 한 번 충전으로 500㎞를 주행하는 전기 트럭 시험운행을 시작했다. 메르세데스 벤츠는 중거리까지는 배터리 전기 트럭, 장거리는 연료전지 트럭으로 전환할 계획이다. 발표된 연료전지 트럭은 액체수소 탱크를 2개 탑재하는 것으로 알려져 있다. 한편 테슬라 역시 사이버 트럭을 예약받기 시작했는데, 그 모양은 〈그림 9-6〉과 같다. 한국공학한림원이 HFM 메가프로젝트를 통해 제안하는 e-수송트럭 프로젝트는 공공조달을 통해 우리나라의 전기 트럭 및 다용도 중장비시장을 조속히 견인하자는 제안이다.

〈그림 9-6〉 테슬라의 Cyber Truck

e-수직이착륙기(e-VTOL) 프로젝트

e-수직이착륙기(e-VTOL)는 PAV(Personal Air Vehicle)와 함께, UAM(Urban Air Mobility)의 대표적 형태이다. 그 대표적 사례로서는 〈그림 9-7〉에서 보듯이 현대자동차가 개발 중인 개인용 비행체 'S-A1'을 들 수 있는데, 1회 충전에

〈그림 9-7〉 현대자동차의 개인용 비행체 콘셉트 모델

출처: http://koti10.blog.me/221742315449

시속 290㎞로 100㎞를 날 수 있다.

현재 세계 완성차 업계의 UAM 시장 진출은 이른바 각축전을 벌이는 중이다. 경쟁에서의 승리는 어느 나라가 더 빨리 검증된 UAM 서비스 시장을 대규모로 개발해 내느냐에 따라 좌우될 것이다. 한국공학한림원이 HFM 프로젝트를 통해 제안하는 것은 한강수상에 관광용 UAM 시범사업을 한다거나, 국제-국내 공항 간 신속 이동과 같은 특별한 용도의 시장을 정부나 공공주도로 우선 개발함으로써 사업 가능성에 대한 실증을 최대한 앞당기자는 것이다.

e-선박(e-Boat) 프로젝트

다른 모빌리티 모드와 같이 e-선박(e-Boat) 프로젝트 역시 탄소중립 과제의 일환으로 추진할 필요가 있다. 〈그림 9-8〉에서 보는 바와 같이 수송산업의 탄소 배출과 관련하여서는 해운업이 1/4를 차지한다고 한다. 삼면이 바다이고 조선산업이 세계 일등인 한국으로서는 이제 해운업에서 탄소중립을 선도할 당위성도 높아지고 있다. 특히 해운업에서는 배터리에만 의존하는 순수 전기 선박보다는 수소연료 선박의 성공 가능성이 크게 점쳐지고 있다.

그러나 e-선박 프로젝트는 국가적 과제로 추진하기보다는 민간 조선산업의 과제로 추진함이 효율적이라 판단된다. 따라서 한국공학한림원은 오히려 국내 근해의 청정 수산을 조기 조성하면서 친환경적 이미지와 효과를 극대화하는 어촌 선박의 e-선박화 사업을 국가가 주도하는 프로젝트를 제안한다. 이는 비교적 가까운 시기에 실행이 가능한 기술적 분야이기도 하다. 배터리와 모터만을 사용한 순수 전기 보트를 조기 개발하고 근해의 해양 양식장 환경을 5G 통신이 가능하도록 하면 e-선박의 내비게이션 시스템과 통합하여 자율 항해가 가능해질 것이고, 그 결과 이 분야 시장 선도를 앞당길 수 있을 것이다. 〈그림 9-8〉은 울산시 '수소 그린 모빌리티 규제자유특구 수소 연료전지 선박 상용화 사업'의 일환으로 빈센이 개발 중인 수소 연료전지 선박을 보여주고 있다.

〈그림 9-8〉 e-선박의 개념도(빈센의 수소 연료전지 선박)

e-드론(e-Drone) 프로젝트

e-드론의 범용성은 이미 잘 알려져 있다. e-드론은 모빌리티 모드로서의 관심보다는 재난 시 긴급구조 및 정찰용 시스템을 구현하거나, 다수의 드론을 활용해서 본격적인 정찰 활동과 심지어 군사적 활용까지 모색할 수 있는 모빌리티 모드이다. 개별적 드론보다는 군집(swarm) 드론을 동시에 제어하여 입체적 임무를 수행하는 시스템 기술이 핵심적 과제이다. 그러나 이와 함께, 2020년 LG화학이 '리튬황 배터리'로 국내 최초 '최고도 비행'에 성공함으로써 통신용 고도기지국으로 활용될 가능성에도 주목할 필요가 있다. 한국공학

한림원은 HFM 프로젝트를 통해 대규모의 정기적 군집 드론 시범사업을 민간 주도로 펼침으로써 e-드론 생태계를 구축해 가는 방안을 제안하고자 한다.

4. 프로젝트 성공을 위한 정책적 조건

자동차산업은 CASES를 중심으로 급속도로 변화 발전하는 중이다. 이러한 변화는 연관 수송산업 전반의 변화를 촉발하고 확대되는 중이다. 이러한 변화를 국가적 차원에서 지원하는데 가장 적극적인 나라가 중국이다. 중국은 이미 십여 년 전부터 가장 큰 자동차 시장으로 변모하였지만, 기존의 내연기관차로는 기술을 선점한 미국, 독일, 일본의 아성을 도저히 넘어뜨릴 수 없다고 판단하여 전동화를 중심으로 한 새로운 질서에서 앞장서려는 정책을 시행했다. 소위 3종 3횡 분야(3종: 순수 전기차, 플러그인 하이브리드차, 수소 연료전지차, 3횡: 배터리 및 관련 시스템, 모터 및 전력전자, 커넥티드화 및 스마트화)에 대한 연구개발을 적극 지원 보호하고 있다. 물론, 한국을 비롯한 여러 나라에서도 전동화를 성공적으로 안착시키기 위해 각종 구매 보조금 지원 정책을 쓰고 있다.

이미 CASES 기술의 유효성에 대해서는 많은 진전이 있었다. 관건은 이들을 어떻게 효율적으로 적용하는 환경을 조성하여 성공적으로 대중화 생활화하느냐이다. 특히, 국민의 삶에 깊숙이 영향을 미치는 공공수송 분야에서의 효율적 안착은 실수요자의 인식 변화를 배가하는 파급효과를 갖게 될 것이다. 이에 따라 공공수송 분야에서 국내의 공공요구를 만족하는 규제 및 인프라를 포함하는 포괄적 시스템을 구축하고 킬러애플리케이션을 발굴하여 시행착오를 줄이면서 장기 기술발전 방향을 모색하는 노력이 필요하다. HFM 메가프로젝트의 성공적 수행을 위한 정책적 조건을 몇 가지 제안하면 다음과 같다.

■ 정부의 다부처 협력이 절실하고 레거시 규제의 해소 및 정비가 필요하다. CASES라는 거대한 변화는 정부 여러 부처의 경계를 넘나들 수밖에 없다.

CASES의 특성에서도 살펴본 바와 같이 Convergence와 Alliance는 성공을 위한 필수 전제조건이 된 것이다. 따라서 산업자원부, 건설교통부, 환경부, 과학기술부, 중소기업부 간의 이해 조정과 통합이 절실하다.

■ 인공지능으로 대표되는 소프트웨어산업을 적극적으로 지원하기 위해서는 메가프로젝트 추진 환경에 걸맞은 데이터를 시행착오 없이 체계적으로 수집하고, 동시에 이를 공유하는 생태계를 조성함으로써 해당 산업계가 갖는 공통의 부담을 줄여 주어야 한다. 우리나라 공공수송 분야만이 갖는 특수성을 고려한 데이터의 수집과 이에 대한 지원 및 보호는 미래 지향적 기술 안착의 실마리를 효과적으로 푸는 계기를 제공할 것이다.

■ HFM 메가프로젝트를 구성하는 5가지 대표적 응용 프로젝트는 우리나라의 특수성을 반영하고 데이터의 효과성을 고려하며 선정된 것이다. 그 과정에서 CASES 기술을 내포한 종합적 측면이 고려되었음은 물론이다. 더 나아가 반도체, 디스플레이, 소프트웨어와 더불어 인공지능 기술과 모빌리티 서비스 사업의 효과적 안착을 선도하는 프로젝트로서 기획되었다.

■ HFM 메가프로젝트는 공공성과 친환경성을 중심을 두고 기획한 프로젝트이다. 따라서 정부의 효율적 기획과 지원이 필수일 것이고 우선순위 설정도 이러한 측면이 우선시 되어야 할 것이다.

마지막으로 이러한 5개의 대표적 모빌리티 프로젝트는 광의의 모빌리티 산업구조 전환을 촉진함은 물론 국내 자동차산업, 조선산업, 항공산업, 기계산업, 전기전자산업이 보다 내실 있게 친환경적으로 고객에게 다가서는 산업으로 재탄생하는 계기를 마련할 것이다. 물론 그 과실로서 한국의 제조업이 세계 시장에서 선두 주자로 거듭나는 전환점을 제공할 수도 있을 것이다.

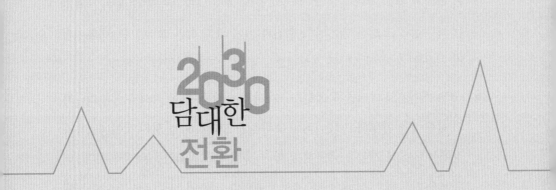

제10장
SMC(Smart Mega City) 메가프로젝트

1. 글로벌 메가시티 전개 현황

    21세기 들어서 전 세계적으로 도시화와 대도시 인구 집중 현상이 더욱 강화되고 있다. 세계 인구의 도시 거주 비율은 2000년 47%에서 2020년 56%로 늘어났고, 2040년에는 65%까지 늘어날 전망이다. 이에 따라 인구 1,000만 명 이상 메가시티(Mega City) 역시 2000년 16개에서 2020년에는 34개, 2030년에는 47개로 늘어날 것으로 예상된다.[*] 더 나아가 여러 도시가 긴밀히 연계하거나, 인근 지역이 메가시티와 함께 광역 경제권을 이루는 메가리전(Mega Region)도 점점 관심을 끌고 있다. 미국 보스턴-워싱턴 벨트, 도쿄 광역권, 중국 장강 삼각주(상하이, 난징, 항저우 등), 서울-경기권이 대표적 예이다.

    이와 함께 세계 경제에서 상업, 문화, 지식, 산업의 중심지로서 메가시티/리전의 중요성은 더욱 커지고 있다. 2019년 전 세계 20개 메가리전 지역의 RGDP(Regional GDP)의 합은 30조 달러로 전 세계 GDP(87.3조 달러)의 35%를 차지했다.[**] 전 세계 1위 메가리전인 미국 보스턴 워싱턴 지역의 RGDP는 4.5조 달러로 글로벌 4위인 독일(4조 달러)까지 뛰어넘었다.

    메가시티와 리전으로의 인구 집중은 부의 창출 가속과 경제적 효율화 제고를 가능하게 하나, 다른 한편으로 사회문제의 집중화, 다양화, 복잡화 문제를 야기한다. 국내의 경우 2017년 전국 교통 혼잡 비용 60조 원 중 47%가 서울 등 7대 도시에서 발생했다. 사회문제의 집중은 최근 김포-부천 GTX-D 사태에서 잘 드러났듯이 새로운 형태의 정부-지자체-시민 간 갈등도 야기하고 있다. 메가시티들은 도시 관리의 복잡성 증대, 시민들의 고품질/맞춤형

---

[*] UN(2018), 'World Population Prospects'
[**] Euromonitor(2019), 'Megalopolis: How Megaregions Are Changing the Global Economy'

〈그림 10-1〉 글로벌 메가시티의 분포

출처: https://en.unesco.org/events/eaumega2021/megacities

생활 서비스 요구, 지자체 재정 부담 증가라는 도시 운영상 삼중의 딜레마, 즉 트릴레마(trillema) 문제에 직면하고 있다.

이러한 배경에 따라 선진국을 중심으로 미래지향적 스마트 시티의 구축이 다양하게 시도되고 있다. 주목할 만한 사례 중 하나는 일본의 워븐 시티(Woven City)이다. 워븐 시티는 규모가 작아 메가시티라고 할 수는 없지만, 미래 도시가 갖추어야 할 다양한 인프라의 모델을 잘 보여주고 있다는 측면에서 흥미로운 사례이다. 워븐 시티는 자동차 회사인 도요타와 ICT 회사인 NTT가 협력해 2020년부터 후지산 기슭의 히가시후지 공장 부지에서 진행 중인 사업이다. 초기에 도요타 및 협력사 종업원과 가족 등 2,000명을 대상으로 첨단 모빌리티와 친환경 도시생활 기반, 스마트 홈 등을 제공하고, 향후 외부에 개방해 그 규모와 범위를 확대할 예정이다.

한국공학한림원이 G5 메가프로젝트로서 스마트 메가시티(SMC: Smart Mega City) 프로젝트를 구상하여 제안하는 이유는 매우 포괄적이다.

첫째, 국가사회관점에서 디지털 인프라, 에너지 인프라, 그리고 모빌리티와 같은 생활 인프라가 하나로 합쳐지는 곳이 바로 메가시티이다. 메가시티와 리전 지역은 각종 기능적 인프라가 다 함께 모여 새로운 가치를 창출하고 산업을 발전시키는 물리적 터전이 될 수 있다. 예컨대, 한국공학한림원이 제안한 MetaNet, ETS, 그리고 HFM 메가프로젝트를 통합하고, 진공 고속열차인 하이퍼루프(hyperloop)를 실현하고자 한다면, 그 구현의 장소가 바로 스마트 메가시티(SMC)라는 얘기이다.

둘째, SMC 메가프로젝트는 우리나라가 보유한 수많은 기술과 산업을 융·복합하여 세계시장을 선도할 수 있는 최상의 재료이다. 환경 분야만 보더라도 미세먼지 대응과 바람길 조성에 도시공학, 수직 숲 건물 설계에 건설/조경공학, 미세먼지 측정 및 경보 시스템 구축에 환경공학 및 정보기술 등 우리가 가진 역량을 집대성해 새로운 가치를 창출할 수 있다. 따라서 우리나라가 고밀도 도시 환경에서 선도적 모델을 만들고, 그 경험을 토대로 다양한 솔루션을 쌓아갈 수 있다면, 미래도시 건설 시장을 우리가 선점할 수 있다.

셋째, 스마트 메가시티 인프라 구축은 산·학·연·정의 총체적 협력이 있을 때 비로소 가능하다. 학계와 연구계의 한계 돌파적 기술 개발, 산업/금융계의 모험적 자본 투자와 기민한 실행을 통한 대형 사업화, 정책 당국의 유연한 규제 개선 등이 어우러질 때 스마트 메가시티 구상은 손에 잡히는 성과를 만들어낼 것이다. 이와 함께 스마트 메가시티는 미래 사회문제를 선제적으로 해결하려는 노력으로 사회적 후생 증진에 큰 기여를 할 것이다. 예컨대 신재생에너지 기반 도심 분산 전력 시스템은 도시 수준에서 탄소중립 사회를 실현하게 한다.

2. SMC 메가프로젝트의 성격과 구성

SMC 메가프로젝트의 성격

SMC(Smart Mega City) 메가프로젝트는 미래 메가시티/리전의 다양한 사회 문제와 도시 운영상의 트릴레마(Trillema) 문제를 해결하기 위해, 물리 인프라 자체를 고도화시키고, 다양한 물리 인프라들을 네트워크로 연결해 시민들의 수많은 서비스 요구를 효율적/효과적으로 충족시키려는 거대 프로젝트이다. 물론 SMC 사업이 기존 스마트 시티 사업과 유사한 측면이 있으나, 사업의 구조, 초점, 지역, 주체 측면에서는 전혀 다른 도시생태계 플랫폼 개념의 사업이다. SMC 메가프로젝트를 기존의 스마트 시티 사업과 비교하면, 〈그림 10-2〉와 같다.

첫째, 사업구조 측면에서 SMC는 지능형 물리 인프라뿐만 아니라 디지털 데이터 인프라, 나아가 서비스 창출 인프라까지 포괄한다. 서비스 생태계 인

	2000년대 유비쿼터스 시티	2010년대 스마트 시티	2020년대 스마트 메가시티 인프라
사업 구조	• 물리 인프라 중심 → 개별 시설의 디지털 작동, UI에 초점	• 물리 인프라와 디지털 인프라의 결합	• 물리 인프라, 디지털 인프라에 서비스 인프라도 결합
사업 특성	• 디지털/인터넷 기술 활용한 첨단 물리 인프라의 도입 중심	• 4차 산업혁명 기술의 테스트베드 역할, 도입 후 운영도 관심	• 기술×서비스로 지역 내 사회문제 해결 및 생태계 육성에 초점
사업 지역	• 신도시 주요 시설물 중심 접근 → 지역 내 랜드마크 창출 위주	• 신도시 및 기존 도시 재개발 지역(마곡, 세종, 부산 등)	• 메가시티와 근교 지역도 포괄 → 중장기 국토 리밸런싱 사업
사업 주체	• 중앙 정부(국토부) 주도	• 중앙 정부(단, 개별적), 일부 지자체 주도	• 중앙 정부+지자체+시민 (시민 참여적 거버넌스)

〈그림 10-2〉 SMC 사업과 기존 스마트 시티 사업의 비교

프라와의 결합은 다양한 서비스 창출 및 운영을 가능하게 만들어 시민들의 삶의 질 제고와 지역 산업 육성이라는 효익을 확실히 가져올 것이다. 둘째, 사업 초점 측면에서 SMC 사업은 지역 단위 사회문제의 실질적 해결과 이를 통한 사회적 효익의 창출을 더욱 강조한다. 따라서 기술의 첨단성보다 서비스 창출, 운영에 관한 기술의 기여도 측면을 더욱 중시한다. 첨단기술뿐 아니라 적정기술도 적극적으로 활용하겠다는 것이다. 셋째 SMC 사업은 메가시티에 국한되지 않고 근교 리전 지역까지 포함한다. SMC 사업은 지역 전체의 특성화와 경쟁력 강화, 나아가 국토 리밸런싱 성격까지 염두에 둔다. 넷째 사업 주체 측면에서 SMC 사업은 시민 참여적 거버넌스를 강화해 초기부터 지역 주민들의 참여를 활발히 요구한다. 지역 내 현안, 미래 사회문제를 정의하고 이를 해결할 기술, 서비스 솔루션과 물리적 인프라 그리고 디지털 인프라의 조건을 탐색하는데, 지역 주민들과 초기부터 긴밀히 협력하는 방식을 택한다.

SMC 인프라의 구성

SMC 인프라는 〈그림 10-3〉에서 보듯이 지능형 물리 인프라, 디지털 데이터 인프라, 서비스 창출 인프라로 구성된다. 내용 면에서는 디지털 인프라인 MetaNet, 에너지 인프라인 ETS, 그리고 모빌리티 인프라인 HFM 사업을 모두

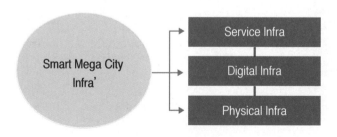

〈그림 10-3〉 SMC 인프라의 구성

포함한다. 이런 관점에서 보면, SMC 메가프로젝트는 MetaNet 메가프로젝트, ETS 메가프로젝트, 그리고 HFM 메가프로젝트의 기반 위에서 구축되는 미래 도시 및 광역 프로젝트인 셈이다.

우선 지능형 물리 인프라는 물리 인프라에 ICT 및 환경 기술을 융·복합하여 인프라에 새로운 기능성과 지능성을 부여한 것이다. 하나의 예로서 자율주행 배송 차량 전용 차도를 기존 도로의 지하에 따로 만드는 것을 들 수 있다.[*] 자율 물류운송 지하 시스템은 배송 효율화뿐만 아니라 인간 운전 차량과 자율주행 배송 차량을 분리해 교통 체증과 교통사고 감소 효과까지 기대할 수 있다. 또 다른 예로는 이미 HFM 메가프로젝트에서 설명한 UAM을 들 수 있다. 2030년 이후 실용화될 드론 택시들이 안전하게 이착륙하고 탑승객들이 다른 도시 교통망에 쉽게 접근하게 하려면 새로운 개념의 UAM(Urban Air Mobility) 포트가 필요하다. 이외에도 ETS 메가프로젝트에서 각종 탄소중립 도시 기반 시설로서 제시한 친환경 수소 에너지 관련 시설, 공공 IoT 통신, AI 기반 안전/방재, 미래 3차원 생활공간에서 나타날 첨단 재난/사고를 예측 대응하는 시설, 도시 내 생활 쓰레기들을 효과적으로 재활용하는 자원 순환경제 인프라 등을 들 수 있다.

다음으로 디지털 데이터 인프라는 다양한 ICT 시스템의 집합으로 개별 물리 인프라 시설에서 생성된 데이터들을 수집, 축적, 분석, 활용한다. 디지털 데이터 인프라는 여러 단계의 계층구조를 갖는데, 이를 도식화하여 설명하면 〈그림 10-4〉와 같다. 디지털 데이터 인프라는 다양한 인프라 데이터들을 모으고 외부 데이터와 연결해 분석, 축적, 활용을 가능하게 만든다. 이를 통해 개별 자산의 활용 효율성을 높이고, 전체 시스템의 지능적 통합/연계 관리를 기대할 수 있다. 나아가 디지털 인프라에 축적되는 공공 데이터를 민간에 개

---

[*] GH공사(2021.5.26.), 'GH 혁신 비전 콘서트'.

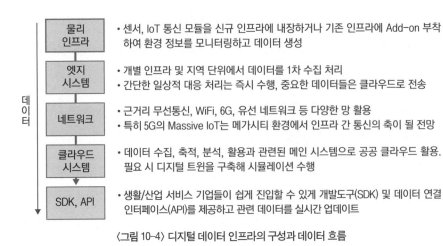

<그림 10-4〉 디지털 데이터 인프라의 구성과 데이터 흐름

방할 때, 데이터의 활용성이 극대화되고 다양한 공공/민간 서비스들의 개화를 유도할 수 있다. 이를 통해 스마트 메가시티 인프라는 다양한 산업/생활 서비스의 플랫폼으로 발전해 미래 사회문제를 효과적으로 해결하는 기반 역할을 할 것이다.

마지막으로 서비스 인프라는 미래 메가시티 시민들이 필요로 하는 다양한 사회, 생활, 산업 서비스가 창출되고 꽃피우는 사업 기반이다. 각종 인프라가 제공하는 데이터를 활용한 서비스를 만들어낼 영리/비영리/사회적 스타트업들을 키우고 지원하는 창업 및 운영 지원 체계를 말한다. 시민들의 서비스 니즈가 다양화, 개인화되는 시대에 공공 영역에서만 관련 서비스를 만들어 제공하는 것은 다양성 확보나 지속적 보완, 개선 측면에서 한계를 갖는다. 민간에서 여러 영리/비영리/사회적 스타트업들이 나타나 시민들의 다양한 니즈를 충족시킬 수 있도록 관련 창업 및 운영 지원 체계를 메가시티는 물론 인근 리전으로까지 확대할 필요가 있다. 〈그림 10-5〉는 이러한 서비스 인프라의 모습을 도식화한 것이다.

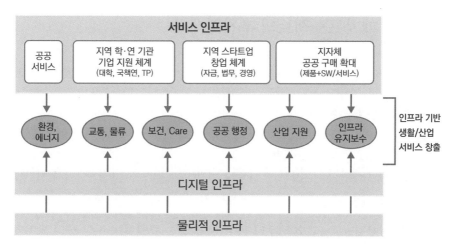

〈그림 10-5〉 서비스 인프라와 타 인프라 간의 연계구조

3. SMC 메가프로젝트의 추진체계

대상 지역의 설정

2021년 현재 SMC 사업을 추진할 우리나라의 여건은 어떠한가? 우리나라는 2000년 이후 서울-경기권으로 인구, 산업 집중과 지방 지역의 쇠퇴가 심각하게 진행된 결과, 2020년부터 지역 균형 발전 차원에서 지방 중핵 도시와 인근 지역들을 연계한 메가시티/리전 정책들이 본격적으로 논의되고 있다. 물꼬를 튼 부산-울산-경남 지방뿐만 아니라 세종-충남권이나 광주-전남권 등에서도 메가시티/리전은 인구 감소 및 행정 통합 이슈와 맞물리며 중요한 지역 어젠다로 부각되고 있다. 〈그림 10-6〉은 현재 메가시티/리전이 논의 중인 세 지역에 대한 개관이다.

먼저 서울, 경기 지역은 한국의 중심 지역으로 산업, 인구가 몰려 있어 주거, 교통, 환경 이슈가 심각하다. 또한, 청년층 및 1인 가구의 비중이 높고,

	서울, 경기권	부울경	광주 전남권
		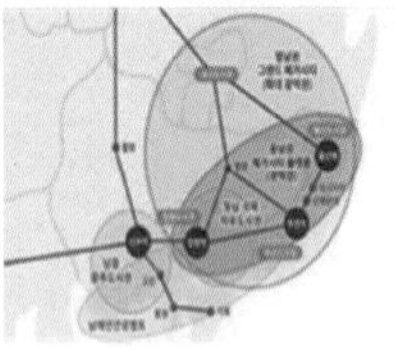	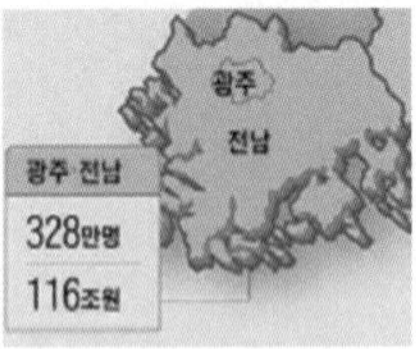
인구	2,307만 명	783만 명	328만 명
GRDP	422조 원	275조 원	116조 원
면적	11,851㎢	12,372㎢	11,348㎢
특성화 방향	Smart Vertical City Infra	Smart Industrial City Infra	Smart Compact City Infra

〈그림 10-6〉 한국의 주요 메가시티/리전 논의지역

※ 데이터는 2020년 기준

주거 형태상 최근 30층 이상 수직 도시화가 급진전되고 있다. 이 때문에 메가 시티의 사회문제들이 가장 집약적으로 나타날 가능성이 크다. 이러한 측면에서 첨단기술을 활용해 교통의 삼차원화 등 수직 도시에서 나타날 이슈들을 선행 해결하고 생활 효율성과 삶의 질 이슈를 종합 해결하는 스마트 버티컬시티 인프라(Smart Vertical City Infra) 개념이 적합할 것이다.

부울경 지역은 진주-창원-김해-부산-양산-울산의 연담 도시 구조이며, 수도권 다음의 인구 밀집 지역이다. 특히 부울경 지역은 조선, 자동차, 기계, 유화 등 다양한 제조업 기반이 포진해있는 제1의 임해공업단지 지역이다. 다만, 산업 활력 저하, 환경 오염, 동남권 원자력 발전소 처리 문제, 인프라 노후화, 태풍 등 자연재해, 지역 청년층 이탈 등의 지역 문제가 커지고 있다. 제조업 기반이 탄탄한 부울경 지역을 특성화하려면 스마트 팩토리 등 산업 인프라 첨단화, 광역 교통망 육성, 탄소중립 에너지 망 구축 등 동남권 산업 벨트 경쟁력 강화를 위한 스마트 인더스트리얼시티 인프라(Smart Industrial City Infra) 개념이 적합할 것이다. 이와 함께 자연재해 예방, 오염 환경 복원, 초고령 사회를 대비한 생활 인프라 개선 등 삶의 질 증진을 위한 노력도 병행될 필요가 있다.

한편, 광주 전남권은 20세기 산업화 과정에서 소외되어 전반적으로 산업기반이 부족하고, 인구감소 및 고령화 문제가 심각하다. 특히 고령화 문제는 지방 소멸 및 지역 재정 악화 문제를 가져올 가능성이 크다. 이 때문에 생활 인프라를 핵심 도심으로 집약화해 인구감소, 고령화 이슈에 대응하며 행정 효율성을 제고하는 스마트 컴팩트 시티 인프라(Smart Compact City Infra) 개념이 적합하다. 이러한 개념 하에 공동화 구도심 재생, 압축 도시화, 스마트 고령화, 지역 문화 부흥 및 관광 활성화 등을 위한 인프라 정비 및 재구축이 필요할 것이다.

사회적 사명과의 연계

스마트 메가시티 인프라 사업은 단순한 기술 개발 및 사업화 사업이 아니다. 미래 건설, ICT, 환경 기술들을 융·복합하여 미래 메가시티의 다양한 사회문제들을 선제적으로 해결하고 시민들의 삶의 질과 산업, 경제 전반의 활력을 높이는데 사업의 초점이 있다. 이러한 측면에서 스마트 메가시티 인프라 사업에서는 무엇보다 해결해야 할 사회적 사명(social mission)에 대한 깊은 고민이 필요하다. 스마트 메가시티 인프라가 공통으로 추구할 사회적 사명은 지속가능성(sustainability), 효율성(efficiency), 환경/건강/치안(eco/health/security), 위기 복원성(resilience), 포용성(inclusivenenss) 등 크게 다섯 가지로 정리될 수 있다.*

첫째, 메가시티에는 수백만 명이 밀집되어 있고 다양한 사회문제가 발생하는 만큼, 스마트 메가시티 인프라가 지속가능성 가치를 지향하는 것이 중요하다. UN의 지속 가능한 개발을 위한 행동 계획에서도 환경, 보건, 안전, 자원 등의 가치를 실현하는데, 도시가 가장 중요한 정책 전개 지역으로 손꼽히고 있다.

둘째, 효율성은 스마트 메가시티 인프라가 도시 사회, 경제 전반의 효율을 높이는데 기여할 수 있어야 함을 의미한다. 즉 스마트 메가시티 인프라는 도시의 복잡성 증가를 효과적으로 해결하고, 사회, 경제가 더욱 간단하고 효율적인 방식으로 운영되도록 지원할 수 있어야 한다.

셋째, 1천만 명 이상이 모여 사는 메가시티에서는 환경 문제가 심각한 사회 이슈가 될 수 있는 만큼, 공기, 물, 햇빛 등 가장 기초적인 생존 요소들의 품질을 보장하고 원활한 자원 순환 과정을 만들어 환경 이슈를 최소화하도록

---

* OECD Strategic Policies for Sustainable Infrastructure 재구성

인프라가 구축되어야 한다. 나아가 고령화로 인해 건강 이슈가 더욱 중요해지고, 1인 가구 증가로 새로운 안전 이슈들이 나타나는 만큼 시민들의 건강 및 안전 증진을 도모할 수 있는 지원 체계들도 인프라 차원에서 고려되어야 한다.

넷째, 위기 복원성은 메가시티의 규모가 커질수록 더욱 중요해진다. 도시는 화재, 지진, 홍수, 태풍 등 다양한 재해 위험에 상시 노출되어 있고 기후 위기 시대에 그 위험성은 더욱 커진다. 나아가 이번 코로나 사태는 메가시티가 전염병 등 대규모 보건 위기에 특히 취약할 수 있음을 잘 보여주었다. 스마트 인프라 구축 및 운영에 있어 재해 예방 및 발생 시 조기 해결을 위한 사전 모니터링, 위기 발생 시 빠른 복원을 위한 예비 인프라 계획 및 정상화 프로세스를 다각적으로 검토해 마련할 필요가 있다.

다섯째, 포용성은 메가시티가 자칫 거대한 사회 갈등의 현장으로 변질되는 것을 막는 중요한 가치이다. 사회 활동과 경제적 산출물의 빈익빈 부익부 효과가 점점 커지면서 소득, 연령, 신체, 성별, 인종 등 다양한 측면에서 사회 격차가 증폭될 수 있다. 이러한 측면에서, 미래 스마트 메가시티 인프라는 빈부, 연령, 신체, 성별, 인종 등 다양한 사회 격차에 중립적이거나 이를 해소할 수 있도록 설계될 필요가 있다.

스마트 메가시티 인프라는 수많은 세부 사업으로 구성된다. 개별 사업의 설계와 평가에서 기술적, 정책적, 경제적 타당성뿐만 아니라, 그 앞단에서 주 수혜자가 누구이며 이해관계자들에게는 어떤 사회적 효익들이 제공될 수 있을지가 명시적으로 고려되어야 한다. 무엇보다 시민에게는 안전/안심/편리한 생활, 삶의 질 증진 등 다양한 경로를 통해 궁극적으로 '행복한 삶'을 만끽할 수 있는 혜택이 제공되어야 한다. 인프라 구축 및 유지보수, 관련 서비스 운영의 주체인 기업에는 신성장 기회의 확보, 다양한 사회적 스타트업들의 창업, 개방적 기업 생태계 구축의 효익이 제공될 수 있다. 주 관련 산업인 건설/환경업에는 융·복합 생활/사회 인프라 산업으로의 디지털 전환과 솔루션 단위의 수출에 필수적인 국내 실증 사업의 기회가 마련될 수 있다. 국가/지자체 측면에서 스마트 메가시티는 성장 사회(growth society)에서 번영 사회(thriving society)로 질적 전환하는데 기여할 수 있다.*

지능형 물리 인프라의 구축

스마트 메가시티 인프라의 세 가지 하위 인프라 중에서 지능형 물리 인프라는 가장 기초가 되는 것이다. 민간기업들도 개별 영역에서 다양한 형태로 개발 진행하겠지만, 공공 부문에서도 다양한 메가시티 환경에서 공통 활용할 수 있는 과제들의 연구개발을 추진할 필요가 있다. 공공 개발 추진이 필요한 과제들을 살펴보면 다음과 같다.

■ 미래형 교통/물류 인프라

먼저 교통, 물류 인프라와 관련해 미래 교통 분야에서는 ■ 2차원에서 3차원으로, ■ 이동수단에서 이동 서비스로, ■ 화석연료 기반에서 전기/수소 기반으로의 진화가 예상된다. 다양한 기술의 융·복합이 필수적이고 개념 실증에 상당한 자본과 시간이 투입되므로, 공공 차원에서도 미래형 신개념 인프라 창출을 위해 적극적인 연구개발 노력이 필요하다. 3차원 교통 관련 인프라로는 드론 택시 포트, 드론 비행 회랑, 무인화 지하 물류 도로 등을 들 수 있다. 이동 서비스 활성화를 지원하는 미래형 인프라로는 ITS(지능형 교통시스

---

* 번영 사회는 케이트 레이워스의 '도넛 경제학'에서 제안된 21세기의 지향점이다. 여기서 번영 사회란 생태적 한계 내에서 구성원들의 다양한 사회적 니즈를 충족시키며, 사회 통합과 지속 가능하고 포용적인 성장이 이루어지는 사회를 의미한다.

템), 1인용 모빌리티 및 자율주행차를 연계하는 MaaS(Mobility as a Service) 인프라가 중요해질 것이다. 또한, 전기/수소 기반 이동 서비스를 위해 수소 및 전기 충전 인프라, 유무선 충전 전기 도로 등의 개념 실증이 필요할 것이다.

■ 미래형 생활환경 인프라

메가시티 환경에서 도시의 수직/수평 팽창, 인구 밀집에 따른 생활환경 악화에 따라 깨끗한 물과 공기, 자연의 빛은 점점 희소재로 변할 가능성이 크다. 자연에 가까운 물, 공기, 빛에 대한 도시인들의 갈망을 충족하려면 생활환경 인프라 차원의 대응이 필수이다. 물과 관련해 식수 위생 수준 모니터링, 누수 감지, 스마트 미터링, 오폐수 정화 등의 기능이 강화된 스마트 워터 그리드가 도시 차원에서 중요해질 것이다. 깨끗한 공기와 관련해 미세먼지 측정 및 경보, 바람길이나 수직 숲을 활용한 자연 정화 등 미세먼지 대응 그린 인프라가 중요해질 전망이다. 또한, 대형 쇼핑몰, 초고층 오피스 건물, 대면적 지하 공간의 증가, 실내생활 시간 확대에 따라 도시인들의 건강에 환기나 광노출이 점점 중요해지면서, 대단위 환기 및 공조 시스템, 지하 자연광 조명/정원 시스템 등이 향후 다양한 형태로 도입될 것으로 예상된다.

■ 치안방재 인프라

1인 가구 증가, SNS를 통한 실시간 전파 등으로 치안 문제는 향후 빈번하게 사회 이슈화될 것이다. 또한, 인구 밀집 환경에서는 작은 사고도 큰 인명 피해로 확대되며, 특히 기상 이변이 일상화되는 미래에는 사후 해결보다 사전 예측 방지가 더욱 중요해질 것이다. 현재 경찰, 소방관 인력 위주의 치안, 방재 인프라는 이러한 변화에 대응하기 쉽지 않다. 이 때문에 미래에는 CCTV, 순찰 로봇, 드론, AI를 활용해 사건 사고 예방 기능을 강화하는 치안/

교통 관리 인프라가 중요해질 것이다. 아울러 시민 다수의 자발적 관심과 참여를 통해 사고 및 재난을 조기 감지하고 대응하는 시민 참여형 치안, 방재 시스템도 유용하게 활용될 것이다. 나아가 도시 구축물들의 초고층화, 지하 공간의 대형화, 고심도화가 빠르게 진전되면서 초고층 건축물 소방 방재 및 피해 경감, 거대 지하 공간 화재/침수 방지 인프라 등도 중요해질 전망이다.

디지털 데이터 인프라의 구축

가로등, 도로, 스마트 워터 그리드, 순찰 드론 등 미래 지능형 물리 인프라는 기기 가동 상태부터 주변 환경 요소까지 다양한 데이터를 생성해 낸다. 인프라가 생성한 데이터를 최적 활용하려면 이를 실시간으로 수집, 축적, 분석, 활용하는 디지털 데이터 인프라가 필수이다. 디지털 인프라의 대표적인 구성요소들로는 물리 인프라 센싱 모듈, 엣지 시스템, 통신 네트워크, 클라우드 시스템, SDK(Software Development Kit), API(Application Program Interface) 등을 들 수 있다.

디지털 데이터 인프라는 ICT 특성이 강해 건설 기업 단독으로 추진하기 곤란하다. 초기 단계부터 다양한 학·연 관계자와 함께 계측 필요 정보를 설계하고, ICT 기업들과 센싱 및 통신 기술 개발, 정책 당국과 데이터 표준 구축 및 데이터 프라이버시 이슈와 관련된 개방적 협업을 폭넓게 추진해야 한다. 워븐 시티를 추진 중인 도요타도 통신/ICT 기업인 NTT와 함께 개방형 프로젝트를 표방하며 다양한 외부 기업들의 참여를 독려하고 있다.

이러한 협업 과정은 기존의 건설사 하도급 과정과 매우 다르다. 가치사슬 통제가 아니라 생태계 육성 측면에서 접근해야 하고, 과거에는 경험하지 못했던 다양한 이슈들을 해결해야 한다. 예로써 물리 인프라와 디지털 인프라의 개발, 수명 주기의 차이는 매우 크다. 건설 기술의 개발 및 수명 주기는 20~50년이지만 ICT 기술의 수명 주기는 3~5년 정도로 금세 차세대 기술로 대체된다. 지금은 5G 통신 기술이 대세지만, 5년 후면 5.5G 기술이 나올 것이다. 이처럼 새로운 데이터, 통신 기술이 등장함에 따라 인프라 설계, 개발 과정에서 계획을 계속 변경해야 하는 문제가 발생한다. 또한, 이 때문에 기존 표준을 고집할 때 자칫 시스템이 기술적으로 진부화될 위험성도 존재한다. 기존 건설산업과 달리 표준의 지속적인 업데이트가 필요하다.

서비스 인프라의 구축

물리, 디지털 인프라에서 생성된 공공 데이터는 새로운 생활/산업 서비스 창출의 열쇠이다. 동시에 생활/산업 서비스는 지방 메가시티 지역에서 산업 측면 현안 이슈인 제조업 공동화 문제를 새로운 각도에서 풀어낼 해법이 될 수 있다. 생활/산업 서비스는 지역 밀착형 특성이 강하므로 관련 서비스 스타트업의 지역 창업을 유도해야 한다. 이는 지방 제조업 공동화를 보완하고, 지역 경제 활성화까지 도모할 절호의 기회가 된다.

서비스 창출 인프라는 이처럼 공공 및 민간 차원에서 다양한 서비스를 만들어내고, 이를 수행할 스타트업, 기업들이 유인, 창업, 운영될 수 있게 하는 지원 인프라이다. 즉, 지역별로 창업 및 운영 지원 체계가 다각적으로 재정비되고 물리-디지털 인프라와 긴밀히 연계될 때, 다양한 서비스 스타트업 창업과 지역 서비스 생태계 구축이 가능해질 것이다.

이를 위해서는 스마트 메가시티 인프라 개발을 계기 삼아 서울 중심으로 구축된 스타트업 창업 지원 체계를 지역 단위로 확대할 필요가 있다. 이를 통해 각 지역에 자금, 법무, 창업, 경영 등 스타트업 지원 체계들이 구축되어야 한다. 나아가 지역별 대학, 국책연구소, 테크노파크 등이 서비스 스타트업 지원을 위해 연계 협력해야 한다. 이와 함께 초기 수요 및 레퍼런스 확보를 위해 지자체에서 공공 구매를 확대하며 지원하는 방안도 고려해야 할 것이다.

4. SMC의 특성화 설계

지역별로 스마트 메가시티 인프라의 특성화 유형을 다르게 접근해야 하는 또 다른 이유는 3대 하위 인프라를 설계, 구축하는데 일차적 초점과 병목 영역이 달라질 수 있기 때문이다.

스마트 버티컬 시티 인프라의 세부 설계

먼저 스마트 버티컬시티에서는 물리적 인프라의 구축에 있어 사회적 임팩트가 큰 미래 인프라 개념의 선제 도입이 중요하다. 구체적으로 교통과 관련해 3차원 교통, MaaS 및 수소/전기 충전 인프라, 에너지와 관련해 도시형 분산 발전, 수소경제 인프라, 환경과 관련해 미세먼지 대응 그린 인프라, 치안/방재와 관련해 초고층 건축물 소방 방재 인프라 등은 우선적으로 스마트 버티컬시티 지역에서 실증될 수 있을 것이다.

한편 디지털 인프라의 구성에서는 다목적(horizontal) 공공 플랫폼과 특정 목적(vertical)의 민간 플랫폼 간에 역할 분담 및 협업이 중요해진다. 스마트 버티컬시티 지역에서는 인프라 데이터를 활용한 서비스들이 다각적으로 시도될 것이다. 그러나 인프라 데이터가 매우 다양하고 대용량이기 때문에, 개별 기업이 혼자 처리하기 어렵고 공공 목적상 바람직하지도 않다. 따라서 정부 기관에서 인프라 데이터의 수집, 축적, 분배와 관련한 다목적 공공 플랫폼을 만들고, 민간 플랫폼들은 여기서 나온 데이터를 활용해 특정 서비스를 운영하는 것이 더 효율적이다. 예를 들어 교통 관련 기초 정보는 공공 플랫폼에서 일차적으로 취합해 배포하고, 민간 플랫폼에서 이 중 일부 정보를 다른 데이터와 결합해 특화 MaaS 서비스에 활용할 수 있을 것이다.

또한, 서비스 인프라는 대도시 지역에서 이미 갖춰진 창업 지원 체계를 충분히 활용할 수 있다. 스타트업, VC, 대학, 연구소들은 수도권에 이미 상당 부분 집중되어 있고, 서비스 창출의 경제적 성과가 크기 때문에 민간 투자도 활발하다. 이 때문에 비교적 적은 공공 투자로도 서비스 인프라의 운영 및 고도화가 가능할 것이다.

스마트 인더스트리 시티 인프라의 세부 설계

스마트 인더스트리 시티에서 물리적 인프라 구축의 일차적 초점은 산업계의 디지털 전환 지원 촉진에 맞추어져야 할 것이다. 교통 측면에서는 대형 화물 트럭들의 전기화, 자율주행화에 부응해 유무선 충전 도로나 군집 자율주행 도로 등이 우선적으로 고려될 필요가 있다. 또한, 산업 생산에 에너지와 자원을 대량 사용하는 특성을 고려해 수소경제 인프라, 순환경제 인프라 등이 추진될 필요가 있다. 나아가 생산 과정에서 지속 발생하는 오폐수, 미세먼지 등을 해결하는 산업단지 워터/에어 그리드도 고려될 수 있다. 마지막으로 부울경 지역에서 자주 발생하는 지진, 태풍, 녹조 등 자연재해를 감지, 예방하는 방재 인프라도 중요할 것이다.

디지털 인프라에서는 산업의 디지털 전환을 촉진하기 위해 데이터 플랫폼의 구축이 중요하다. 이때 산업별로 공정 특성이나 투입 장비, 효율화 방안이 다르므로 데이터 플랫폼은 산업별로 구축되어야 한다. 산업별 데이터 플랫폼은 초기 구축 비용은 많으나 성과 창출에는 상당한 시간이 걸리므로 민간 부문에만 맡기면 과소 투자 위험이 크다. 즉 시장 실패가 일어나기 쉬운 만큼 공공 부문의 마중물 투자와 업종별 전문기업들의 협업이 필수적일 것이다.

서비스 인프라 구축에서는 다양한 산업 서비스의 창출이 중요해진다. 산업 서비스를 활성화하려면, 지역 산단의 중대형 기업들이 주도하되, 지역 대학, 연구소들이 협업하고 지자체가 지원하는 방식이 적합할 것이다. 지역 내 중대형 기업들은 신규 산업 서비스의 일차적 수요자로 테스트베드 및 스크리너 역할을 수행하게 된다. 스마트 팩토리 구축에 선도적인 독일에서도 관련 스마트 서비스 창출을 위해 지역별로 산업계 주도로 학·연 협업 체제가 가동되고 있다.

스마트 컴팩트 시티 인프라의 세부 설계

스마트 컴팩트 시티에서 물리적 인프라 구축에서 삶의 질 개선과 함께 비용 효율성이 중요하다. 특히 전남 지역은 고령화와 인구감소가 본격화되었고 재정자립도가 위험수위이다. 물리 인프라 구축을 통해 더 질 높은 복지 서비스를 더 저렴하게 제공할 수 있는지가 중요해진다. 예를 들어 뱃길로 2~3시간 걸리는 낙도에는 직접 방문 서비스보다 원격 진단, 화상 대화 시스템이 의료, 복지 서비스 제공 횟수는 늘리고 비용은 줄이는 대안이 될 수 있다. 이를 위해 이 지역 물리 인프라의 일차적 초점은 인구 밀집 지역과 희박 지역의 효과적 연결에 초점을 맞추어야 한다. 특화 물리 인프라의 예를 들자면 고령자 친화적 MaaS 시스템이나 광역 분산 발전 및 전력 거래 시스템, 불법 행위 방지 해양 순찰 드론 인프라 등이 가능할 것이다.

디지털 인프라에 있어 차별점은 손쉬운 개발도구의 창출일 수 있다. 스마트 컴팩트 시티 지역에서는 인구도 적고 고령자들도 많다. 이 때문에 목적별 플랫폼 개발의 기대 이득이 크지 않아 민간기업들의 참여가 저조할 수 있다.

다만 시민 중에는 애로점을 스스로 해결하고자 풀뿌리 방식으로 목적별 플랫폼이나 앱을 만들려는 사람들도 있다. 그렇다면 소프트웨어 개발 초보자라도 손쉽게 목적별 플랫폼이나 앱을 구축할 수 있도록, 개발도구를 만들어 제공하고 관련 교육을 확대하는 방식이 오히려 지역 밀착적인 서비스 창출에 도움이 될 것이다.

이러한 풀뿌리 생활 서비스를 지원하기 위해 생활 서비스 인프라 또한 지역 밀착적인 방식으로 구축될 필요가 있다. 한편, 이 지역에서 산업 서비스 인프라는 시장 실패 위험이 큰 영역이기에 공공 주도의 인프라 구축 노력이 더욱 중요할 수 있다. 일본의 경우 이바라키현의 쓰쿠바 대학처럼 지역별 거점 대학들이 R&D 및 서비스, 창업 지원의 허브 역할을 하고 있다.

특성화 유형별 정책 고려점

공공 투자는 시장 실패가 발생할 가능성이 큰 병목 영역에 집중되는 것이 바람직하다. 스마트 메가시티 인프라에서는 유형별로 시장 실패 발생 가능 부문이 〈그림 10-7〉에 정리한 바와 같이 서로 다르다.

먼저 스마트 버티컬시티에서는 지능형 물리 인프라가 중요한데도 불구하고, R&D 비용 및 시간 부담이 상당하여 자칫 민간 투자가 저조해질 수 있다. 사회적 파급효과가 큰 만큼 학계 및 연구계에 대한 공공 지원이 그만큼 중요할 수 있다. 한편 스마트 인더스트리얼시티에서는 B2B용 디지털 인프라가 중요하나, 산업별로 각각 만들어야 하고 수혜 대상이 제한적이라 시장 실패 위험이 큰 편이다. 이러한 측면에서 B2B용 디지털 인프라 분야에 공공 투자 배분이 확대되어야 한다. 마지막으로 스마트 컴팩트 시티는 고령자나 사업체 대상 생활/산업 서비스들의 경제성이 취약하고 지역 창업 인프라가 여전히

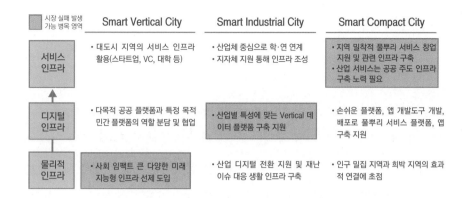

시장 실패 발생 가능 병목 영역	Smart Vertical City	Smart Industrial City	Smart Compact City
서비스 인프라	• 대도시 지역의 서비스 인프라 활용(스타트업, VC, 대학 등)	• 산업체 중심으로 학·연 연계 • 지자체 지원 통해 인프라 조성	• 지역 밀착적 풀뿌리 서비스 창업 지원 및 관련 인프라 구축 • 산업 서비스는 공공 주도 인프라 구축 노력 필요
디지털 인프라	• 다목적 공공 플랫폼과 특정 목적 민간 플랫폼의 역할 분담 및 협업	• 산업별 특성에 맞는 Vertical 데이터 플랫폼 구축 지원	• 손쉬운 플랫폼, 앱 개발도구 개발, 배포로 풀뿌리 서비스 플랫폼, 앱 구축 지원
물리적 인프라	• 사회 임팩트 큰 다양한 미래 지능형 인프라 선제 도입	• 산업 디지털 전환 지원 및 재난 이슈 대응 생활 인프라 구축	• 인구 밀집 지역과 희박 지역의 효과적 연결에 초점

〈그림 10-7〉 특성화 유형별 중점 병목 해소 영역

미비한 상태이다. 따라서 손쉬운 개발도구의 창출, 배포와 함께 공공 주도의 서비스 인프라 구축 및 운영이 중요할 전망이다.

5. SMC 성공을 위한 정책적 과제

스마트 메가시티 인프라 사업은 중장기에 걸쳐 다학제적 기술 융·복합 노력과 대규모 R&D 투자가 요구되는 만큼, 탄탄한 정책적 준비와 뒷받침이 필수적이다. 무엇보다도 부처, 지역 간 장벽을 뛰어넘는 통합적 정책 체계를 마련하고, 중장기 기술/사업화 로드맵을 수립하며, 지역 시민 의견을 초기부터 수용할 수 있는 시민 참여적 거버넌스의 설계가 중요할 것이다.

통합적 정책 추진 체계마련

스마트 메가시티 인프라 사업의 추진에는 건설, 도시, 환경, ICT, 자동차, 에너지 등 다양한 산업 분야에서 기술 개발 및 사업화와 관련해 전향적인 협업이 필요하다. 기존 업역 위주의 정책, 규제와 부처 간의 소통 장벽은 향후 사업 전개에 자칫 큰 걸림돌이 될 수 있다. 또한, 현재처럼 지자체 간 이기주의가 팽배한 상황에서는 이해관계 조정이 쉽지 않다. 이러한 측면에서 무엇보다도 먼저 개별 부처 및 지자체 단위를 뛰어넘어 국가 경쟁력 관점에서 기술 융·복합, 신산업 창출, 지역 균형, 격차 해소 등 다양한 이슈를 해결하려는 통합적 정책 체계와 정책 프레임을 마련할 필요가 있다.

스마트 시티 사업에 선도적인 싱가포르의 정책 추진 체계는 좋은 사례가 될 수 있다. 싱가포르는 2014년 스마트 네이션 이니셔티브(Smart Nation Initiative)를 발표하고 의욕적으로 사업을 추진하려 했으나 민간 참여가 부진해 초기에는 성과가 미미했다. 이에 2016년 총리실 산하에 스마트 국가 및 디지털 정부 추진국(SNDGG: Smart Nation and Digital Government Group)을 구성하고 스마트 시티 사업의 진두지휘를 맡겼다. SNDGG는 산하에 관련 비전과 정책을 개발하는 SNDGO(Smart Nation and Digital Government Office)와 스마트 시티 기술 융·복합 및 핵심 플랫폼, 솔루션 개발을 추진하는 GovTech의 두 조직을 두고 있다.

우리나라도 행복청(행정중심복합도시건설청)이 세종시를 대상으로 신규 스마트 시티 건설과 관련된 많은 경험을 축적하고 있다. 행복청을 확대 개편해 SNDGG 같은 총리실 직할 조직으로 격상하고, 스마트 메가시티/리전 인프라 구축과 관련된 중장기 비전과 계획의 마련부터 관련 규제/제도 개선, 융·복합 기술 개발의 전반적 역할을 맡기는 것도 현실적인 대안이 될 것이다. 총리실 산하 범부처 조직으로 격상이 필요한 또 다른 이유는 시대에 뒤떨어진 레거시 규제 체제를 부처 및 지자체 이해관계를 떠나 원점에서 재검토하고 재설계해야 하기 때문이다. 현재처럼 특정 부처 산하의 조직으로는 이러한 총체적 혁신 작업을 제대로 수행할 수 없다.

중장기 기술/사업화 로드맵 마련

스마트 메가시티 인프라는 R&D 및 사업화에 5~20년 이상이 소요된다. 불확실성이 큰 만큼 명확한 지향점과 미래 이미지, 중장기 기술 개발 및 사업화 로드맵 및 전개 플랜이 필수적이다. 중요한 점은 기술/사업화 로드맵은 일회성 구상에 그치면 안 되고 지속해서 업데이트되어야 한다는 것이다. 최근 기술 개발의 속도가 빨라졌고, 세계 곳곳에서 새로운 아이디어들이 속속 나오고 있으며, 사업 전개 과정에서 예상치 못했던 시민 사회의 불만이 제기될 수 있기 때문이다.

싱가포르에서도 SNDGG와 연계해 구체적인 사업 실행을 담당하는 도시

재개발청(URA: Urban Redevelopment Authority)은 50년 단위의 콘셉트 플랜을 만들고, 5~10년 단위로 세부 계획인 마스터플랜을 수립한다. 마스터플랜의 초안(draft plan)은 홈페이지, 소셜 미디어, 시티 갤러리에서 공유하여, 국민 피드백을 받아 1년 후 정식 마스터플랜으로 발표된다.

시민 참여적 거버넌스 재설계

스마트 메가시티 인프라는 대규모 공공 자본이 필요하고 현재 및 미래 세대의 생활환경과 삶의 질에 큰 영향을 미친다. 이 때문에 초기 단계부터 시민들의 적극적인 참여 및 의견 반영이 필요하다. 특히 스마트 메가시티 추진상 독특한 지역 특성과 해결 시급한 미래 사회 이슈 및 해결방안에 대해서는 현지 시민들의 시각이 가장 정확하다. 특성화 방향과 향후 운영 방안 모색에 시민 참여가 절대적으로 필요한 이유이다.

핀란드 헬싱키의 칼라사타마는 헬싱키 북동쪽 2㎞에 위치한 작은 항구 지역으로 여의도 면적 절반에 인구 5천 명이 거주하는데, Living Lab을 결합한 스마트 시티 개발을 통해 새로운 활력을 얻어가고 있다. 여기서는 새로운 스마트 도시 서비스의 도입 시 리빙 랩 방식의 'Agile Piloting Programme'을 운영한다. 즉 스타트업들이 새로운 생활 서비스나 기술을 도시 인프라와 연결해 시험할 기회를 제공하고, 선도 시민들이 실험에 참여한 후 사용 의견을 제시한다. 정책 당국은 이를 반영해 기술 활용 방식이나 도입 절차들을 조정한다. 또한, 여기서는 혁신자클럽(Innovators Club)을 운영해 민의를 적극적으로 수렴한다. 여기서는 향후 도입할 기술, 서비스를 시민들에게 설명하고 의견을 청취하는 자리를 연중 40회 이상 개최한다. 다각적 민의 수렴 노력 결과 30% 이상의 시민들이 서비스 실험에 직간접적으로 참여하며 더 나은 스마트

시티를 만들어가고 있다.

거버넌스 체제에서 또 다른 이슈는 효과적인 민간 자본 참여 방안의 마련이다. 정부, 지자체 예산만으로는 소요 자본을 감당하기 힘들며, 지역 경제 활성화를 위해서도 민간 자본의 적극적 유입이 필요하다. 하지만 이때 공공성을 어떻게 유지하는가가 관건이 된다. 민간 자본이 결합한 거버넌스는 민간 위임형부터 민–관 컨소시엄형, 나아가 공공 주도형까지 상황에 따라 다양하게 설계될 수 있다.

먼저 토론토 워터프론트 사업은 민간 위임형으로 진행되었다. 2017년 정부가 민간에 권한을 부여하고 민간 제안을 적극적으로 수용했다. 한편, 쿠웨이트 압둘라 시티, 베트남 스타레이크 시티는 민·관이 컨소시엄 구성해 스마트 시티 인프라 프로젝트를 진행하고 있다. 압둘라 시티의 경우 PPP(Public-Private Partnership) 통해 총 26조 원 규모의 사업에 민간 자본을 적극적으로 활용했다. 여기서 민간 컨소시엄은 공사 수익 외에도 운영, 유지관리 서비스를 통해 수익을 보전하게 된다.

그러나 이러한 민간 위임형이나 컨소시엄형은 다양한 문제점에 노출될 수 있다. 민간 위임형에는 갑작스러운 사업 좌초 위험이 존재한다. 토론토 워터프론트 사업의 경우 구글의 사이드워크랩스가 주도권을 맡아 처음에는 참신한 발상과 거대한 사업 전개를 제시해 큰 주목을 받았다. 그러나 이후 다양한 이해관계 조정의 어려움, 대규모 자본 투자의 부담감에 난항을 겪다가, 불과 3년 만에 코로나 위기가 닥치자 사업을 포기해 버렸다. 컨소시엄형의 경우 과도한 사익 추구와 관련된 논란에서 자유롭기 힘들다. 최근 국내에서도 인프라 펀드들이 참여한 여러 민자 사업에서 불합리한 수익 계약과 관련해 사회적 논란이 여러 번 불거졌다.

스마트 메가시티 인프라 사업에는 개발 이익, 민의 반영, 비용 부담과 관련된 다양한 사회적 갈등과 부작용이 발생할 가능성이 크다. 민간 자본 참여를 적극적으로 활용하더라도 가급적 공공성과 사회문제 해결을 강조하는 장기적, 통합적 정책 체계하에 민간 자본을 통합시키는 지혜가 필요하다. 독일 함부르크 하펜 시티는 이처럼 어려운 과제를 비교적 성공적으로 실현해 가는 사례이다.

함부르크에는 20~30년 정도 방치된 여의도 크기의 항구, 창고 지역이 있다. 함부르크시는 1997년부터 여기를 상업, 문화, 주택 복합 공간으로 재개발하는데, 개발 부작용을 최소화하기 위해 명확한 마스터플랜 원칙하에 2030년까지 장기 계획을 수립하고 진행하고 있다. 30년 걸려 300년 이상 이용될 도시를 만들겠다는 것이다. 마스터플랜에서 강조하는 원칙은 공공성, 다양성, 친환경성, 주변 환경과 조화 추구이다. 민간 자본을 적극적으로 활용하되 개발 과정에서 이러한 원칙을 명확히 실현하기 위해 시 정부는 개발지역 내 토지 및 건물을 일단 모두 매입한 후 필지를 쪼개서 모두 다른 시행사에 매각했다. 특정 기업의 개발 이익 독점을 배제하고 시 정부의 주도권을 확보하기 위한 목적이었다. 그 결과 민간기업들의 다양한 아이디어가 결합하면서 하펜 시티는 다채롭게 발전해 나가고 있다.

제11장
ACE(Acceleration, Creation, Enabling)
소부장 플랫폼 메가프로젝트

1. 글로벌 혁신생태계 동향

이미 선진국들은 각국의 제조업 부활과 경쟁력 강화를 위해 국가별 특성에 맞는 플랫폼을 구축하여 민관의 역량을 결집하여 연대와 협력의 효과를 극대화하는 혁신 정책을 추진 중이다. 정부는 예산 배분을 통한 백화점식 기술 개발과 개별 기업 지원을 지양하고 기술 개발에서 실용화까지 혁신의 전 주기 사이클이 민간 주도로 지속 가능하게 성장해 가는 생태계 조성에 정책의 초점을 두고 있다. 대표적으로 미국 오바마 정부는 'R&D는 미국에서, 제조는 해외에서' 모델이 지속 가능하지 않음을 깨닫고 'Manufacturing USA'라는 제조업 부흥 정책을 착수한 바 있다. 이 프로그램은 미국 전역에 경량소재, 3D프린팅, 복합재료, 첨단섬유 등 다양한 소재산업을 포함한 총 16개의 제조 혁신 기구를 국가적 네트워크로 구축하여 현재까지 성공적으로 운영 중이다.

사람과 아이디어 그리고 기술의 연결을 통해 국가 산업 경쟁력 향상과 안보 강화에 기여한다는 사업의 목표에서 알 수 있듯이 미국 정책의 방점은 연결과 협력의 네트워크 구축과 활성화에 있다. 중국이 제조 강국을 꿈꾸며 추진 중인 '중국제조 2025' 정책의 구체적 실행 전략도 미국의 혁신 네트워크 구축 전략을 벤치마킹한 것이다. 중국은 현재 중점 육성 산업별로 제조혁신센터(Manufacturing Innovation Center) 플랫폼을 구축하고 국가와 지역, 기업과 혁신기관의 역량을 집결하는 노력을 진행 중이다.

〈표 11-1〉에 정리한 바와 같이 경쟁국들은 민간 주도의 지속 가능한 제조 혁신생태계 구축에 민관의 노력을 결집하고 있다. 선진국의 산업정책이나 소재산업 육성정책을 관통하는 공통점은 정부가 중장기적인 미래 청사진과 자

국가	미국	독일	중국	일본	영국
정책	Manufacturing USA, NNMI	Platform Industry 4.0	Manufacturing Innovation Center	Connected Industries	Catapult High Value Manufacturing
정책 목표	첨단제조업 글로벌 리더십 산업공유자산 육성 사람·기술·아이디어 연결	4차 산업혁명 시대 미래 제조업 경쟁력 확보	미국식 국가제조혁신 네트워크 구축	횡단적 제조업 혁신 기업 간 연대와 협력 산업 데이터 활용 촉진	연구(혁신)와 산업 간 연결 혁신기관 네트워킹
중점 분야	경량화, 3D프린팅 디지털 제조, 복합소재, 사이버보안, 바이오, 전력 등 14개 분야	제조업 관련 플랫폼 및 표준, 연구 및 혁신, 보안, 법제화, 인력양성과 교육	10대 중점산업 분야 40개 MIC 건립 목표 배터리, 반도체 등 운영	미래차, 제조 로봇, 바이오 소재, 플랜트 인프라 보안, 스마트 라이프	고부가제조 등 9분야 HVM(고부가제조) 산하 AMRC, AFRC 등 운영
주요 정책	시장 경쟁 전 영역 집중 산학연관 연대와 협력 제조혁신과 상용화 촉진	디지털 전환 BM 개발 국제 표준화 주도	중국 제조 2025 5대 중점 프로젝트 10대 중점산업 혁신지원	IoT 플랫폼 연계 제조 데이터 플랫폼 제조혁신 생태계	연구결과 상용화 지원 산학협력 활성화
추진 방식	14개 제조혁신기구 정부·기업·연구기관 정부 초기 사업 지원 자국 내 멤버십 제도운영	정부 주도 선도산업이 리드 노조, 연구기관 공동 참여 테스트베드 구축 운영	핵심기업 중심 운영 산학연 독립법인체 정부 정책 패키지 지원 참여자 이익 공유	FANUC, 미쓰비시 등 플랫폼 컨소시엄 중심 산업데이터 공유촉진사업 성공사례 시범사업	정부 산하 Innovate UK 글로벌 기업 대상 멤버십 제도로 자립 운영

국의 강점을 극대화하는 전략을 수립하고 장기간에 걸쳐 일관된 정책 기조를 유지하며 실질적인 사업 수행은 철저히 민간 주도로 시장 경제 논리에 의해 자율적으로 추진한다는 점이다. 정부는 산업 생태계 내지는 산업공유자산 육성을 위한 Network 구축, 데이터를 포함한 혁신 활동 결과의 축적과 공유를 위한 제도 마련과 플랫폼 운영 기반을 지원한다. 이를 통해 이해관계자와 기관 간의 연대와 협력을 촉진하면서 지속 가능한 혁신 생태계 육성에 초점을 맞추고 있으며 부처 간, 사업 간 silo식 운영과 같은 비효율성은 가급적 배제하는 시스템으로 운영하고 있다.

2. ACE 소부장 플랫폼 메가프로젝트의 구조와 구성요소

소부장 분야와 관련해서는 앞서 재료자원 섹터의 산업구조 전환 추진전략으로서 세 가지 경로와 경로별 추진과제를 제시하였다. 성장이 정체된 우리나라 소재산업이 저부가가치의 구조 전환 산업군에서 융합 신산업, 미래 신산업, 지속성장 산업군으로 업의 영역을 확장해가기 위해서는 그린 디지털 대전환, 초부가가치 창출 'Team Korea', 상생형 혁신생태계 육성의 세 가지 경로가 필요하다는 점을 강조한 바 있다. 이들이 성공하기 위해서는 공통으로 기술과 산업 간 연대와 협력의 네트워킹, 탈경계 융·복합화 그리고 공유와 축적의 플랫폼 핵심가치가 작동해야 한다.

첫 번째 경로상에는 소재산업과 엔지니어링/IT솔루션/그린에너지 산업 등과의 연대와 협력을 통해 탄소중립을 가속하는 플랫폼, 두 번째 경로에는 미래 모빌리티, 메타버스, 스마트 인프라, 그린에너지 등 미래 신산업 창출을 활성화하는 플랫폼, 마지막으로 세 번째 경로에는 개방형 상생 혁신과 강소기업 육성을 통해 주력 산업의 고도화를 가능하게 하는 플랫폼을 구축해야 한다. 소부장 분야에서는 이들 세 가지 경로별로 특화된 '소부장 ACE 플랫폼'을 한국형 소재산업 선도 G5 메가프로젝트로 제안하고자 한다. ACE 소부장 플랫폼의 개념과 구성은 〈그림 11-1〉과 같다.

〈그림 11-1〉에 의하면, ACE 소부장 플랫폼은 소재산업의 탄소중립을 촉진하기 위한 Acceleration Platform(A-플랫폼)과 첨단 신소재 부품 확보를 통한 미래 신산업 창출을 위한 Creation Platform(C-플랫폼), 그리고 마지막으로 우리나라 주력 산업의 고도화를 가능하게 하는 상생형 혁신 생태계 Enabling-Platform(E-플랫폼)으로 구성된다.

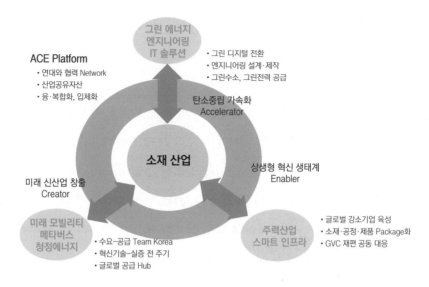

ACE Platform
• 연대와 협력 Network
• 산업공유자산
• 융·복합화, 입체화

그린 에너지
엔지니어링
IT 솔루션
• 그린 디지털 전환
• 엔지니어링 설계·제작
• 그린수소, 그린전력 공급

탄소중립 가속화
Accelerator

소재 산업

상생형 혁신 생태계
Enabler

미래 신산업 창출
Creator

미래 모빌리티
메타버스
청정에너지
• 수요-공급 Team Korea
• 혁신기술-실증 전 주기
• 글로벌 공급 Hub

주력산업
스마트 인프라
• 글로벌 강소기업 육성
• 소재·공정·제품 Package화
• GVC 재편 공동 대응

〈그림 11-1〉 ACE 소부장 플랫폼 메가프로젝트의 구성

소부장 플랫폼으로서의 ACE 플랫폼은 앞서 제시된 다른 네 가지 메가프로젝트의 추진을 통한 산업구조 전환을 기능적으로, 공급사슬 측면에서 지원하고 촉진하는 유기적 역할을 수행한다. 따라서 ACE 플랫폼 구축을 통해 산업 생태계 계층 간 정합성과 영역 간 정합성을 높이면 이는 국내 산업 생태계 전반의 질적 구조 고도화에 크게 기여할 것으로 기대하고 있다. 그러면 이제부터는 이 세 가지 핵심 플랫폼에 대해서 세부적인 배경과 추진계획을 살펴보자.

3. 그린디지털 대전환 Acceleration 플랫폼

현재 국내 제조업이 당면한 여러 현안 중에 최대의 위협요인은 탄소중립의 파고를 어떻게 넘느냐일 것이다. 〈그림 11-2〉는 우리나라 주력산업별 탄소 배출 현황과 대표적인 대응 방안을 정리한 것인데 특히, 탄소 다배출 산업인 철강을 비롯하여 비철, 석유화학, 시멘트 등 소재산업에 있어서 그 위협 강도는 기업과 산업 생태계의 흥망을 좌우할 정도로 강하다. 우리나라는 소재산업이 산업 부문 탄소 배출량에서 차지하는 비중이 70%에 육박하므로 탄소중립 달성 여부가 소재산업에 달렸다고 해도 과언이 아니다.

특히, 비상이 걸릴 곳은 철강업계인데 중국발 공급과잉에 따른 경쟁과열로 지속적인 수익성 악화에 시달리고 있다. 여기에 탄소중립 이슈가 더해지며 원가상승 압력이 한층 거세질 것으로 예상된다. 탄소중립 실현을 위한 신공정 R&D 및 설비 투자비용, 기존 공정의 투자 매몰 비용, 국가별 규제 수준의 차이에 따른 무역 분쟁 등은 위협요인으로 작용할 여지가 크다. 하지만 국내에서 계획하고 있는 2050 탄소중립 감축 로드맵은 EU 등 선진국의 과세 스케줄을 따라가지 못한다.

EU의 탄소 국경세가 2026년 전면 도입되면 철강, 시멘트, 비료, 알루미늄, 전기 등 5개 분야는 수출할 때 탄소국경조정제도(CBAM: Carbon Border Adjustment Mechanism) 인증서를 구매해야 하지만 탄소 배출량이 많을수록 비용 부담이 커져 가격경쟁력을 잃게 된다. 반면에 기술혁신을 통한 획기적 탄소 저감은 신수요 창출할 뿐만 아니라 녹색산업으로의 전환으로 공급과잉시대를 극복할 수 있는 신성장 동력이 될 수 있으므로 탄소중립 이슈는 위기이면서 기회로 작용할 여지가 높다.

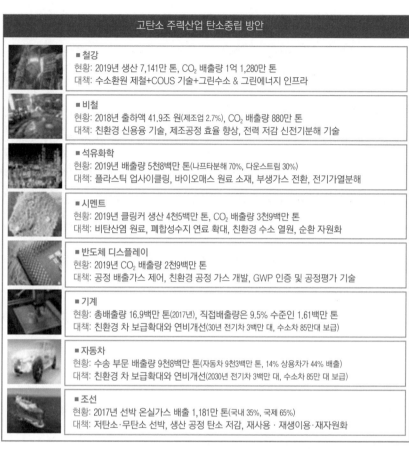

고탄소 주력산업 탄소중립 방안
■ 철강 현황: 2019년 생산 7,141만 톤, CO_2 배출량 1억 1,280만 톤 대책: 수소환원 제철+COUS 기술+그린수소 & 그린에너지 인프라
■ 비철 현황: 2018년 출하액 41.9조 원(제조업 2.7%), CO_2 배출량 880만 톤 대책: 친환경 신용융 기술, 제조공정 효율 향상, 전력 저감 신전기분해 기술
■ 석유화학 현황: 2019년 배출량 5천8백만 톤(나프타분해 70%, 다운스트림 30%) 대책: 플라스틱 업사이클링, 바이오매스 원료 소재, 부생가스 전환, 전기가열분해
■ 시멘트 현황: 2019년 클링커 생산 4천5백만 톤, CO_2 배출량 3천9백만 톤 대책: 비탄산염 원료, 폐합성수지 연료 확대, 친환경 수소 열원, 순환 자원화
■ 반도체 디스플레이 현황: 2019년 CO_2 배출량 2천9백만 톤 대책: 공정 배출가스 제어, 친환경 공정 가스 개발, GWP 인증 및 공정평가 기술
■ 기계 현황: 총배출량 16.9백만 톤(2017년), 직접배출량은 9.5% 수준인 1.61백만 톤 대책: 친환경 차 보급확대와 연비개선(30년 전기차 3백만 대, 수소차 85만대 보급)
■ 자동차 현황: 수송 부문 배출량 9천8백만 톤(자동차 9천3백만 톤, 14% 상용차가 44% 배출) 대책: 친환경 차 보급확대와 연비개선(2030년 전기차 3백만 대, 수소차 85만 대 보급)
■ 조선 현황: 2017년 선박 온실가스 배출 1,181만 톤(국내 35%, 국제 65%) 대책: 저탄소·무탄소 선박, 생산 공정 탄소 저감, 재사용 · 재생이용 · 재자원화

〈그림 11-2〉 국내 고탄소 주력산업의 탄소중립 실행 방안

따라서, 이러한 위협을 회피하기 위한 국가적 차원의 위기 극복 전략이 필요하며 더 나아가 이번 변화의 계기를 오히려 기회로 삼을 수 있는 적극적인 대응 전략이 필요하다. 특히, 제조업 중심의 우리나라 산업구조 특수성을 고려한 한국형 탄소중립 실행 전략이 필요한데 이를 위한 혁신기술 개발과 산업 전환을 위한 범정부 차원의 일사불란한 지원이 필수이다.

앞서 언급한 바와 같이 탄소중립과 4차 산업혁명의 파고를 동시에 넘기 위해서는 친환경화와 디지털 전환을 융합한 초격차 전략이 필요하다. 철강산업은 국내 유일의 등대 공장을 보유한 세계 최고 수준의 스마트 제조 역량을 보유하고 있다. 이를 바탕으로 친환경 공정과 설비를 융합하여 탄소중립과 수소경제 전환의 글로벌 이니셔티브를 강화해 나가야 하며 이를 산업구조 전환의 기회로 활용할 수 있을 것이다.

물론 이러한 목표 달성을 위해서는 지금까지 정부의 규제 중심의 환경 정책은 적극적인 산업진흥 정책으로 반드시 전환되어야 한다. 또한, 민간에서도 그간의 타성에서 벗어나 기업과 기술간 경계를 넘나들며 수소환원 제철과 같이 창의적이고 혁신적인 프로젝트 발굴과 적극적인 실행이 필요하다. 이미 선진 강대국들은 정부 주도하에 환경 기술 장벽을 강화하고 신제조업의 헤게모니를 쟁취하기 위한 다각적인 노력을 기울이고 있다.

앞서 언급한 바와 같이 국내 산업 부문 탄소중립 달성의 관건은 소재산업에 달렸으며 철강, 비철, 석유화학, 시멘트 등 이들 산업의 탄소중립 해결 방안에는 산업 횡단형 공통 과제와 이를 해결하기 위한 공통 기술들이 많다. 예를 들면 그린 전력과 그린 수소 인프라 구축과 공급 방안, 전기화 기술, CCS(-Carbon Capture and Storage) 활용 등을 들 수 있다. 따라서 산업 부문 탄소중립을 추진함에 있어서 산업 간 연대와 협력을 통해 횡단형 기술의 공동 대응은 다양한 제조업을 고르게 보유한 우리나라만의 차별화된 대응 전략이 될 수 있다.

현재 철강업계에서는 탄소중립 실현을 위해 두 가지 방안을 동시에 추진할 계획이다. 첫 번째 방안은 고탄소 원료 대체(Alternative), 생산공정 탄소 저감(Reduction)을 통한 기존 고로와 전기로 탄소 저감을 한 축으로 하여 2030 국가온실가스 감축목표(NDC) 달성에 괄목할 만한 기여를 하고 자 한다. 또 다른 한 축은 철강 산업 다 배출 설비 전환 (Transition)을 위한 수소환원제철기술 기반을 마련하는 것이다. 이를 통해 2050년 탄소 중립 달성을 목표로 하며 산업 차원의 배출 저감 및 에너지 절감뿐만 아니라 전방 산업의 전 제품 측면에서 탄소 배출을 줄이는 데 기여할 것으로 기대된다. 세계 각국이 탄소중립을 실현하기 위해 수소 기반 제철기술 개발을 치열하게 진행 중이지만 우리는 세계 유일의 FINEX 제철기술을 보유한 이점을 최대한 살려야 한다. 〈그림 11-3〉은 FINEX 유동 환원로를 활용한 한국형 수소환원 제철기술이 경쟁국 기술보다 사용 원료의 제약이 없고 공정이 단순한 장점이 있음을 잘 보여주고 있다. 이러한 기술 개발에 성공할 경우 향후 탄소중립 시대 새롭게 전개될 신철기 시대의 패권을 움켜쥘 수 있는 절호의 기회를 잡게 될 것이다.

수소환원 제철의 등장은 수천 년 이어져 온 탄소 기반 철강산업이 사용되는 자원과 에너지에서부터 공정과 설비 등 모든 면에서 총체적 탈바꿈이 일어난다는 것을 의미한다. 앞으로 이를 실현해 가는 과정에서 철강산업이 단순한 기반 소재산업을 넘어 IT 솔루션 산업과 엔지니어링산업, 그린에너지 산업과의 연대와 협력을 통해 그린 EPC(Engineering, Procurement, Construction)산업으로 확장해가야 함을 의미한다. 이러한 산업 진화 과정에서 정부의 정

구분		한국형 수소환원 제철	타 철강사 수소환원 제철(유럽, 미국, 중국 등)
철광석 환원 반응기		유동층	고정층
특징	철광석	모든 광석(적철광, 자철광, 갈철광) 사용 가능 (전 세계 사용 광석 중 갈철광 사용 비율 약 70% 수준)	제한적(적철광, 자철광) 사용 가능
	광석 사전처리	없음(산지 광석 직사용)	펠렛 제조 공정 필요
	전체 공정	철광석 환원 공정-전기로 공정	펠렛 제조 공정 - 철광석 환원 공정 - 전기로 공정
철광석 환원 공정 개략도			전 세계 펠렛 생산량 약 4.2억 톤(조강생산량 환산 시 약 2.6억 톤, 2020년 기준) →전 세계 고로-전로 기반 조강 생산량의 20% 수준으로 철광석 공급 대응 한계 ※ 2020년 고로-전로 기반 조강생산량 13억 톤

〈그림 11-3〉 한국 고유의 FINEX 기술 기반 수소환원 제철기술의 특징

책 지원 효율성을 극대화하고 다양한 산업 간 경계의 벽을 허물고 동시에 대·중소기업 간 혁신역량의 양극화를 해소할 수 있는 플랫폼 추진 전략이 필요하다.

탄소중립 가속화 플랫폼(A 플랫폼)은 산업별로 탄소중립을 추진하는 과정에서 소재산업과 그린에너지(전력과 수소) 산업, 엔지니어링산업, IT 솔루션 산업 등이 연대와 협력하는 플랫폼으로서 〈그림 11-4〉와 같은 구성과 역할을 수행하는 것으로 설계할 수 있다. A 플랫폼은 산업간 횡단형 기능을 구현할 수 있으며 소재산업과 타 산업 간 융합, 대·중소기업 간 상생 협력 등을 실현해 나갈 수 있는 장이 될 것이다. 특히, ETS(Energy Total Solution) G5 메가프로젝트와 그린 수소, 그린 전력, 탄소 포집 등 다양한 분야에서 상호 유기적 협업을 실행해 갈 수 있을 것이다.

소재산업은 한국형 수소환원 제철 공정 등 World-First 친환경 소재 제조 공정을 개발하고 공정 데이터와 최적 조업 조건 등을 EPC 산업과 IT 솔루션 산업계의 역량과 연대하고 협력하는 플랫폼 운영 전략이 필요하다. 이를 통해 DNA(Data, Network, AI) 기반의 산업 지능화를 탑재한 고유의 설비 엔지니어링을 자력 개발하고 상용화를 위한 검증까지 소위 'Process- Engineering-Testbed & Track Record' 전 주기 혁신을 완성하는 역할을 수행해야 한다. 단순히 R&D를 위한 컨소시엄 구성이 아니고 특수목적의 사업 법인으로 발전하는 목표 설정이 필요하다. 탄소중립 시대가 열리는 2050년대를 고려하면 제조 공정과 운영 설비, 그리고 제조 서비스 등 소재 산업은 친환경, 디지털화, 지능화가 필수이다. 따라서, A 플랫폼의 활성화를 통해 구조개편 산업군에 속하는 국내 소재산업들은 그린 디지털 전환을 통해 고부가가치 융·복합 산업으로 진화해 나가야 할 것이다.

소재산업의 그린디지털 전환 과정을 촉진하기 위한 A 플랫폼의 성공 여부는 제조 공정, 설비 운영 등과 관련한 데이터의 공유에 달려 있다고 해도 과언이 아니다. 앞서 〈표 11-1〉에서 소개한 일본 Connected Industries 정책의 핵심도 제조 기업 간, 업종 간 데이터 공유를 촉진하는 데 있다. 이를 위한 법과 제도를 마련하고 일본 제조업이 디지털 경제 체제에서도 경쟁우위를 지켜나가기 위한 민관의 노력을 집중하고 있다. 독일 역시 제조업 경쟁력 유지를 위해 플랫폼 인더스트리 4.0 정책을 통해 제조 데이터의 표준화와 공유를 위해 국가적 역량을 집결하고 있다. 새롭게 전개될 탄소중립 시대 제조업의 초격차 경쟁력을 확보하기 위해서는 디지털 자산의 축적과 공유에 대한 국가적 관심과 제도 정비가 시급하며 '죽어도 우리 데이터는 공개 못 해' 식의 극단적 쇄국 정책으로는 기업도 국가도 미래가 없다는 심각한 문제의식이 필요하다. 디지털 자산을 매개로 다양한 가치사슬을 연계하고 기술과 업종 간 연대와 협력을 활성화하는 법과 제도 정비는 물론 사회 문화를 창달해가는 리더십이 절실히 요구된다.

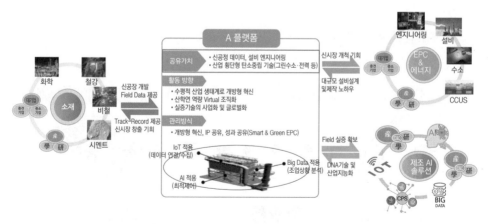

〈그림 11-4〉 탄소중립을 가속하는 A 플랫폼 개념과 구성

4. 미래 신산업 창출 Creation 플랫폼

추진 배경

ACE 소부장 플랫폼의 두 번째 플랫폼은 미래 신산업 창출 Creation 플랫폼 (C 플랫폼)이다. 4차 산업혁명의 도래와 함께 새롭게 대두되는 전기차 기반 자율주행차, 자율주행 선박, Urban Air Mobility 등 미래형 모빌리티, 5G와 6G 기반 MetaNet, 스마트 메가시티, 바이오헬스케어, 우주개발, 수소경제 등 미래 신산업에서 경쟁국보다 비교우위를 확보하고 시장을 선점하기 위해 차별화된 핵심 소재부품의 확보가 필수이다. 이처럼 새로운 시장이 요구하는 신소재 부품을 막연히 선행해서 개발하고 성공적으로 시장을 선점한다는 것이 말처럼 쉬운 일이 아니다.

경쟁국보다 비교우위를 확보하고 시장을 선점하기 위해 핵심 소재부품의 확보가 필수이다. 〈그림 11-5〉에서 예시적으로 나타냈듯이 산업이 고도화될수록 첨단 소재의 기여도는 증가하며, 특히 최근 들어 그 중요성이 부각되고

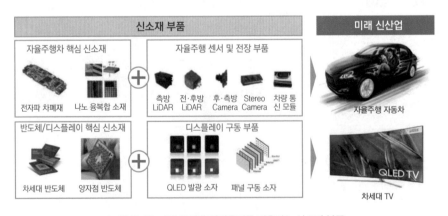

〈그림 11-5〉 미래 신산업 경쟁우위를 좌우하는 신소재 부품

있는 청자색 LED, 거대자기저항, 리튬이온전지 등 신소재 부품이 미래차, 차세대 반도체와 디스플레이 등 미래 신산업의 경쟁력을 좌우한다고 해도 과언이 아니다.

신소재 부품의 개발에서 상용화까지 혁신의 전 주기에 걸쳐 수요-공급 산업 간 연대와 협력의 Team Korea 전략이 필수적이다. 자동차, 조선, 기계 등 구조개편 산업군과는 현 주력제품의 경쟁력 유지를 통한 GVC 재편 상황에서 함께 대응 노력을 경주하고, IT산업과 이차전지 등 국내에 글로벌 Top 수요 산업이 포진한 지속성장 산업군과는 긴밀한 락인(lock-in) 전략을 통해 전략 소재 공급의 Hub 역할을 수행해야 한다. 이처럼, 우리 경제의 지속 성장을 위해서는 주력산업과 신산업, 신에너지 산업 등이 청정 고부가 산업으로 전환되어야 한다. 그리고 이들이 새로운 GVC 체제에서 기술과 시장의 주도권을 확보하는데 국내 소부장 산업이 키맨 역할을 수행해야 한다.

이처럼 산업별 전환 과정이나 신산업 창출 과정에서 요구되는 다양한 신소재 부품 확보를 위한 전 주기 혁신 전략이 필요하며 소재산업과 수요 산업 간의 긴밀한 Team Korea 활동을 촉진할 수 있는 플랫폼이 필요하다. 〈그림 11-6〉은 미래 신산업 창출 C 플랫폼이 앞에서 제안한 스마트 그린 생태계를 구축하는 데 있어서 필수적인 핵심 소재부품을 예시적으로 나타내었다.

스마트 그린 모빌리티의 경우, 단기적으로는 고성능 고안전 이차전지의 공급이 필요하며 중장기적으로는 전고체 전지를 포함한 차세대 전지와 이를 가능하게 할 차세대 소부장 기술의 지원이 필수이다. 이 외에도 다양한 제품의 경량 구조 설계를 만족하는 초경량 소재와 다양한 소재를 일체화하는 공정 기술의 공급이 중요하다. 반도체, 디스플레이, 5G/6G 등 초격차 경쟁력을 기반으로 스마트 디지털 산업의 초격차 경쟁력 확보를 위해서는 메타버스용 전략 부품, 스마트 디바이스 소재 부품, 초지능형 센서, 5G/6G 통신 부품

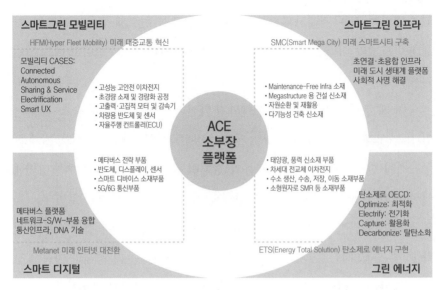

스마트그린 모빌리티
HFM(Hyper Fleet Mobility) 미래 대중교통 혁신

모빌리티 CASES:
Connected
Autonomous
Sharing & Service
Electrification
Smart UX

• 고성능 고안전 이차전지
• 초경량 소재 및 경량화 공정
• 고출력·고집적 모터 및 감속기
• 차량용 반도체 및 센서
• 자율주행 컨트롤러(ECU)

• 메타버스 전략 부품
• 반도체, 디스플레이, 센서
• 스마트 디바이스 소재부품
• 5G/6G 통신부품

메타버스 플랫폼
네트워크-S/W-부품 융합
통신인프라, DNA 기술

Metanet 미래 인터넷 대전환

스마트 디지털

ACE
소부장
플랫폼

스마트그린 인프라
SMC(Smart Mega City) 미래 스마트시티 구축

초연결·초융합 인프라
미래 도시 생태계 플랫폼
사회적 사명 해결

• Maintenance-Free Infra 소재
• Megastructure용 건설 신소재
• 자원순환 및 재활용
• 다기능성 건축 신소재

• 태양광, 풍력 신소재 부품
• 차세대 전교체 이차전지
• 수소 생산, 수송, 저장, 이동 소재부품
• 소형원자로 SMR 등 소재부품

탄소제로 OECD:
Optimize: 최적화
Electrify: 전기화
Capture: 활용화
Decarbonize: 탈탄소화

ETS(Energy Total Solution) 탄소제로 에너지 구현

그린 에너지

〈그림 11-6〉 스마트 그린 생태계 구축을 위한 신소재 부품의 필요성

등 차세대 전자소재부품의 개발과 실증이 필수이다. 스마트 그린 인프라 산업을 통해 미래 도시 생태계를 구현하기 위해서는 Maintenance-free 인프라 소재, Megastructure용 건설 신소재, 다기능성 건축 신소재 등 탄소중립과 디지털 전환 시대에 대응하기 위한 새로운 개념의 소재 공급이 필요하다. 마지막으로 그린에너지 산업에서는 탄소제로 에너지 구현을 위해 태양광과 풍력 발전용 소재부품 성능개선이 지속해서 이루어져야 하고 수소의 생산과 수송, 저장과 이용에 필요한 고성능 고안전 소재부품이 필수적으로 요구된다.

이미 민간에서는 미래 자동차, 차세대 전지, 수소 경제 등 새롭게 전개되는 미래시장에서의 초격차 경쟁력 확보를 위한 합종연횡과 K-어벤져스 구성을 활발히 전개하고 있다. 초연결, 초지능의 4차 산업혁명 시대가 전개될수록 한 기업의 역량이나 특정 산업계의 경쟁력을 넘어서는 융·복합화가 필수라는 반증일 것이다. 그러나 이러한 산업 진화 과정에서 여전히 우리의 최대 약점은 이차전지 소부장, 수소산업 소부장, 차세대 반도체 등 민간의 노력만으로 한계가 있는 소부장 산업의 경쟁력이 완제품에 비해 약하다는 점이다.

따라서 차세대 소부장 산업의 경쟁력을 높이고 새롭게 부상하는 신산업과의 정합성을 높여나가기 위해서는 그동안 추진해 온 정부의 신소재부품 R&D 정책의 한계를 되돌아보고 우리에게 주어진 환경변화를 극복하고 진화하기 위한 차별화된 추진 전략을 실행해 나가야 한다. 특히, 소재산업은 첫째 개발 성공 가능성이 작고 회임기간이 긴 인내 산업인데 비해 정책의 지속성이 보장되지 않고 정권 리스크가 존재해 왔다는 점, 둘째 공급자 중심의 기술 개발 위주로 기술과 시장의 간극을 줄이기 위한 수요-공급 기업 간 연결과 협력 전략이 부족했고, 기술 개발과 양산 사이의 단절을 메꾸는 사업 비중이 턱없이 부족한 점, 셋째 경직된 R&D 제도로 인해 시장변화에 대한 대응이 어렵고 핵심 전략품목 기술 확보가 어렵다는 점 등으로 근본적 시스템 전환이 필요하다. 특히, 여전히 정부 예산 배분 중심의 정책과 그마저도 부처별 칸막이식 예산 배분과 집행 등 사업 수행의 한계를 극복하는 것이 가장 큰 과제로 지적되었다. 즉, '무엇을 하느냐'가 중요한 게 아니라 '왜, 어떻게'가 강조된 새로운 접근 방식이 시급하다. 이런 면에서 앞서 〈표 11-1〉에서 소개한 선진국의 혁신 정책이 우리에게 시사하는 바는 매우 크다.

현재의 한계를 극복하기 위해서는 소재-수요 산업 간 연대와 협력이 더욱 공고히 이루어져야 하며 정부와 민간의 역할 분담이 분명해야 한다. 가급적 정부 R&D는 시장 실패 영역을 맡아서 개발 리스크가 큰 원천기술 개발과 상용화 지원 역할과 시장 리스크가 있어서 중소기업이 진입하기 어려운 영역을 공공 혁신 조달 등을 통해 기회를 제공하는 역할을 해야 한다. 이러한 개념을 담은 C 플랫폼의 개념도를 〈그림 11-7〉에 나타내었다. 소재-솔루션-수요 기업별로 얼라이언스를 조성하고 각각의 얼라이언스에는 기업과 학회, 대학과 연구소 등이 위성 플랫폼을 구축하고 공공기관의 혁신성과 정보도 연계한 신소재 부품 창출 C 플랫폼을 구축할 필요가 있다.

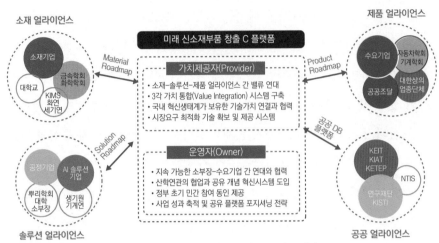

〈그림 11-7〉 미래 신소재 부품 창출 C 플랫폼 개념도

5. 상생형 혁신생태계 Enabling 플랫폼

ACE 소부장 플랫폼의 마지막 세 번째 플랫폼은 산업 대전환의 마지막 퍼즐인 상생형 혁신생태계 Enabling 플랫폼(E 플랫폼)이다. 최근 일본의 수출규제 조치로 새삼스럽게 재인식하게 된 소부장 산업의 경쟁력과 글로벌 공급망 구축의 중요성은 아무리 강조해도 지나치지 않다. 앞으로 우리 주력산업의 경쟁력을 유지하고 새로운 산업을 육성해 가는 과정에서 반면교사로 삼아 눈앞의 이익만 추구하는 어리석음이 반복되어서는 안 될 것이다. 그러기 위해서는 대기업과 중소벤처기업 간 연대와 협력, 대학과 연구소 등 혁신기관과의 유기적 협력 등이 긴밀하고 지속해서 유지될 수 있는 플랫폼 구축과 운영이 필요하다.

특히, 청정 고부가가치산업이 요구하는 다품종 맞춤형 소재부품을 공급하고 소재-공정-제품 가치사슬을 Package화 하기 위해서는 국내 제조업의 아킬레스건인 강소기업 생태계 육성이 필수이다. 바야흐로 기업 경쟁 시대에서 생태계 경쟁 시대로 전환됨에 따라 그동안 범용재 양산 경쟁력을 갖춘 소수 대기업의 경쟁력에 의존하던 수직적 산업 생태계에서 벗어나야 한다. 그리고 빠르게 변화하는 수요시장에 유연하게 대처하고 맞춤형 제품 생산력을 갖춘 고부가가치의 강소기업 육성과 지속 가능한 생태계 조성도 필요하다. 또한, 스마트화, 고부가가치화, 친환경화 과정에서 S/W, 장비 기업 등 다양한 새로운 진입자들이 자유롭게 함께 가치 창출을 이뤄가는 혁신 플랫폼 기반 수평적 산업 생태계로의 진화가 필수이다.

위에서 제안한 플랫폼 기반의 혁신 생태계 구축과 운영은 선진국에서는 이미 일반화된 접근 방식이다. 개별기업이나 특정 기술에 대한 정부 예산 배분 형식의 직접 지원을 지양하고 네트워크 구축과 활성화에 집중한다는 것은 우리에게 시사하는 바가 크다. 〈그림 11-8〉은 미국 Manufacturing USA 정책의 네트워크 개념도를 보여 준다.* 국가가 육성하고자 하는 산업 분야에 대해 정부와 민간의 협력체계를 구축하고 여기에 정부와 지자체, 대중소 벤처기업, 대학과 연구소 등 민관의 혁신역량이 결집하는 방식이다. 이 방식은 시장이 요구하는 결과물을 만들어내고 필요한 인력을 양성하는 전 주기 혁신 활동이 전개되는 플랫폼 형식을 지향하고 있다. 이 사업의 추진 성과를 측정하는 대상도 SCI 논문이나 특허 건수가 아니라 네트워크에 참여하는 협력 기관의 수가 계속 증가하는지, 구성원의 다양성이 증가하는지가 핵심 지표이다. 즉, 무엇을 할 것인가는 시장 참여자들이 결정하는 것이고 정부는 연대와 협력이 활성화되는 시스템 구축에 지원의 초점을 맞추고 있다.

모빌리티, 스마트 인프라 등 산업 대전환 과정에서 경량화는 탄소중립과 관련한 환경, 효율, 에너지 문제 대응과 제조업 경쟁력 등 여러 국가적 주요 아젠다와 공통으로 맞물린 Key-Technology로서 경량화 이슈와 관련해서 경쟁국과의 혁신 정책을 비교해 보면 플랫폼 추진의 필요성이 분명하게 나타난다. 글로벌 경쟁력이 필요한 자동차, 철도, 선박, 항공, 인프라 등 수요 산업과 소재·부품, 가공, 엔지니어링 산업이 연계한 경량화 혁신생태계 구축이 중요하다. 미국은 Manufacturing USA 정책의 하나로 경량화와 관련한 국가 네트워크인 LIFT(Lightweight Innovation For Tomorrow)를 구축하여 운영 중인데 이 플랫폼은 소재와 공정, 시스템, 인력을 총체적으로 연결하여 미국의 자동차, 항공, 조선, 엔지니어링 등 제조업의 다양한 이슈를 해결하는 역할을 수행 중이다.**

---

* NIST: Manufacturing USA Program Update, June 6, 2018, [Online]. Modified
** https://lift.technology

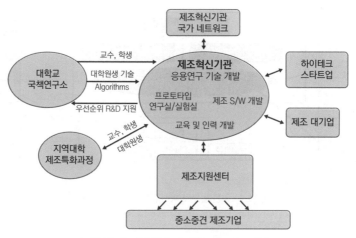

〈그림 11-8〉 미국 국가 제조혁신 네트워크 개념도

이러한 플랫폼이 정상화될 때까지는 연방과 주 정부의 초기 지원이 있지만 네트워크가 구축된 이후에는 시장 논리에 의해 정해진 참여 기관들의 연회비와 프로젝트 펀딩에 의해 상당 부분 자생적으로 운영되는 구조로 발전한다. 따라서 미국 제조업에서 경량화와 관련한 문제해결을 위해서는 LIFT에 참여하는 것이 문제해결과 비즈니스 기회 창출의 지름길이라는 공감대가 만들어졌다. 그 덕분에 이 플랫폼은 국방부, 상무부 포함 4개 정부 부처와 138개 수요, 공급기업과 혁신기관이 함께 모인 자생적 혁신 네트워크로 자리 잡고 있다.

독일의 경우 모든 나라가 부러워하는 이상적인 혁신 체계인 프라운호퍼 연구회 산하에 75개 연구소를 운영 중인데 이들 간에 'Lightweight Design Alliance'를 결성하여 경량화와 관련한 혁신 활동을 집중하고 있다.* 영국 역시 전 국토에 걸쳐 기업 성장과 시장 활력을 높이고 연구와 산업 간의 간격을 줄이는데 기여하기 위한 9개의 Catapult 네트워크를 구성하여 운영 중인

---

* https://www.imws.fraunhofer.de/en/institut/netzwerke/allianzen/fraunhofer-allianz-leichtbau.html

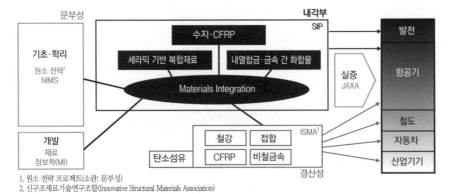

1. 원소 전략 프로젝트(소관: 문부성)
2. 신구조재료기술연구조합(Innovative Structural Materials Association)

〈그림 11-9〉 일본 범부처 혁신구조재료 사업 체계도*

데 그 중 고부가가치 제조업을 위한 High Value Manufacturing Catapult 산하에 AFRC(Advanced Forming Research Center) 내에 'Lightweight Manufacturing Center'를 운영하며 경량화와 관련한 국가 역량을 집중하는 노력을 기울이고 있다.**

가까운 일본 역시 2014년부터 국가 차원의 경량화 이니셔티브를 운영 중인데 경산성에서는 혁신적 신구조재료 기술연구조합(ISMA: Innovative Structural Materials Association)을 결성하여 자동차, 고속철도, 항공 등 모빌리티 산업의 획기적 경량화 목표 달성을 위해 노력 중이다. 이 조합에는 자동차, 철도, 항공 등 수요산업의 주요 기업을 포함하여 소재기업과 가공기업 등 총 41개 기업, 2개 국책연구소, 2개 대학이 함께 모여 수송기기 경량화라는 공동의 목표를 설정하고 각자의 역할을 수행하고 결과를 공유하는 형식으로 진행되고 있다. 또한 〈그림 11-9〉의 부처별 유기적 사업 체계에서 나타나듯이, 경산성 ISMA 프로그램은 일본 내각부의 혁신적 구조재료 관련 전략적 혁신 프로그램(SIP)과 문부성 주관 소재 관련 기초연구와 재료정보학 등 소재 관련 사업들

---

* https://www.jst.go.jp/sip/k03/sm4i/en/outline/index.html
** https://hvm.catapult.org.uk/news/afrc-expands-with-new-lightweight-manufacturing-centre/

과 상호보완적이고 유기적인 네트워크를 구축하고 기초연구에서 실증까지 포괄적인 국가 단위 연구를 추진 중이다.

이처럼 수송기기 경량화는 소재와 부품 개발을 위한 단순 기술이 아니라, 경량화 소재 설계, 성형 및 가공 공정 개발, 부품 모듈화 및 재활용까지 전 주기 측면에서 접근이 필요한 산업으로, 각각의 기술 융합이 필수적이며 이와 관련한 융·복합적 혁신생태계 육성이 중요하다.

이에 비해 국내의 경우 칸막이식 예산 배분 방식의 사업구조에서 여전히 벗어나지 못하고 소재별 경량화, 가공 공정별 기술, 모듈과 완성품의 설계 기술 등 파편화된 기술 개발과 인프라 구축, 인력양성 등이 별개로 추진되어 기술 개발 협업체계가 부족하고 내수시장에서의 Testbed 기회 부족 등 전략성과 예산 효율성이 매우 떨어지는 구조를 벗어나지 못하고 있다. 2011년부터 현재까지 10년간 국가 과학기술지식정보 서비스(NTIS)상에서 경량화 관련 수행 과제 건수는 11,000건이 넘는다. 매년 천여 건의 과제가 수행되고 있다는 뜻이며 이 중 경량소재 관련한 과제 3천백여 건을 포함하여, 경량부품, 경량설계 등 세부 기술별 과제들이 부처별, 사업별로 독립적으로 수행되었거나 수행 중이다. 선진국들은 어떻게 이런 국가적 아젠다를 소위 'One Shot, One Kill' 방식으로 접근하게 되었는가? 그들 역시 숱한 시행착오를 거쳐 진화시켜 온 합리적이고 효율적인 혁신 정책을 우리는 왜 효능을 인정하면서도 실행하지 못 하는 걸까? 이제는 진지하게 이 문제에 답을 해야 할 시점이다. 앞서 소개한 경량화 사례는 왜 혁신 플랫폼인가, 왜 네트워크 구축이 중요한가를 증명하는 대표적인 비교 사례일 뿐이다.

물론 현재 시장에서 치열한 경쟁이 전개되는 이슈나 이미 성숙한 분야 등은 시장 참여자들 간에 합의가 쉽지 않고 정부가 개입할 명분 또한 크지 않은 게 사실이다. 하지만 시장 경쟁 전 단계로 개발 리스크가 크고 시장 진입 장벽이 높은 기술이나 민간 차원에서 접근하기 어려운 탄소중립, 사회안전 등 난제 해결을 위한 접근 방식은 위에서 언급한 경량화 사례처럼 민관의 역량을 모아서 접근할 필요가 있다. 시장이 요구하는 신소재 부품의 경우 수요-공급 산업과 혁신기관이 네트워크를 구축하고 상호 제품과 소재 개발 로드맵을 공유하여 동시에 개발을 진행하여 상용화 가능성을 높이는 방식을 취해야 한다.

소재, 공정, 제품 기술 개발과 인프라 구축, 신뢰성 평가와 표준화, 인력 양성, 국제협력, 해외 시장 개척 등 혁신의 전 주기적 완성을 위해 필요한 각각의 활동이 부처별로, 사업별로, 기관별로 '따로국밥'처럼 진행되는 현재의 방식에서 빨리 벗어나야 한다. 시장에서 합의되는 전략 목표가 정해지면 이에 필요한 민관의 역량을 결집하고 구성원 간 네트워크가 활성화될 수 있도록 게임의 법칙을 정해주면 자발적으로 시장 논리에 의해 네트워크 효과가 발휘되는 '비빔밥식' 혁신 플랫폼 구축을 추진해야 한다.

산업의 전환 과정은 다양하고 이에 따라 새롭게 요구되는 소재 개발은 물론, 소재의 제품화 과정에서 필요한 신공정, 그리고 제품화 과정과 최종 신뢰성 검증까지 가치사슬 전 주기에 걸친 package화가 전략적으로 이루어져야 한다. 특히, 소재와 제품보다 사슬 중간에 있는 공정 산업은 대부분 중소기업이 맡고 있으므로 이러한 package화를 통한 상생형 혁신을 통해 국내 강소기업 육성의 토양을 조성할 수 있을 것이다. 이와 같은 일들이 주력산업 대전환 과정에서 소부장 경쟁력 확보라는 관점에서 산업별, 또는 산업 횡단형 공통 기술별로 정부와 민간, 수요-공급 산업, 대-중소-스타트업 기업, 혁신기관 등 다양한 이해 당사자들이 모여서 지속 가능한 연대와 협력의 플랫폼을 구축할 수 있다.

〈그림 11-10〉과 〈그림 11-11〉은 각각 국내 철강산업과 항공산업 생태계

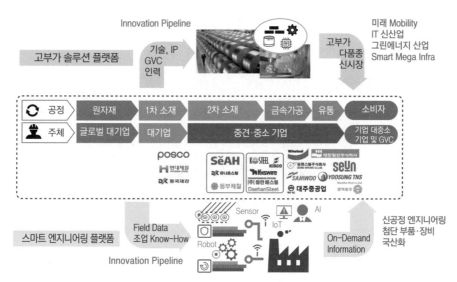

〈그림 11-10〉 철강산업 가치사슬 연계 혁신생태계 육성 플랫폼

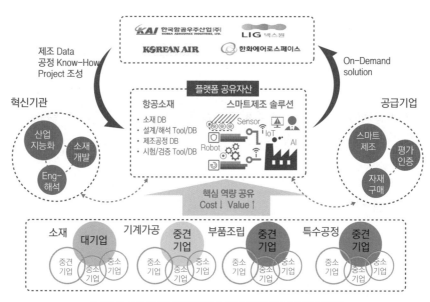

〈그림 11-11〉 항공산업 가치사슬 연계 혁신생태계 육성 플랫폼

를 예로 들어 산업 생태계 가치사슬을 연계한 대중소 상생형 혁신 플랫폼의 구축 방향을 제시하고 있다. 1차 소재-2차 소재-금속가공-수요제품으로 이어지는 가치사슬상에서 1차 소재와 수요제품은 주로 대기업 해당 제품으로 글로벌 경쟁력을 유지하고 있는 데 비해 중간에 있는 2차 소재나 가공 영역은 대부분 중소중견기업이 포진하여 대기업의 혁신속도를 따라가지 못하는 현실이다. 이는 항공산업에서도 유사한데 국내 항공산업 경쟁력 향상을 위해서는 항공 소재의 국산화 노력과 함께 항공기 조립 생산에서 중간 과정의 부품 조립이나 가공, 특수 공정을 담당하는 국내 중소중견기업의 역량은 대기업보다 턱없이 부족하므로 생태계 전반의 경쟁력 제고를 위한 플랫폼 추진 전략이 절실히 요구된다.

이러한 국내 산업 생태계의 현실을 고려한 한국형 혁신플랫폼 구축과 운영이 필요하다. 철강산업의 경우 1차 소재 대기업이 보유한 세계 최고 수준의 소재를 이용한 2차 제품 공동 개발, 소재 제조 데이터에 기반한 새로운 엔지니어링 제품 개발 등 플랫폼 내에서 강소기업이 육성될 수 있는 토양을 키워갈 수 있다. 항공산업의 경우도 대기업의 보유 역량을 공유하고 차세대 기술에 공동 대응할 수 있는 플랫폼 운영을 통해 상대적으로 취약한 중소기업의 혁신역량을 보완하면서 전체적으로 국내 항공산업 생태계의 경쟁력을 높여나갈 수 있을 것이다.

한국형 상생형 혁신 플랫폼은 대기업과 중소·중견기업, 공급자와 수요자 그리고 혁신 주체들을 연결하는 장이어야 한다. 참여자들이 공통 역량을 공유함으로써 생산과 유통의 한계 비용을 줄이고 새로운 가치를 만들고 축적해가는 산업 생태계의 혁신시스템이 될 수 있다. 정부는 이러한 협력의 그라운드를 제공하고 대기업을 비롯한 참여자들이 혁신적이고 공정한 팀워크로 One 팀이 되는 환경을 조성해가야 한다. 특히, 최근 글로벌 기업의 사회적 가치 창출과 ESG 경영은 공유가치 창출(CSV:Creating Shared Value)을 적극적으로 전개하는 계기가 되고 있다. 산업생태계의 대다수를 차지하는 국내 중소기업의 생산성 저해 요인으로 혁신 역량과 네트워크 역량의 부족을 지적한다. 이들이 혁신 네트워크에 적극 참여하여 수평적이고 유연한 협력을 통해 효율적인 생산성 개선과 혁신역량 축적을 통해 시장 진출 기회가 제공되는 플랫폼 활성화가 필수적이다. 대전환의 광풍 속에서 대한민국 제조업의 연대와 협력은 생존과 번영의 필수 조건이다.

4차 산업혁명의 전개로 글로벌 경제에서 플랫폼 기업의 지배력은 갈수록 커지고 있다. 우리나라 정부도 플랫폼 정책의 중요성을 인식하고 다양한 시도를 펼쳐나감에 따라 불과 몇 년 전보다 인식의 전환은 이뤄지고 있으나 여전히 기존의 관례에서 벗어나지 못하고 무늬만 플랫폼인 정책과 사업이 대다수이다. 이제야말로 시장 논리에 의해 자생적으로 굴러가는 플랫폼 DNA 장착을 위해 발상의 전환이 필요하다. 진화생물학의 거장 찰스 다윈은 '살아남는 자는 가장 강한 자도, 가장 똑똑한 자도 아닌 변화를 가장 잘 관리하는 자이다'라고 했다. 플랫폼 역시 지속 성장하기 위해서는 새로운 진입자를 공정하게 포용하며 변화와 안정의 균형을 유지해야 진화해 나갈 수 있다.

플랫폼은 시장 참여자들이 동의하는 대상과 규칙을 정하고 정부는 플랫폼의 조기 안착과 네트워크 효과가 구현되기까지 조기 안정화를 위해 지원자 역할을 담당해야 한다. 철강산업 혁신플랫폼의 경우, 산업이 친환경 고부가화로 진화하는 과정에서 소재 대기업의 제품과 공정 데이터를 강소기업과 공유하여 고부가가치의 가공제품을 개발하거나 친환경설비나 제조 안전장치 등을 개발하는 공동의 노력은 대표적인 지향점이 될 것이다.

지금까지 ACE 플랫폼을 구성하는 3대 플랫폼 추진 필요성과 추진 계획을 언급하였는데 그간의 칸막이식 업무 관행에서 벗어나 리스크는 낮추고 효율성은 높이는 탈 Silo식 시스템 개혁을 통해 부처 간, 정책 간, 사업 간 연대와 협력을 강화해 우리나라 제조업의 토폴러지(topology)를 변화시키는 에이스 (ACE) 역할을 맡아야 한다. 즉, 탄소중립 실현을 가속하는 촉진자(Acceleration) 의 역할과 미래 모빌리티, 메타버스, 스마트 인프라, 그린에너지 등 미래 신산업을 창조하는 창출자(Creation) 역할, 수요-공급 간 연대와 협력을 기반으로 주력산업의 고도화와 강소기업 육성 등 상생형 혁신생태계 구축을 가능하게 하는 해결사(Enabling) 역할을 책임지는 'ACE 소부장 플랫폼'의 융합적이고 입체적인 실행이 이루어지길 기대해 본다. 이제는 실행의 시간이다. Do it Now!

6. 프로젝트 성공을 위한 정책적 제언

현재 우리의 R&D 예산 구조와 집행방식 그리고 정부 예산 주도적 기업 지원 방식은 급변하는 시장의 변화에 대응할 수 없다는 것은 명백하다. 선진국의 혁신 생태계도 많은 시행착오를 거쳐서 오늘날의 모습으로 진화해 왔다. 부처별, 사업별, 전담기관별 칸막이식 구조를 탈피하지 못하고 현재의 구조에서 비슷하게 흉내 내기식을 반복한다면 Korean R&D Paradox의 불명예는 씻어내기 어려울 것이다. 현재 시스템을 한꺼번에 바꾸기는 어렵다면 현재의 경직된 거버넌스에서 탈피하여 청와대 산하에 가칭 '산업미래전략실'을 설치하고 국가 R&D 예산의 10%~30% 범위에서 이번에 제안하는 G5 메가프로젝트를 포함하여 한국형 혁신생태계 구축을 위한 범부처적 혁신 이니셔티브를 기획하고 운영하는 과감한 시도를 실행할 것을 제안한다.

미국이 1976년 백악관에 설치된 과학기술정책국(OSTP), 일본 내각성 산하에 2003년 설치된 종합과학기술혁신회(JSTA) 등 범부처적 혁신프로그램의 전주기 활동에 대해 참고할 필요가 있다. 우리도 이들과 유사한 국가과학기술자문회의 등 기구가 없지는 않으나 이들 조직이 국가 혁신에서의 역할은 단순한 자문 기구에 머물며 실질적 집행기구로서의 활동은 아쉽게도 매우 제한적이다. 일본 JSTA는 과학기술혁신 실현을 위해 설립된 국가 프로젝트인 전략적 혁신 창조 프로그램(SIP Cross-ministerial Strategic Innovation Program)을 주관하며 기초연구에서 실용화 및 사업화에 이르기까지를 추진하는 것을 목적으로 하고 있다. 2014년부터 착수한 1단계 사업에서 11개 프로그램, 2018년부터 시작한 2단계 사업에서 12개 주제에 대한 프로그램이 착수되어 총 23개 프로그램이 사회문제 해결과 일본 경제 부흥을 목적으로 산-학-관 협력하에 수행 중이다.

앞서 〈표 11-1〉에서 정리한 선진국의 혁신플랫폼 정책도 오랜 세월 동안 숱한 시행착오를 거쳐 지금의 모습으로 발전해 왔다. 중국 역시 제조혁신센터 정책을 입안할 당시 가장 이상적인 모델로 평가받는 독일의 프라운호프 연구회 조직을 도입하고자 검토하였지만 결국 중간단계로서 미국의 NNMI 정책을 추종하는 것으로 결정한 바 있다. 우리나라도 선진국의 정책을 검토하고 여러 차례 추격을 시도한 바 있지만, 성공사례를 찾기 힘들고 지속 가능한 제도로 정착한 사례는 더더구나 찾아보기 어렵다. 복잡한 혁신생태계의 이해 관계망 속에서 완벽한 모델보다는 현실적으로 수용할 수 있으면서 가장 혁신의 효과가 큰 방식을 모색하는 지혜가 필요하다.

ACE 소부장 플랫폼 메가프로젝트는 이미 언급한 바처럼 산업 생태계 계층 간 정 합성뿐 아니라 영역 간 정합성을 높임으로써 국내 산업 생태계 전반의 바람 직한 구조 전환을 앞당기는 역할을 담당해야 한다. 따라서, 현재와 같은 Silo식 정책과 사업 수행 체계로는 플랫폼으로서 소기의 성과를 달성하기 어렵고 특단의 범부처적 거버넌스 개혁이 필요하다. 탄소중립과 산업전환 선도, 소부장 전문 인력 양성, 전주기 R&D 활동, 지역 산업 고도화, 산학연 협력 활성화, 강소기업 육성 등을 위해서는 과학기술과 산업 및 기업 정책이 입체적, 유기적 연계와 협력이 이루어지지 않으면 불가능하다.

이에 비해 현재 소부장 R&D의 경우 과기부의 기초연구, 산업부의 응용연구와 기반구축, 중기부의 기업 지원 등 다양한 사업들이 독립적으로 또는 중복되어 집행되고 있다. 각 부처의 고유 사업들 역시 전담기관과 사업 간 칸막이식 구조로 인해 기술 개발, 인프라, 인력양성, 국제협력, 기업지원 등이 상호 연계성 없이 비효율적으로 진행되고 있다. 소부장 산업이 산업 대전환을 성공적으로 이끄는 Key 플레이어가 되기 위해서는 산업 간 연대와 협력, 대

중소 기업과 스타트업 간의 연대와 협력, 정부 정책 간 연대와 협력 등 현재의 경직된 수직적 Silo 시스템에서 벗어나 유연하고 입체적인 연결과 협업이 가능한 네트워크 구축이 필수이다. 〈그림 11-12〉에서 나타나듯이 초연결, 초융합의 시대를 맞이하여 시장과 산업, 기술은 상호 유기적으로 연결될 때 그 파괴력은 엄청나게 배가된다. 고부가가치의 신소재 부품은 이러한 연결을 가능하게 하는 소위 'King-pin'이다. 이러한 연결과 협업이 자유롭게 실현되는 거버넌스 개편과 사업구조 혁신이 필수이다.

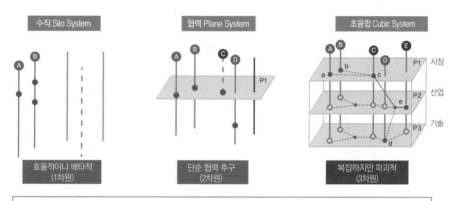

- 과거 추격 성장 시대 수직적이고 Silo 방식의 Governance 체계와 배타적 정책과 사업 수행 방식 한계 도달
- 2030 산업대전환과 2050 탄소중립 시대를 선도하고 초연결·초융합의 선도형 경제 체제로의 전환을 위해 국가 체계와 정책, 사업은 수직·수평적 정합성을 극대화하는 입체적 구조로 진화 필수
- 이러한 Cubic Transformation을 통해 Cross-Cutting 정책과 사업, 프로젝트가 발굴, 수행되는 국가대전환 필요

〈그림 11-12〉 산업 대전환을 위한 정부 정책과 사업의 입체적 실행 구조

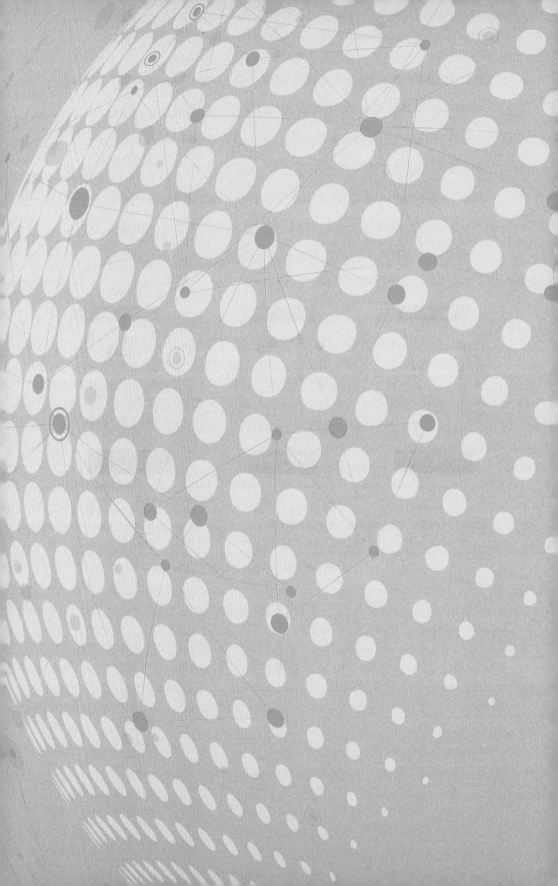

제4부
산업정책과
정책 거버넌스의 개편을
요구한다

제12장
왜 산업정책과 거버넌스 개편인가

1. 산업정책과 거버넌스에도 구조적 접근이 필요하다

이제까지 우리는 제1부에서 한국경제를 엄습하고 있는 위기, 제2부에서 이에 선제적으로 대응하기 위한 산업구조 전환 마스터플랜, 그리고 제3부에서 그 산업구조 전환을 구체적으로 실행하기 위한 G5 메가프로젝트를 예시적으로 제시하였다. 사실 산업구조 전환은 산업생태계를 구성하는 정부와 기업이 서로 협력하여 추진하는 국가 차원의 과업이다. 기업들은 제2부에서 제시한 마스터플랜에 따라 구조혁신을 위한 전략을 구사해야 하고, 정부는 그 구조전환이 장애 요인이나 이해관계자 간 갈등에 의해 저지 또는 지체되지 않도록 연구개발투자, 기반조성, 제도 개혁, 정책 및 거버넌스 혁신 등 여건 조성에 전력을 기울여야 한다. 그러나 과연 이것만으로 충분한가? 그렇지 않다면, 우리에게 아직 어떠한 과제가 남아 있는가?

한국공학한림원이 「산업미래전략 2030」을 모색하면서 알게 된 사실은 이러한 노력이 개별 기업 단위나 개별 산업 단위에서 추구되거나 전근대적 silo 구조의 정부조직하에서는 제대로 효과를 발하기 어렵다는 것이었다. 그런 관점에서 한국공학한림원은 〈표 12-1〉이 다시 보여주고 있듯이 산업생태계의 구조적 특징에 주목하여 산업정책과 거버넌스를 도출하고자 했다. 즉, 상위의 정책계층과 거버넌스계층은 그 하위의 시장/산업계층, 제품/서비스계층, 플랫폼계층, 기술계층을 지배하나 올바른 정책과 거버넌스는 지배 논리가 팽배한 하향식이 아니라, 생태계의 학습기능과 자발성에 기반한 상향식으로 도출되어야 한다는 것이다.

한국공학한림원이 산업구조 전환의 추진전략을 모색하면서 택한 방식은 두 가지였다. 하나는 산업 생태계를 구성하는 산업들을 23개 산업으로, 그리

	계층(Layer)	임무 및 전략 변수(Mission and Strategic Tools)
6	거버넌스계층 Governance Layer	정부조직 및 법제도 Government Agencies and Governance Structure
5	정책계층 Policy Layer	새로운 정책 패러다임 New Policy Paradigm
4	시장/산업계층 Market/Industry Layer	시장/산업구조 전환 Market and Industry Structure Transformation
3	제품/서비스계층 Product/service Layer	G5 협업생태계 메가프로젝트 G5 Collaborative Ecosystem Mega Projects
2	플랫폼계층 Platform Layer	기술 플랫폼 및 인프라의 개발 Development of Technological Platform and Infrastructure
1	기술계층 Technology Layer	핵심기술 및 부품의 연구개발 R&D of Core Technologies and Components

고 이를 다시 5개의 산업 섹터로 나누어 섹터별 산업구조 전환의 추진전략을 모색하는 수직적 접근이었고, 다른 하나는 산업 구분을 무시하고 주요 영역별 미션을 중심으로 G5 메가프로젝트를 도출하여 수평적 플랫폼, 제품/서비스 간 컨버전스, 그리고 시장/산업의 융·복합화를 강조하는 수평적 접근이었다. 〈표 12-2〉는 이 두 가지 접근 방식을 하나의 표로 도식화한 것이다.

그렇다면, 이러한 정책과 거버넌스에 관한 구조적 접근에 어떠한 과제가 남아 있는가? 그것은 매우 자명하다. 국가 산업 생태계의 수직, 수평구조를 모두 관할하는 정책 및 거버넌스계층에 대해 어떠한 혁신요구가 있는지를 모아 정리함으로써 실제 산업구조 전환을 추진할 국가 차원의 추진체계를 분명히 하는 일이다. 그 출발점은 '현재의 정부조직과 정책구조를 그대로 유지하면서 과연 산업구조 대전환이 가능하겠느냐'는 질문이다. 그 출발점에 서서 5개 각 산업 섹터와 G5 메가프로젝트가 요구하는 정책 거버넌스 혁신요구를 세부적으로 살펴보자.

<표 12-2> 국가 산업 생태계의 수직/수평구조

계층(Layer)	수평적 영역(Domain)				
거버넌스계층 Governance Layer					
정책계층 Policy Layer	전기전자정보 섹터	건설환경 섹터	운송장비기계섹터	화학생명에너지 섹터	재료자원 섹터
시장/산업계층 Market/Industry Layer					
제품/서비스계층 Product/Service Layer					
플랫폼계층 Platform Layer					
기술계층 Technology Layer					

수평적 영역(Domain)

거버넌스 전환(Governance Transformation)

정책 기조 전환(Policy Transformation)

스마트 그린 대전환(Smart&Green Transformation)

스마트그린 인프라 Smart & Green SOC Initiative	**스마트그린 모빌리티** Smart & Green Mobility Initiative	**소부장 플랫폼** New Formation of Material & Components
스마트 디지털 Smart Digital Initiative	**그린 에너지** Secure Green Energy Initiative	

2. 산업 섹터는 어떤 정책 거버넌스 혁신을 요구하나

5개 산업 섹터에 대한 산업구조 전환의 추진방안은 시장입지에 대한 평가, 목표시장 설정, SWOT에 입각한 산업 포트폴리오 전략, 구조 전환 추진 전략 모형에 의한 추진전략, 그리고 그 과정에서 요구되는 정책적 과제로 도출되었다. 그렇다면 각 산업 섹터별 추진전략은 산업정책과 거버넌스계층에 대해 어떠한 과제와 혁신 실행을 요구하고 있을까?

전기전자정보 섹터

'국내 통신서비스 산업 내의 낭비적 자원 소모를 줄이고 투자 여력을 미래지향적으로 돌리기 위해 5G 공동망 및 주파수 공유를 산업 차원에서 추진해야 하며, 망 중립성 전면 재검토 등 통신서비스산업의 규제 패러다임을 네트워크 중심으로 전면 개편해야 한다. 정보통신서비스 시장부터 시장구조개편을 통해 경쟁 강도를 높일 필요가 있다. 경쟁 압력이 높아져야 시장혁신이 일어나고, 서비스 시장의 혁신은 바로 단말과 장비 시장으로 파급된다. 그러자면, 통신비 인하 압력과 같은 정부의 지나친 간섭과 규제는 과감하게 철폐되어야 하고, 새로운 네트워크 플랫폼이 신규 사업으로 시장 진입할 수 있도록 여건을 열어주어야 한다.'

'반도체 및 디스플레이산업의 경우, 전방의 자율주행 자동차, 드론/로봇, 웨어러블, AR/VR, 클라우드, IoT, 5G/6G, 메타버스 등의 애플리케이션, 후방의 팹리스 설계, 제조공정, SCM, 글로벌 협업 R&D를 그 범위로 하는 대형 생태계가 만들어지고 있음에 주목해서, 컨버전스 대응전략을 조속히 강구해야 한다.'

'서비스로봇 산업과 의료 헬스케어 산업의 경우, 정부가 공공조달 시장을 활용, 초기 시장을 만들어주되, 공급 시장을 키우기 위해 개방형 생태계를 구축, 비즈니스 아이디어와 자산을 가지고 있는 주체라면 누구든지 벤처를 설립하고 시장에 진입할 수 있는 여건을 마련해야 한다.'

'생태계 활성화, 여건 개선을 위한 선제적 법제, 그리고 종합적 정책 거버넌스가 가전/서비스 로봇산업뿐 아니라, 컴퓨터/소프트웨어, 디지털 콘텐츠/게임산업, 그리고 의료 헬스케어 산업에서 모두 신속하게 마련되어 실행되어야 한다. 반도체와 디스플레이 분야에 대해서는 우리가 글로벌 경쟁력을 가지고 있는 만큼, 핵심기술과 인력이 중국과 같은 경쟁국에 유출되지 않도록 정부가 기업 인수 합병에 대한 규제를 강화하고, 국가 차원에서 핵심 기술인력을 특별히 관리하는 프로그램을 마련해야 한다.'

운송장비기계 섹터

'친환경 규제에 대한 선제 대응이다. 다양한 전동화 차량의 기술적 경쟁우위 확보를 위해 경량화 기술, 소재 기술, 충전 및 인프라 기술을 확보하는 한편, 친환경차(전기차, 수소차)용 대용량 배터리 등 고효율 저비용 배터리 관련 기술과 친환경 에너지(풍력, 전기, LNG, 수소) 추진 교통수단 등 친환경차 시대를 뒷받침할 수 있는 선제적 기술 확보와 생태계 구축이 긴요할 것으로 보인다.'

'자율주행, 커넥티드 및 모빌리티 연계기술 확보로 글로벌 시장을 선점하는 것이 긴요하다. 구체적으로는 모빌리티와 커넥티드 서비스를 위한 인공지능 기반의 플랫폼 기술을 확보하고, 친환경차(전기차, 수소차) 및 도심 항공 모빌리티용 대용량 배터리 등 초고속, 고효율 저비용 배터리 관련 기술 및 자율운항 스마트화 기술, 스마트 생산화 관련 기술 확보 등을 통해 글로벌 시장의 선점이 필요하다.'

'기계와 같이 차세대 발전 가능성이 큰 신성장 기계산업의 경우 '설계-제조-운영' 전 주기 디지털 통합을 통해 최적화 역량을 기반으로 한 솔루션 산업으로의 전환과 핵심기술 확보 및 디지털 전환 가속화를 통한 미래 글로벌 시장 선점을 통한 차세대 주력 산업화 노력이 필요하다.'

'로봇 및 우주항공과 같은 신산업 분야의 시험인증 제도 확충 및 혁신생태계 조성과 함께 조선업의 경우처럼 친환경 스마트화와 GVC의 변화에 따른 산업 생태계 재편, 관련 기업들과의 상생 모델 개발 등 혁신적 협업 생태계를 조성하는 것이 무엇보다 중요한 과제이다.'

건설환경 섹터

'건설환경 산업의 정의를 기후변화 및 4차 산업혁명 진전에 맞추어 공간을 재구축하는 '융·복합 생활/사회/산업 인프라 산업'으로 바꿔야 한다. 건설업을 재정의함으로써 인력 투입 시공 중심에서 하이테크 기술 및 엔지니어링 중심으로 전환하자는 것이고 한국형 뉴딜 내 생활/사회/산업 인프라를 업그레이드하면서 정부 주도의 신시장 개발에 나서야 한다는 것이다. 물론 이러한 국내 시공 경험을 바탕으로 해외 PPP(Public Private Partnership) 사업진출의 확대가 가능할 것으로 보이며 이 과정에서 금융기관과의 협업 분위기 조성도 필요하다.'

'디지털 기술 결합 및 고도화를 위해서는 정부가 디지털 전환 지원 및 촉진 정책을 펼쳐야 한다. 이를 통해 건설업을 고도의 IT 서비스업으로 변환시켜 나갈 수도 있다. 이를 위한 제도적 여건으로서 중소건설사의 산학연 연계활용이 가능한 디지털 전환 기술의 개발, 확산 지원이 필요하고 이를 플랫폼화할 필요도 있다.'

'신기술산업인 환경, 안전방재, 리사이클링 분야에 민간 투자를 유도하고 영세사업구조에서 탈피할 수 있도록 정부의 지원이 필요하다. 물론 신시장 확대를 위해 부실 건설사를 퇴출함으로써 활

력있는 공정경쟁 시장을 조성하도록 노력해야 한다.'

'정책 및 규제시스템의 변화이다. 낡은 규제시스템을 혁신유도형으로 단순화하여야 하고, 신성장 건설영역에서 인허가 등 정책규제의 기조를 포지티브 리스팅(positive listing) 방식에서 네거티브 리스팅(negative listing) 방식으로 전면 전환해야 한다.'

화학생명에너지 섹터

'의약품/의료기기, 식품 및 화장품 산업을 아우르는 바이오헬스 분야는 혁신기술 및 보건의료 서비스 플랫폼 개발을 위한 대규모의 장기적인 연구개발 투자와 대기업과 신생 벤처기업 간의 시너지가 원활히 이루어질 수 있도록 바이오 클러스터 확보 및 생태계 형성이 필요하다. 또한, 신생 벤처 창업이 활성화될 수 있도록 불필요한 규제 및 진입 장벽의 제거와 함께 바이오 기술 분야와 경영 및 금융 분야의 융합 인재를 양성하는 정책이 필요하다.'

'신재생에너지 산업이 발전하기 위해서는 2차 기후변화대응 기본 계획, 3차 에너지기본계획, 그린뉴딜 정책, 2050 탄소중립 추진전략 등 정책의 지속성 및 가시성의 제시가 가장 중요하다. 여기에 더해 에너지환경 분야의 규제를 완화하고 한전 중심의 폐쇄적인 모델에서 미래지향적인 에너지 산업 생태계로의 전환이 이루어져야 한다. 이를 통해 기존 에너지업체뿐 아니라 ICT 융합을 위한 통신사업자, RE100을 추구하는 민간기업들 그리고 창의적이고 새로운 사업모델을 가진 운영서비스를 제공하는 벤처기업 등이 시장에 진입할 수 있도록 해야 한다. 또한, 글로벌 에너지 시장에서 경쟁력을 가진 total energy solution provider를 육성할 수 있도록 산업 재편에 대한 정책적 유도가 필요하다. 2050년 탄소중립 목표의 달성과 에너지 비용의 최소화 그리고 국제경쟁력 있는 에너지 산업의 육성이라는 세 가지 목표를 균형 있게 달성할 수 있는 범부처적인 정책 방향과 지원이 필요하다.'

'정유 및 석유화학 분야는 친환경 고부가가치 산업으로의 구조 전환 추진이 가장 시급하다. 이를 위해 단기적으로는 스마트 플랜트가 필요하고 이를 주도할 디지털 융합 인재 양성이 이루어져야 한다. 장기적으로는 친환경 석유화학형 정유공장으로의 전환을 위한 R&D 및 시설 투자도 필요하다. 고부가가치 specialty chemical 개발을 위해 중소·중견기업에 대한 화평법과 화관법 등의 규제 완화와 함께 우수 R&D 인력을 확보할 수 있도록 교육 및 병역 특례 지원의 확대도 필요하다. 이를 통해 개발된 신기술과 신제품의 사업화를 위해서는 정부 주도로 테스트베드 사업과 글로벌화를 지원하는 정책이 이루어져야 한다.'

'섬유 분야는 기초연구와 R&D 인력의 육성이 이루어지도록 정책적 지원과 함께 스마트섬유 개발을 위한 타 산업 분야와의 융·복합적인 협업체계 추진이 필요하다. 고기능, 친환경, 스마트, 산업용 섬유의 시장 수요에 집중하기 위해 소재 분야에서는 다른 기술 분야와의 융·복합적인 협력이 필요하며 최종재 시장에서는 K Culture의 확산을 활용한 패션 및 디자인의 국제경쟁력을 강화하는 산업정책이 요구된다.'

재료자원 섹터

'첨단 소부장 기업의 경쟁력 원천은 협력기업과의 생태계 구축과 활발한 산학협력이다. 특정 기업이나 특정 기술 단독으로는 구현하기 힘든 복잡한 기술이라도 융·복합화함으로써 얼마든지 독점적 경쟁력을 창출할 수 있다. 정부의 R&D 역시 기업 간, 기술 간 융·복합화를 통해 높은 혁신성과 파괴력을 지닌 고도의 사업 기획과 지원이 반드시 이루어져야 한다. 익숙하게 판에 박힌 예산 배분과 평가관리보다 혁신적인 기획과 유연한 조정, 역량의 축적이 훨씬 중요하다.'

'초부가가치 창출 Team Korea는 소재산업과 연관산업 간 연대와 협력을 통해 초부가가치 창출의 협업 구조를 만들자는 제안이다. 자동차, 조선, 기계 등 구조개편 산업군과는 GVC 재편에 함께 대응하고, ICT 산업과 이차전지 등 국내 지속성장 산업군과는 긴밀한 락인(lock-in) 전략을 통해 전략 소재 공급의 허브(hub) 역할을 수행하자는 것이다. 그리고 미래 모빌리티, 그린에너지, 항공우주, 스마트 인프라 등 신성장 산업군과는 혁신 소재부품 공급 기반을 확충해 가는 등 산업군별 맞춤형 연대와 협력 강화로 강건한 소부장 공급망을 구축하자는 것이다.'

'상생형 혁신생태계는 국내 소부장 가치사슬 구조를 소수 대기업 의존형 수직구조에서 맞춤형 제품생산력을 갖춘 고부가가치 강소기업과의 수평적 생태계 구조로 보완하자는 제안이다. 우리나라는 대기업 중심의 소재산업과 수요산업보다 중간에 있는 뿌리산업과 가공산업은 상대적으로 규모가 작고 기술력 역시 부족하다. 따라서 향후 전개될 그린 디지털 전환이나 초부가가치 산업으로의 전환 과정에서 소재-공정-제품으로 이어지는 가치사슬의 공진화(共進化)를 정책적으로나 전략적으로 잘 관리해 나가야 한다. 이를 통해 소재산업이 친환경화, 디지털화, 지능화, 첨단화를 추진하는 과정에서 뿌리 기업, IT 솔루션 기업, 장비 기업 등 다양한 새로운 진입 기업들과 함께 가치를 창출해 가는 상생형 혁신플랫폼 기반의 수평적 산업 생태계로 전환할 수 있을 것이다.'

3. G5 메가프로젝트는
어떤 정책 거버넌스 혁신을 요구하나

수직적 산업구조, 즉 산업 섹터별로 살펴본 산업정책과 거버넌스 혁신요
구는 구조상 해당 섹터에 한정된다. 그러나 산업 생태계상의 정책계층과 거
버넌스계층이 silo 구조로 되어 있는 경우의 한계를 생각하면, 이들 계층을 보
다 수평적 구조로 전환하기를 요구하는 G5 메가프로젝트의 정책적 요구에
주목할 필요가 있다. 정책 및 거버넌스계층을 정부 부처 간 벽과 부처 이기주
의를 허물고 산업 전반에 걸친 융합 시너지를 극대화하도록 수평 구조화하는
과제는 한국공학한림원이 이번 「산업미래전략 2030」을 제시하면서 가장 노
력을 기울인 과제이다. 그러면 이제부터 산업 생태계의 수평구조에 주목하여
5가지 메가프로젝트가 각각 어떠한 정책 거버넌스 혁신을 요구하고 있는지
살펴보기로 하자.

MetaNet 메가프로젝트

'MetaNet은 네트워크와 컴퓨팅, 그리고 부품에서 서비스에 이르는 가치사슬 전반에 걸친 협력
이 있어야만 구축된다. 따라서 개발, 구축, 시장개발 단계에서 국가 차원에서 다부처 협력을 끌
어낼 수 있는 top-down형 정책 추진체계가 필요하다.'

'MataNet에 의해 교육/문화/커머스 등 전 산업에 걸쳐 새롭게 재편될 차세대 인터넷 생태계의
질서를 통제하기 위한 효율적 규제방식을 재설계하여야 한다. 그 과정에서 규제내용에 대한 전
국민적 공감대를 형성하고 관련 부처 간 통합적 정책 수립 및 집행을 위한 다부처 협력체계와 인

센티브 메커니즘이 갖추어져야 한다.'

'초격차 기술전략의 실행을 위해 가칭 '메타버스 산업진흥법'을 제정하고 특히 MetaNet 기반 융·복합 테스트베드 구축 및 활용에 필요한 정부 예산이 선택과 집중의 원칙하에 편성되고 집행되어야 한다. 또한, 상위의 컨트롤타워는 다부처 간의 중복투자를 지양하고, 단계별로 효율적 생태계 구축을 통해 조기에 산업적 성과를 낼 수 있도록 투자 및 제도 개선에 선제적으로 대응해야 한다.'

'대규모 저궤도위성 기반 스페이스 인터넷 구축은 대규모 투자가 요구되고, 우리나라에는 새로운 개척영역이기도 하다. 따라서 장기적으로 국가가 보유한 우주개발 정책과 역량을 최대한 집결하여 하나로 통합된 추진체계를 갖추면서 공공분야에서 선도적 서비스를 개발 제공하는 것도 필요하다.'

ETS(Energy Total Solution) 메가프로젝트

'에너지 관련 제도의 개선과 시장 시스템의 혁신이 필요하다. 현재 중앙집중형 에너지 시스템으로 최적화되어 있는 에너지망(전력, 가스, 열, 수소)을 개방하여 망 중립성을 확보해야 한다. 또한, 불필요한 규제의 완화 및 새로운 시장시스템의 도입을 통해 에너지 영역별 공기업 중심의 칸막이 에너지 정책으로부터 공기업의 역할(인프라 투자)과 민간의 역할(신산업 투자)을 구분함으로써 효율성과 성장 동력 창출 추진이 가능한 정책으로 과감히 전환할 필요가 있다. 보다 구체적으로는 자가소비(Self-consumption) 인센티브, 한국형 RE100, 직접 거래제(P2P Trading), 탄소세(Carbon Tax), 탄소발자국(Carbon Footprint), 배출권거래제(Cap & Trade) 등을 신규 도입하거나 확대할 필요가 있다.'

'에너지 신기술 및 신사업의 케즘(chasm)을 극복하기 위해서는 이를 실효적으로 지원할 수 있는 녹색금융 투자 확대와 제도 개혁이 필요하다. 현재 금융기관의 보수적인 프로젝트 파이낸싱의 한계를 과감히 탈피하여 High-risk 투자 및 Risk-sharing 투자, ESG 기반 투자 등 녹색금융 투자가 확대될 수 있어야 한다. 이를 위해 투자 회수 및 투자 안정성이 가장 중요한 금융지표인 현 금융시스템을 탈피하여 녹색금융 행위 자체가 투자금융기관의 ESG 성과 지표로 활용되는 등 다양한 형태의 녹색금융 제도 개혁이 필요하다.'

'탄소중립과 신성장동력 창출을 지향하는 그린에너지 대전환이라는 국가적 목표를 과학 기술적으로 구현하기 위해 관련 R&D 규모를 획기적으로 확충하고 이를 전략적으로 Top-Down식 추진이 가능하도록 공동 개발 플랫폼의 구축과 함께 관련 소부장 R&D 프로젝트와 연계를 통해 실증(demonstration) R&D 프로젝트가 확대되도록 노력해야 한다. 또한, 기술 개발의 추진에 있어 기술계층, 플랫폼계층, 제품/서비스계층의 기술 개발이 유기적으로 융합될 수 있도록 R&D 방식과 거버넌스를 개선하여야 한다.'

'신기술이 탑재된 새로운 에너지시스템 및 토탈 에너지 솔루션을 보급(deployment)하기 위해서는 정부의 공공 조달(Procurement)에 기반한 초기 시장 창출이 매우 중요하다. 배터리 전기차, 수소 전기차나 연료전지발전소의 초기 시장을 정부 조달을 통해 열어주는 것이 대표적인 예라 하겠다. 위에 기술된 11개 세부 프로젝트와 관련된 보급기술이 조기 상용화되고 구현되기 위해서는 정부의 공공조달 역량을 통해 Early Adopter를 육성하고 민간의 자발적인 참여를 촉진할 필요가 있다.'

'차세대 원전개발 및 해외원전 수출 관련 한미일 협력, 에너지 고립섬 탈피를 위한 동북아 슈퍼그리드, 한러시아 가스망 연결, 해외 그린 및 블루 수소 도입 등 관련 에너지 분야의 국제협력을 강화하고 확대해야 한다. 또한, IEA(International Energy Agency)와 같은 에너지 관련 국제기구 활동에 적극적으로 참여하여 국제 에너지 무대에서 한국의 위상을 높이고 각 분야를 선도하는 리더를 육성함으로써 우리나라의 리더십을 확대할 필요가 있다.'

'탄소중립을 위한 친환경 관련 기술과 안전성, 경제성 등에 대한 객관적인 정보와 사실을 기반으로 관련 전문가와 정책 결정자들이 국민 소통을 강화하여 올바른 인식의 제고와 교육 홍보가 가능하도록 해야 한다. 또한, 의사결정 시스템의 재정비를 통해 집단지성이 작동하는 형태, 그리고 중요 사안은 국민의 동의를 구하는 절차를 확립할 필요가 있다.'

HFM(Hyper Fleet Mobility) 메가프로젝트

'정부의 다부처 협력이 절실하고 레거시 규제의 해소 및 정비가 필요하다. CASES라는 거대한 변화는 정부 여러 부처의 경계를 넘나들 수밖에 없다. CASES의 특성에서도 살펴본 바와 같이 Convergence와 Alliance는 성공을 위한 전제 필수 조건이 된 것이다. 따라서 산업통상자원부, 건설교통부, 환경부, 과학기술정보통신부, 중소기업부 간의 이해 조정과 통합이 절실하다.'

'인공지능으로 대표되는 소프트웨어산업을 적극적으로 지원하기 위해서는 메가프로젝트 추진 환경에 걸맞은 데이터를 시행착오 없이 체계적으로 수집하고, 동시에 이를 공유하는 생태계를 조성함으로써 해당 산업계가 갖는 공통의 부담을 줄여 주어야 한다. 우리나라 공공수송 분야만이 갖는 특수성을 고려한 데이터의 수집과 이에 대한 지원 및 보호는 미래 지향적 기술 안착의 실마리를 효과적으로 푸는 계기를 제공할 것이다.'

'HFM 메가프로젝트의 대표적 5가지 응용 프로젝트의 선정은 우리나라의 특수성을 내포하고 데이터의 효과성을 고려하며 선정한 것이라는 것이다. 아울러 CASES 기술을 종합적으로 내포한 측면이 고려되었다. ICT, 반도체, 디스플레이, 소프트웨어와 더불어 인공지능으로 대표되는 미래

기술과 모빌리티 서비스 사업의 효과적 안착을 선도하도록 기획되었다.'

'HFM 메가프로젝트는 공공성과 친환경성을 중심을 두고 기획한 프로젝트이다. 따라서 정부의 효율적 기획과 지원이 필수일 것이고 우선순위 설정도 이러한 측면이 우선시 되어야 할 것이다.'

SMC(Smart Mega City) 메가프로젝트

'스마트 메가시티 인프라 사업의 추진에는 건설, 도시, 환경, ICT, 자동차, 에너지 등 다양한 산업 분야에서 기술 개발 및 사업화와 관련해 전향적인 협업이 필요하다. 무엇보다도 먼저 개별 부처 및 지자체 단위를 뛰어넘어 국가 경쟁력 관점에서 기술 융·복합, 신산업 창출, 지역 균형, 격차 해소 등 다양한 이슈를 해결하려는 통합적 정책 체계와 정책 프레임을 마련할 필요가 있다.'

'행복청(행정중심복합도시건설청)을 확대 개편해 SNDGG 같은 총리실 직할 조직으로 격상시키고, 스마트 메가시티/리전 인프라 구축과 관련된 중장기 비전, 계획 마련부터 관련 규제/제도 개선, 융·복합 기술 개발의 전반적 역할을 맡기는 것도 현실적인 대안이 될 것이다. 총리실 산하 범부처 조직으로 격상이 필요한 또 다른 이유는 시대에 뒤떨어진 레거시 규제 체제를 부처 및 지자체 이해관계를 떠나 원점에서 재검토하고 재설계해야 하기 때문이다. 현재처럼 특정 부처 산하의 조직으로는 이러한 행정/기술 혁신 작업을 제대로 수행할 수 없다.'

'스마트 메가시티 인프라는 R&D 및 사업화에 5~20년 이상이 소요된다. 불확실성이 큰 만큼 명확한 지향점과 미래 이미지, 중장기 기술 개발 및 사업화 로드맵 및 전개 플랜이 필수이다. 여기서 중요한 점은 개발된 기술/사업화 로드맵은 지속해서 업데이트되어야 한다는 점이다. 최근 기술 개발의 속도가 빨라졌고, 세계 곳곳에서 새로운 아이디어들이 속속 나오고 있으며, 사업 전개 과정에서 예상치 못했던 시민 사회의 불만이 제기될 수 있기 때문이다.'

'스마트 메가시티 인프라는 대규모 공공 자본이 필요하고 현재 및 미래 세대의 생활환경과 삶의 질에 큰 영향을 미친다. 이 때문에 초기 단계부터 시민들의 적극적인 참여 및 의견 반영이 필요하다. 특히 프로젝트 추진상 독특한 지역 특성과 해결 시급한 미래 사회 이슈 및 해결 방안에 대해서는 현지 시민들의 시각이 가장 정확하다. 특성화 방향과 향후 운영 방안 모색에 시민 참여가 절대적으로 필요한 이유이다.'

'거버넌스 체제에서 또 다른 이슈는 다양한 형태의 민간 자본 참여 방안이 고려되어야 하는 점이다. 정부, 지자체 예산만으로는 소요 자본을 감당하기 힘들며, 지역 경제 활성화를 위해서도 민간 자본의 적극적 유입이 필요하다. 이때 민간 자본이 결합한 거버넌스에는 정답이 없다. 민간 위임형부터 민·관 컨소시엄형, 나아가 공공 주도형까지 상황에 따라 다양하게 설계된다.'

'스마트 메가시티 인프라 사업에는 개발 이익, 민의 반영, 비용 관련된 다양한 사회적 갈등, 부작용 발생할 가능성이 크다. 민간 자본 참여를 적극적으로 활용하더라도 공공성, 사회문제 해결을 강조하는 장기적, 통합적 정책 체계하에 민간 자본을 통합시키는 지혜가 필요하다.'

ACE(Acceleration, Creation, Enabling) 소부장 플랫폼 메가프로젝트

'부처별, 사업별, 전담기관별 칸막이식 구조를 탈피하지 못하고 현재의 구조에서 비슷하게 흉내내기식을 반복한다면 Korean R&D Paradox의 불명예는 씻어내기 어려울 것이다. 현재 시스템을 한꺼번에 바꾸기가 어렵다면 현재의 거버넌스에서 탈피하여 청와대 산하에 가칭 '산업미래전략실'을 설치하고 국가 R&D 예산의 10%~20% 범위에서 한국형 혁신생태계 구축을 위한 범부처적 혁신 이니셔티브를 기획하고 운영하는 과감한 시도를 실행할 것을 제안한다.'

'미국이 1976년 백악관에 설치된 과학기술정책국(OSTP), 일본 내각성 산하에 2003년 설치한 종합과학기술혁신회(JSTA) 등 범부처적 혁신 프로그램의 전 주기 활동에 대해 참고할 필요가 있다. 우리도 이들과 유사한 국가과학기술자문회의 등 기구가 없지는 않으나 이들 조직이 국가 혁신에서의 역할은 단순한 자문 기구에 머물며 실질적 집행기구로서의 활동은 아쉽게도 매우 제한적이다.'

'가칭 '산업미래전략실'이 소부장 ACE 혁신 플랫폼 구축을 선도 사업으로 추진할 것을 제안한다. 앞서 설명했듯이 국내 제조업의 52%를 차지하며 허리 역할을 하는 소부장 산업의 중요성은 일본 수출규제 이후 새삼 부각되었고 그 결과 국가 R&D 예산의 10%에 육박하는 2.5조 원 규모의 소부장 예산이 투입되고 있다. 과기부의 기초연구, 산업부의 응용연구와 기반구축, 중기부의 기업 지원 등 다양한 사업들이 독립적으로 또는 중복되어 집행되고 있다. 소부장 산업이 산업 대전환을 성공적으로 이끄는 Key 플레이어가 되기 위해서는 산업 간 연대와 협력, 대중소 기업과 스타트업 간의 연대와 협력, 정부 정책 간 연대와 협력 등 현재의 경직된 수직적 Silo 시스템에서 벗어나 유연하고 입체적인 연결과 협업이 가능한 네트워크 구축이 필수이다.'

4. 산업 섹터와 G5 메가프로젝트는
공격형 산업정책을 원한다

　5개 산업 섹터와 G5 메가프로젝트가 요구하는 정책 거버넌스 혁신요구에 반복적으로 등장하는 키워드들이 있다. 바로 '혁신 생태계 조성', '선제적 법제', '정책 거버넌스', '통합적 정책', '부처 간 칸막이 제거', '범부처적 혁신 이니셔티브', 'top-down 전략적 의사결정', '인력·금융·지식 등 자원이동 원활화', '신규 진입 촉진과 초기 시장 창출을 위한 공공시장의 역할 확대', '수평적 협력', '산업의 경계를 넘는 경쟁과 협력', '정책 우선순위 설정', '융·복합 테스트베드 구축', '진입 장벽 제거', '다부처 협력과 레거시 해소', '금융·세제 정비', '정책과 규제를 포지티브(Positive) 방식에서 네거티브(Negative) 방식으로' 등이다.

　반복되는 이 키워드들이 던지는 메시지는 한마디로 공격적 산업정책을 추진하라는 것이다. 첫째 국가가 대전환에 대한 시대적 인식을 하고 산업구조 전환에 올인하는 것, 둘째 산업구조 전환을 위해 정부가 마땅히 해야 할 산업정책의 비전을 조속히 마련하고 가용한 모든 산업정책수단을 총동원하라는 것, 셋째 혁신 생태계 조성을 위해 시장과 산업 간에 인재, 돈, 지식 등 기존의 나누어 먹기식 자원 배분을 전면 재검토하라는 것, 넷째 전체 산업의 구조 전환을 선도적으로 이끌 국가 차원의 '산업기술 문샷(moonshot)' G5 메가프로젝트에 대해 전략적으로 자원을 집중 배분하라는 것, 마지막으로 성공적인 산업구조 전환을 뒷받침할 정책 거버넌스 혁신과 법·제도 정비에 당장 나서라는 것이 바로 그것이다.

　한마디로 기존의 산업정책과 거버넌스로는 대전환기를 헤쳐나갈 수 없으

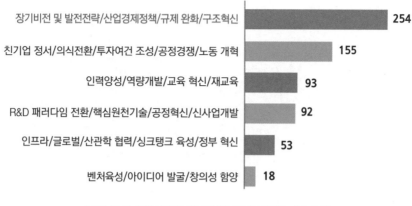

〈그림 12-1〉 한국 경제와 산업이 풀어야 할 정책적 과제 순위

니, 개별기업의 대응 차원을 넘어 국가 차원에서 전략과 정책 기조를 공격적 기조로 전면 전환하라는 것이다. 이런 관점에서 산업구조 전환의 행위 주체로 개별기업, 기업집단, 산업 전체의 노력과 함께 법과 제도, 규제환경, 공공시장 역할 확대 등 큰 영향력을 행사하고 있는 정부의 역할에 주목하지 않을 수 없다. 대대적 산업구조 개편이 필요하다는 절박한 인식 속에서 정부의 역할에 관한 2019년의 인식조사 결과는 시사하는 바가 크다. 당시의 개방형 설문결과인 〈그림 12-1〉이 보여주듯이, 정책과 거버넌스에 대한 혁신요구는 장기비전/발전전략/산업정책 수립과 규제 완화 및 혁신에 가장 많이 몰려 있었다.

그로부터 2년이 지난 지금, 5개 산업 섹터의 산업구조 개편과 미래 혁신생태계 개발을 위한 G5 메가프로젝트 역시 개별기업이나 산업은 물론이고, 정책 거버넌스에서도 정부가 먼저 나서라고 요구하고 있다. 그리고 그 기조를 선제적으로, 또 공격적으로 수립할 것을 요구하고 있다. 한국공학한림원은 「산업미래전략 2030」을 통해서 정부가 기업과 함께 지체 없이 산업구조 전환 작업에 나서라고 촉구하고 있다.

제13장
공격형 산업정책과 거버넌스의 3대 방향

1. 산업정책과 거버넌스 개편 방향의 설정

추격이냐, 추월이냐, 추락이냐

자본주의 역사는 선발자와 후발자 간 끝없는 경주였다. 그 관점에서 보면 산업 주도권의 이동 그리고 이를 둘러싼 선발자의 견제와 후발자의 추격은 전혀 이상하지 않다. 흥미로운 것은 산업 주도권의 이동에는 꼭 커다란 계기가 있다는 점이다. 추격 사이클을 연구하는 학자들은 기술 패러다임 변화, 코로나 팬데믹과 같은 경제위기 등이 후발자에게 '기회의 창'이 될 수 있다고 말한다. 기술 변화나 경제위기는 자본주의 발전과정에서 나타나는 현상으로, 기회의 창은 늘 열리지만 모든 후발자가 기회를 붙잡는 건 아니다. '준비된 후발자'만이 때가 찾아올 때 '비약(leapfrogging)'을 통해 선발자를 추월한다.

'추격만 해선 추월을 못 한다'는 지적도 있다. 기존 산업이라도 주도권을 노리는 후발자는 독창적 방식을 동원하지 않으면 안 된다. 선발자가 걸어간 기술 경로의 일부를 생략하거나 새 기술경로를 찾아내는 '창의적' 혁신이 필요하다. 역사는 신산업을 주도해 선발자로 나서는 또 다른 추월의 길도 알려주고 있다. '대항해 시대' 서막을 연 스페인과 포르투갈, 무역으로 새 상업체제를 선보인 네덜란드, 산업혁명으로 제조업을 개척한 영국, 이후 산업혁명의 주도권을 쥐어온 미국 등이 다 그러했다.

세계는 지금 인공지능(AI) 등 기술 패러다임 변화를 맞이하고 있다. 에너지 전환 등 탄소중립도 마찬가지다. 먼저 준비하는 쪽이 승자가 될 가능성이 크다. 새로운 게임이 시작된다고 보면 선발자라고 꼭 유리한 것도, 후발자라고 꼭 불리한 것도 아니다. 어떤 의미에서는 과거의 레거시나 기득권이 많은 선발자가 불리한 측면도 있고, 그런 부분에서 자유로운 후발자가 오히려 유리한 측면도 있다. 뒤에서 누가 쫓아오는지 전혀 모르고 있다가 엉뚱한 추격자에게 추월당하는 경우도 종종 발생한다. 누군가에게 추월당한다는 것은 곧 추락을 의미한다. 대전환기에는 추격, 추월, 추락의 모든 가능성이 열려 있다. 이 시기에 대한민국은 과연 무엇을 선택할 것인가.

공격형 산업정책 – 동태적 구조조정과 혁신

한국공학한림원은 산업구조 전환 추진전략 모형을 개발하면서 이를 실행하는 다양한 경로를 제시하였다. 이를 산업정책적 의미로 해석해 보면, '각 산업은 정태적 비교우위가 아니라 동태적 비교우위에 따라 진화한다'는 것이다. 〈그림 13-1〉에서 보듯이, 산업구조 전환은 더 높은 가치사슬로의 이동과 구산업에서 신산업으로 갈아타는 새로운 가치사슬의 창출을 통해 구현된다. 그러나 이에는 자유로운 자원이동이 필수적이며, 이에 대한 보장이 없을 때

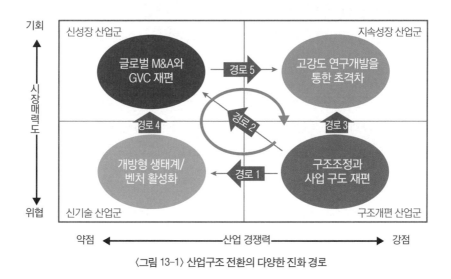

〈그림 13-1〉 산업구조 전환의 다양한 진화 경로

다양한 산업진화 경로의 채택은 어려워진다. 산업구조 전환의 핵심은 자원이 동이다. 자원이동이 일어나지 않으면 앞서 제시된 산업 성장주기 간 이전을 촉진하는 그 어떤 전략도 무용지물이 되고 만다.

경제사학자 킨들버거(C.P. Kindleberger)는 한 국가가 산업구조를 국내외에서 발생한 새로운 변화에 유연하게 적응시키는 능력을 '전환능력(capacity to transform)'이라고 정의한 바 있다. 위기에 처한 산업의 대응능력에 대해 경제학자 라이시(R. Reich)도 '한 국가가 산업이 위기에 직면했을 때 어떻게 대응하느냐에 따라 미래의 번영에 큰 차이가 난다'고 했다. 그리고 그 향방은 경쟁력을 상실해가는 부문에 갇히지 않고 부가가치가 높은 부문으로, 더 높은 소득 창출이 가능한 신산업으로 자원을 얼마나 유연하게 옮길 수 있느냐에 의해 좌우된다고 했다. 그 자원 이전의 메커니즘이 바로 산업 내 구조조정과 혁신, 산업간 구조조정이며, 구조조정을 하지 않으면 혁신 쪽으로 자원이 이동할 수 없고, 혁신이 일어나지 않으면 구조조정된 자원이 어디로 이동해야 할지 방향성을 상실하게 된다. 구조조정과 혁신이 동전의 양면으로 동행하는 이유는 바로 여기에 있다.

한국공학한림원은 「산업미래전략 2030」을 마련하면서 〈그림 13-2〉와 같은 다양한 산업구조 전환 추진전략수단을 본원적 전략으로 제시한 바 있다. 그리고 이를 기반으로 5개 산업 섹터 각각에 대해 세부적인 구조 전환 추진전략과 과제를 도출하였다. 그러나 추진전략 도출과 과제의 실행만으로 구조전환이 순조롭게 진행되는 것은 아니다. 한 국가의 전환능력을 결정하는 구조조정과 혁신은 반드시 저항을 수반하기 때문이다. 노동집약적 산업, 지역집중이 강한 산업, 비경쟁적 시장구조를 가진 산업, 대규모 장치 산업의 경우 저항이 특히 심하다. 어떠한 산업 포트폴리오를 가지고 있느냐에 따라 어떤 국가는 성공하고, 또 어떤 국가는 실패하는 이유가 바로 여기에 있다.

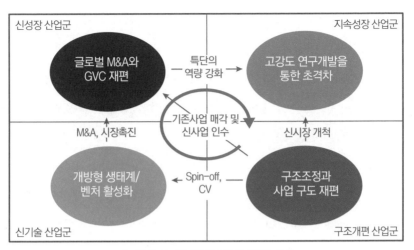

〈그림 13-2〉 산업구조 전환 추진전략 수단

   일반적으로 산업정책은 '방어형'과 '공격형'으로 나눌 수 있다. 대전환기를 위협으로 인식하고 저항에 얽매이면 방어형이 되기에 십상이다. 대전환의 과정에서 '기회의 창'이 열릴 때가 산업구조 전환의 적기라고 할 수 있다. 이 기회를 살리려면 저항을 뚫고 구조조정과 혁신에 올인하는 공격형 산업정책을 택해야 한다. 선진국 모방형 추격모델에서 벗어나 시대를 앞서가는 선도형 모델로 전환하기 위해 꼭 필요한 전략이 공격형 산업정책이다. 우리가 정리한 5개 산업 섹터 및 G5 메가프로젝트의 정책 거버넌스 혁신요구는 모두 공격형 정책을 요구하고 있다. 선제적 산업구조개편이 방어적으로 이루어지면 실패하기 십상이며 공격적으로 추진될 때에만 진일보할 기회의 창이 열린다. 지금 우리에게 열린 기회의 창을 활용하지 못하면, 앞으로 우리가 스스로 마련할 모든 기회의 창이 닫힐지도 모른다.

   한국공학한림원은 이러한 인식하에 대전환기에 선제적 산업구조 전환을 추진할 공격형 산업정책 및 거버넌스 혁신 방향으로 다음 세 가지를 제시하고자 한다.

첫째, 대전환에 선제적으로 대응할 산업구조 전환이다. 전 세계적으로 진행 중인 지정학적 대전환, 그린에너지 대전환, 그리고 디지털 대전환을 위기가 아니라 기회로 바꿀 원대한 비전을 제시하고 혁신 주체들에게 분명한 시그널을 던져야 한다. 이를 통해 국가 차원의 산업구조 전환을 뒷받침할 자원의 확보와 이전을 추진해야 한다.

둘째, 국가 R&D 예산의 전략적 배분이다. 한국공학한림원 산업미래전략위원회가 3차 연도 작업을 통해 구조 전환의 실행전략으로 제시한 G5 메가프로젝트는 국가 차원의 전략적 자원 배분이 없으면 추진 자체가 불가능하다. 이들 프로젝트가 경제 전반에 걸쳐 큰 파급효과를 갖는 범산업, 범생태계적 프로젝트라는 점, 프로젝트의 궁극적 목표가 글로벌 시장을 선점하는데 있다는 점을 생각하면 더욱 그렇다. 정부는 기존의 예산시스템을 과감하게 개혁해서라도 전략적 자원 배분을 통해 플래그십 프로젝트 실행에 나서야한다.

셋째, 산업정책 거버넌스와 법·제도 개혁이다. 우리가 앞서 제기한 3대 대전환은 그 자체가 4차 산업혁명으로 가는 전제조건이다. 산업혁명은 기술혁명으로 완결되지 않는다. 기술혁명이 산업구조 전환을 거쳐 지배적인 산업구조로 안착하려면 정부 거버넌스와 법·제도가 산업구조 전환을 촉진하는 방향으로 전면 개편되어야 한다. 규제환경이 선진화되지 않는 이유 중에는 공무원 제도가 갖는 한계도 있다. 대전환을 위한 규제개혁이라면 규제개혁 리더십을 민간 전문가 집단에 과감하게 위임할 필요가 있다.

그러면 이제부터 한국공학한림원이 제안하는 정책 거버넌스의 3대 방향에 대해 살펴보자.

2. 방향 1:
산업 대전환으로의 선도적 정책대응 시스템 구축

GVC 재편에 대응할 기술·경제·안보 연계체제를 구축한다

　세계적인 GVC 재편의 핵심에는 미국과 중국의 갈등이 자리하고 있다. 미·중 갈등은 21세기 전체를 관통할 키워드가 될 가능성이 크다. 양국의 갈등을 패권 관점에서 보면 GVC 재편 패러다임은 기술과 경제, 안보를 연계하는 방향으로 전개될 것으로 전제하는 게 맞을 것이다.

　미·중의 경제·산업적 분업구조와 양국이 세계에서 차지하는 비중을 고려할 때, 양국이 완전히 디커플링 되기는 어려울 것이다. 하지만 중국은 기술자립을, 미국은 동맹국을 동원한 블록 형성을 통해서라도 미국이 중국을 제어할 수 있는 범위까지 디커플링 정책 추구를 멈추지 않을 것이라는 게 전문가들의 전망이다.

　한국은 어떻게 대응할 것인가. 미국의 견제로 중국이 기술자립을 하기까지, 또 미국이 원하는 수준으로 중국과의 디커플링이 완성되기까지 적지 않은 시간이 걸릴 것이다. 중요한 것은 이 시간이 한국의 입장에서는 매우 중요하다는 점이다. 이 시간 동안 한국은 중국이 기술자립을 이룬 후에도 경쟁할 수 있는 산업구조 전환을 완료해야 한다. 미국 중심의 디커플링 블록에 한국이 가담하더라도 미국의 입장에서 한국이 아니면 안 된다고 인식할 정도로 산업구조 전환을 통해 전략적 산업 파트너로 올라서야 한다. 미국이든 중국이든 한국을 필요로 할 수밖에 없는 전략적 자산을 확보한 국가로 가야 한다.

　이런 관점에서 한국이 서둘러야 할 것은, 첫째 기술과 경제, 안보 관점에서 GVC 재편 대응체제를 구축하는 것이다. 국내외 공급망 조정, 해외직접투자, 외국인 직접투자 등 미·중 충돌과 GVC 재편을 조망하고 대응할 수 있는 국가전략을 수립, 실행할 수 있어야 한다. 둘째, 한국이 상대국의 공격에 대응할 수 있는 전략적 자산(choke-point), 상대국이 한국을 공격하는데 활용할 수 있는 전략적 자산(choke-hold)에 대한 상시 모니터링 체제를 즉각 가동해야 한다. 셋째, 전략적 자산은 기술, 상품, 서비스, 기업뿐만 아니라 희토류 등 자원, 에너지까지 망라해야 할 것이다. 넷째, 전략적 자산 대응은 국가 R&D 정책에서 최우선으로 고려돼야 할 것이다. 특히 디지털 전환, 탄소중립 등 신산업에서의 전략적 자산 확보에 적극적으로 나서야 한다. 다섯째 신산업 전략자산 확보를 위해 미국, 유럽연합(EU) 등과의 기술동맹도 적극적으로 검토해야 할 것이다. 마지막으로 기술외교, 국제 기술협력 등을 대폭 강화하고 만일에 대비한 해외 비상 조달과 국내 필수 공급 확보 등이 보장되는 컨틴전시 플랜을 주기적으로 점검해야 할 것이다.

에너지/환경정책을 규제 중심에서 진흥 중심으로 전환한다

에너지 전환을 포함한 탄소중립은 거부할 수 없는 흐름이다. 거부할 수 없다면 선제적으로 나서는 것이 비용을 줄이고 기회를 극대화할 수 있는 길이다. 문제는 잃을 것이 별로 없는 유럽연합 등 선진국과 글로벌 시장에서 한창 제조업의 경쟁우위를 구가하고 있는 한국이 져야 할 부담이 비대칭적이라는 점이다. 지금의 산업구조가 계속된다는 가정하에서 탄소중립 달성 요구는 한국 산업에 재앙이 될 우려가 매우 크다. 탄소중립 2050 로드맵에 한국 산업의 생존이 달렸다고 하는 이유다.

에너지·환경은 정부가 전통적으로 규제적 수단을 동원해 정책목표를 달성해온 대표적인 분야이다. 그러나 대전환기에 직면한, 개별기업 수준의 대응을 훨씬 뛰어넘어 산업의 생존이 걸린 에너지 전환을 포함하는 탄소중립은 차원이 다른 국가적 과제다. 에너지·환경정책을 산업구조 전환이라는 산업정책적 관점에서 접근할 일대 발상의 전환이 요구된다.

규제가 아니라 인센티브를 중심으로 진흥형 정책 전환을 하려면 다음의 정책실행이 필요하다.

- 첫째, 사람과 돈, 지식이 탄소중립 쪽으로 흘러가도록 정부가 이 분야에서 새로운 기업과 신산업이 탄생할 수 있다는 매력적인 비전을 제시함으로써 시장에 강력한 신호를 줘야 한다. 초기 수요 창출과 신규 진입을 촉진하기 위해 공공시장이 적극적인 역할을 할 필요도 있다.

- 둘째, 탄소중립 2050 로드맵에서 가정하고 있는 수많은 기술적 실현 과제는 하나라도 삐끗하면 해당 산업이 사라질 가능성이 크다. 개별기업이 해결하기 어려운 기술적 불확실성을 해소하기 위한 국가 차원의 담대한 에너지 분야 문샷(Moonshot) 메가프로젝트를 즉각 추진할 필요가 있다. 한국공학한림원이 제시한 ETS 메가프로젝트가 그 대표적 예이다.

- 셋째, 탄소중립을 이끄는 대통령 직속위원회가 산업구조 전환을 위한 정부와 산업계 간의 최고위 전략적 대화체로 역할을 할 수 있도록 인적 구성과 운영체계를 쇄신해야 한다.

- 넷째, 한국이 설정한 기대한 시간 내 산업구조 전환의 소프트랜딩을 지원할 수 있도록 미국, 유럽연합 등과의 탄소중립 외교력을 대폭 강화한다. 특히 탄소 국경세 등이 한국 산업의 구조 전환에 부정적으로 작용하지 않도록 해야 할 것이다.

■ 마지막으로 탄소중립으로 가는 옵션은 많을수록 좋다는 관점에서 탄소중립이 탈원전보다 상위 목표이고 원전이 탄소중립에 도움이 된다면 탈원전 로드맵에 대한 전향적인 수정을 마다할 이유가 없다. 탄소중립으로 가는 산업구조 전환을 위해 정부가 정책적 옵션을 최대한 발휘할 의지를 보여준다면 산업계와의 협력 공간도 그만큼 넓어질 수 있을 것이다.

전 산업의 디지털 트랜스포메이션 촉진을 위한 법제를 마련한다

기업 차원에서 감당할 수 있는 디지털 전환이 '종(縱)'에 해당한다면 기업과 산업의 경계를 넘나드는 디지털 전환은 횡(橫)에 해당한다. 횡에 해당하는 디지털 전환은 개별기업이 해결할 수 없는, 넘어야 할 허들이 많고, 표준화 인프라 등 해결해야 할 과제 또한 한둘이 아니다.

따라서 정부가 전산업의 디지털 전환에 대한 임팩트를 줄 수 있는 그랜드 정책을 제시할 필요가 있다. 당장의 디지털 뉴딜 사업 차원이 아니라 연구개발 인력양성 규제 혁파 등을 포함한 디지털 전환 선도국가로 가는 비전 제시와 함께, 담대한 국가적 도전이 시작돼야 한다.

특히 한국은 개방된 무역 국가를 지향하는 만큼 디지털 무역협정에 대한 대응이 중요하다. 코로나로 날개를 단 디지털 전환으로 인해 무역 비용은 더욱 떨어지고 있고, 무역 품목의 지도도 확 바뀌고 있다. 이른바 디지털 무역은 디지털 기술과 데이터가 비교우위를 좌우하고 있다. 디지털 전환에 성공하는 국가가 GVC 재편을 주도할 것이고, 그렇지 못한 국가는 변방으로 밀려나거나 탈락하고 말 것이다. 코로나 이후 필요성이 커졌다는 국내 공급망 확충도 임금 비용을 상쇄할 정도로 디지털 전환에 성공한 국가만이 해낼 것이다. 디지털 무역으로 중요성이 증가하고 있는 서비스 분업, 상품과 서비스가 결합한 GVC 확대 역시 디지털 전환 국가의 잔치가 될 것 또한 쉽게 예상할 수 있다.

기존 주력산업의 디지털 전환을 통한 경쟁력 확보, 디지털 전환을 가속하고 있는 인공지능(AI) 등 신산업 경쟁력 확보, 디지털 전환을 통한 무역경쟁력 확보 모두 발등에 떨어진 불이다. 지난 60년간 산업정책의 기본 법제 역할을 해온 공업발전법, 산업발전법에 이어 디지털 전환 시대 산업정책을 이끌 새로운 법제가 필요한 시점이다. 디지털 트랜스포메이션을 위한 특별법 제정에 머물 게 아니라 산업발전법 자체의 전면 개정을 촉구한다.

3. 방향 2:
국가 차원의 산업 전략적 자원 배분 확대

국가 R&D를 미션 중심으로 개편한다

산업구조 전환이 가능하려면 전환에 요구되는 자원 이동이 일어나야 한다. 정부가 분명한 시그널을 시장에 보내야 하는 이유다. 선진국 정부는 미래를 향한 비전과 이를 구현할 정부 R&D 자원 배분을 통해 강력한 시그널을 혁신 주체들에게 보낸다.

정부 R&D는 개별기업의 차원을 넘는, 대규모의 High Risk에 전략적 자원 배분을 할 수 있으므로 기업의 자원 배분에 임팩트를 줄 수 있다. 불행히도 한국은 국가 차원에서 미션을 제시해도 이를 달성하기 위한 R&D 자원의 전략적 자원 배분이 쉽지 않다. 과학기술혁신본부가 있지만, 기획재정부가 전체 R&D 예산 규모를 책정하고 부처 R&D 예산을 할당한다. 예산 편성도 부처에서 요구하는 예산을 기준으로 이루어진다. 이런 예산시스템에서 국가 차원의, 범부처적 전략 프로젝트 추진은 구조적으로 어렵다. 정부 R&D 예산이 30조 원 규모를 향해 달려가고 있다지만 부처별로 파편화되어 범부처 국가전략이 없다는 비판이 나오는 이유다.

산업 대전환이 요구되는 지금이야말로 1990년대 냉전에서 탈냉전으로 가는 전환기에 노태우 정부에서 시도했던 범부처 차원의 G7 프로젝트 같은 도전이 필요하다. 기업의 생존과 성장에 유리한 자원 배분으로 7대 3의 법칙이 곧잘 거론된다. 돈이 나오는 현재의 사업(exploitation)에 70%의 자원을 배분하고, 미래를 위한 탐색(exploration)에 30%의 자원을 할당하는 식이다. 국가라고 다를 게 없다. 전 산업에 구조 전환에 임팩트를 줄 수 있는 G5 메가프로젝트를 기획하고 수행하려면 국가 차원에서 30%의 전략적 자원 배분이 가능한 체제로 전환하는 게 시급하다. 적어도 연간 10조 원을 미래를 위한 담대한 도전에 전략적으로 자원을 배분할 것을 제안한다.

청와대 산업미래전략실을 설치하고 G5 메가프로젝트에 DARPA 시스템을 채용한다

과학기술혁신본부는 당초 부처를 뛰어넘는 국가 차원의 전략적 자원 배분 역할이 기대된 조직이었으나 현실은 전혀 그렇지 않다. 기획재정부는 산하기관으로 여기고, 다른 부처들은 그 존재와 역할을 인정하려 들지 않는다.

민주주의 국가 중에서 전략적 자원 배분에 가장 유연하게 대응하는 것은 미국이다. 대통령의 이니셔티브를 정부 R&D 예산으로 뒷받침할 수 있는 백악관 과학기술정책실(OSTP)이 큰 역할을 하고 있다. 과학기술혁신본부를 발전적으로 해체하는 대신 국가 차원의 전략적 자원 배분을 위한 조직으로 청와대 산업미래전략실을 설치할 것을 제안한다.

이와 함께 범부처 국가 프로젝트에 미국 국방부의 R&D 미션을 수행하는 DARPA 시스템을 형식적이 아니라 실질적으로 도입할 필요가 있다. 전략적 자원 배분을 하더라도 지금과 같은 정부 R&D 수행시스템으로는 담대한 도전을 기대하기 어렵다. 프로젝트 책임자에게 전권을 부여하고, 실패를 용인할 필요가 있다. 미국은 에너지 분야에 ARPA-E, 바이오헬스 분야에 ARPA-H 등으로 국가전략과 연계한 미션 수행에 나서고 있다. 산업 대전환을 위해 제시된 G5 메가프로젝트를 Korea ARPA 모델 케이스로 수행할 것을 제안한다. 각 메가프로젝트 책임자를 해당 분야 국가 최고기술책임자(CTO)로 대통령이 직접 임명하는 것도 검토해 볼 만하다.

4. 방향 3:
공격형 산업정책 거버넌스 도입과 규제 혁파

산업혁신 중심으로 정부조직을 개편한다

지금의 정부조직은 산업구조 개편 관점에서 추진력을 기대하기 어렵다. 디지털 대전환에서 산업통상자원부와 과학기술정보통신부 중 어디가 주된 역할을 하는지, 상호 역할 분담은 무엇인지 불투명하다. 대기업 디지털 전환은 산업부, 중소기업 디지털 전환은 중소벤처기업부로 나뉘는 것이냐는 지적도 나오고 있다. AI는 과기정통부 소관, 스타트업은 중기부 소관으로 나뉘다 보니, AI 스타트업은 어느 쪽에 줄을 서야 할지 헷갈린다는 호소도 나오고 있다.

에너지 전환을 포함한 탄소중립도 마찬가지다. 기획재정부, 환경부, 산업부 등의 역할이 혼재되어 있다. 부처 간 역할이 위원회를 통해 실질적으로 조정되면 또 모르겠지만 위원회가 오히려 부처에 휘둘리고 있다는 비판이 나올 정도다.

산업 대전환이 요구하는 인재양성도 마찬가지다. 교육부, 고용노동부, 산업부 등이 모두 따로 놀고 있는 형국이다. 해외 인재 영입으로 범위를 넓히면 법무부의 벽을 넘어야 한다. 새로운 인재양성과 글로벌 인재 유치전이 치열하지만, 한국은 이를 위한 거버넌스부터 혼란스럽다.

지금의 정부조직은 시대적 요구가 아니라 정치적 요구에 따라 개편되면서 누더기가 된 모습이다. GVC 재편, 디지털 전환, 탄소중립 등 산업 대전환에 대응하려면 최소한 산업 관련 부처만이라도 혁신 중심으로 개편해야 한다는 목소리가 높다. 산업부와 중기부, 과기정통부의 통합을 제안한다.

창조형 산업정책 거버넌스는 하드웨어 개편만으로는 달성하기 어렵다. 혁신을 중심으로 정부조직을 개편한다면 인력의 50%는 기존 공무원이 아니라 민간 전문가로 충원하는 과감한 인적 수혈을 검토할 필요가 있다.

실리콘밸리와 동등한 규제환경을 조성한다

한국공학한림원은 앞서 산업의 성장주기 간 이전을 촉진하는 전략수단을 제시한 바 있다. 하지만 당장 인수합병(M&A)부터 자유롭지 않은 것이 한국의 규제환경이다. M&A는 대기업의 신기술 획득, 스타트업의 엑시트 시장, 벤처투자의 활성화 등을 좌우하는 매우 중요한 시장이다. M&A가 활성화되지 않으면 혁신생태계의 공간은 그만큼 좁아질 수밖에 없다.

규제는 M&A만이 아니다. 미국은 기본적으로 비즈니스 모델의 자유가 보장된다. 새로운 비즈니스 모델이 대중화될 수 있는지 시장에서 테스트해볼 수 있는 '16% 룰'은 한국에서는 불가능하다. 정부가 규제 샌드박스를 도입했지만, 규제 샌드박스가 규제개혁을 피해 가는 도피처가 되는 경우도 비일비재하다. 포지티브 규제시스템을 네거티브 규제시스템으로 바꾸자는 제안이 수도 없이 나왔지만, 구호에 그치고 있다. 이대로는 국내에서 더 나은 기술경쟁력, 최초의 비즈니스 모델이 나와도 꽃을 피우기 어렵다.

포지티브에서 네거티브로의 전환이나 규제 샌드박스의 도입이 아니라 보다 실질적인 규제개혁 벤치마크를 설정할 필요가 있다. 전 세계에서 혁신에 가장 유리한 규제환경을 가진 곳은 미국의 실리콘밸리다. 산업 대전환의 속도를 높이기 위해 실리콘밸리에서 가능한 신기술과 새로운 비즈니스는 한국에서도 가능하도록 최소한 동등한 규제환경을 보장한다는 원칙을 규제개혁의 새로운 좌표로 설정할 것을 촉구한다. 우수한 혁신생태계가 우수한 산업 구조 혁신을 만들어내기 때문이다.

· 맺음말 ·

담대한 비상을 꿈꾸며

시대는 역사를 구분하는 특정 기간을 말한다. 따라서 시대 구분에는 변화가 필요하다. 청동기 시대는 청동기 사용에서 시작됐고, 식민지 시대는 서방 제국들이 미지의 땅을 식민지로 개척, 편입하면서 열렸다. 정치적으로는 국호가 바뀌면 시대가 바뀐다. 삼국시대가 그러하고 고려 시대와 조선 시대가 그러하다. 정권이 바뀌면서 달라지는 지배구조의 변화에 따라 새로운 시대가 열릴 수도, 그렇지 않을 수도 있다. 세계적으로는 정치구조를 달리한 미국과 소련이 극한 대립을 하던 냉전 시대가 있었고, 소련연방이 붕괴하면서 새로 열린 탈냉전 시대가 있었다.

시대는 정치적 지배구조의 변화에 따라 달라져 왔다. 그러나 18세기 말의 산업혁명 이후, 경제사회 전반의 지배력이 정치로부터 경제로 넘어오자 시대 구분에 경제적 지배력을 상징하는 이름이 붙기 시작했다. 철도의 시대, 기계의 시대, 철강의 시대, 전기통신의 시대, 자동차의 시대가 그러하고, 급기야 1980년 인터넷과 개인용 컴퓨터가 보급되면서 시작된 정보화시대가 그러하다.

이것이 의미하는 바는 무엇일까? 우리가 살고 있는 세상을 지배하는 지배구조의 중심이 정치로부터 경제로 넘어오고 있다는 사실이다. 그 계기는 냉전 시대가 끝나고 탈냉전 시대가 시작되자 급속히 진행된 글로벌리제이션, 즉 세계화의 물결이었다. 1980년 인터넷 시대가 열리면서 세계화 추세는 오프쇼어링, 아웃소싱의 급물살을 타고 전 세계로 퍼져 나갔다.

그 세계화 시대에 중국은 새로 형성된 국제분업구조 속에서 독일과 함께

362 담대(膽大)한 전환_대한민국 산업미래전략 2030 보고서

글로벌 가치사슬의 허브(hub)로 자리 잡았다. 그 과정에서 제조 강국 일본의 존재는 점차 약화하고 우리나라는 세계 소비시장에 중국을 경유해야만 접근할 수 있는 중국의존형 가치사슬구조에 함몰되고 말았다. 그러나 한 시대가 영원히 지속될 수는 없는 법. 2010년 이후 탈세계화의 역풍이 불기 시작하자 미국과 중국의 협력구조는 서서히 대립구조로 바뀌었다. 이른바 미·중 패권전쟁이 정치적 동기로 시대적 단절을 촉구했다면, 글로벌 가치사슬(GVC)의 디커플링은 경제적 동기에 의한 시대 단절을 주도했다.

정치적 단절에 의하든, 경제적 동기에 의하든, 시대의 단절과 변화는 늘 가속 페달을 밟아 왔다. 천년 단위의 시대 전환이 백 년 단위의 시대 전환으로, 백 년 단위의 시대 전환이 십 년 단위의 시대 전환으로 바뀌었다. 철기의 시대가 수천 년에 걸쳐 전개되었다면 정보화시대는 이제 사십 년을 경과했을 뿐이다. 2019년 말 나타난 코로나의 여파를 두고 우리는 코로나 시대라는 말을 하고 있으나, 이 시대의 나이는 아직 2년도 채 안 됐다. 우리의 인식 속에 시대의 변화가 점차 가속되고 있다는 사실은 이젠 새롭지도 않다.

시대에는 시대를 상징하는 지배구조와 시대정신이 있다. 정치적 시대에는 정치지배구조가 있고, 경제적 시대에는 경제지배원리가 있다. 정치지배구조가 혁명이나 체제변화에서 비롯된다면 경제지배원리는 기술 혁신, 가치 창출 메커니즘, 시장운영원리 그리고 법·제도에 따라 달라진다. 우리가 지금 대전환의 시대를 맞이하면서, 탄소중립 시대, 디지털 전환의 시대, 탈세계화의 시대를 예견하고 있는 것은 미래의 세계 경제가 이들 경제적 지배원리에 의해 좌우될 것임을 알고 있기 때문이다.

자유민주주의 시장경제의 지배구조는 국가경제사회를 구성하는 구성원 전체의 동의와 자유의지의 표출이다. 국가와 국가가 경쟁하고 협력하는 세계 경제도 예외일 순 없다. 지구촌 전체의 자발적 동의와 합의가 전제되지 않으면 그 어떤 지배구조도 지속할 수 없다. 따라서 누군가 시대변화를 이끌고자 한다면 지구촌 전체의 자발적 동의와 협력을 이끌 시대정신이 필요하다.

한국공학한림원은 「산업미래전략 2030」을 통해서 미래지향적 시대정신을 앞세워 우리가 한 번쯤 시대를 앞서 가보자고 말하고 있다. 그러나 대한민국 역사에서 우리가 과연 시대를 앞서려고 시도해본 적이 있었는가. 시대에 앞서 세계적 공명을 일으켜 시대의 선도자적 위치에 서 본 적이 있었는가. 그렇다면 한국공학한림원은 과연 어떤 시대정신을 가지고 지구촌의 미래를 좌우할 시대변화를 주장하고 있는 것일까.

시대의 대전환은 사고의 대전환에서 출발한다. 돌이켜 보면, 우리는 시대를 앞서는 선진시장의 요구에 따라 성실하게 반도체, 디스플레이, 이차전지를 생산하여 공급하는 성실한 공급자(good supplier)였다. 그 이상도, 그 이하도 아니었다. 우리는 시대를 선도하는 독자적 시대정신을 만들어내기보다는, 선진국이 주도하는 시대정신에 충실한 학습자임을 스스로 자처해 왔다. 그것이 4차 산업혁명이든, 알파고가 상징하는 인공지능이든, 선진국에 의해 주도되고 있는 탄소중립이든 상관이 없다.

그러나 이제는 이러한 수동적 자세에서 과감히 벗어나야 한다. 대전환의 시대에 미래를 이끌 새로운 시대정신을 발굴하고 무장해서 지구촌에 전파하겠다는 자세의 전환이 필요하다. 미래사회는 '가치경쟁의 시대'다. 정부가 국민에게 던지는 가치 제안, 대한민국이라는 국가가 세계에 던지는 가치 제안, 대한민국이 세계 속에서 함께 성장 발전해 가자고 던지는 가치 제안이 우리의 미래 경쟁수단이다.

오늘은 과거와 미래를 가르는 분기점이다. 미래가 과거의 연장일 수 없는 것은 바로 오늘이 있기 때문이다. 미래를 가르는 것은 과거가 아니라 오늘이다. 한국공학한림원의 열정과 용기와 염원을 담아 「산업미래전략 2030」을 꾸

려내면서 이를 계기로 대한민국의 위상과 산업 경쟁력과 국민적 역량이 담대하게 하늘로 날아오르기를 기대해 본다.

1. 전기전자정보 섹터

시장, 경쟁 및 역량 평가

가전 및 서비스 로봇 분야
컴퓨터 및 소프트웨어 분야
디지털 콘텐츠 및 게임 분야
정보통신 및 스마트 이동 단말 분야
메모리 및 시스템 반도체 분야
융·복합 디스플레이 분야
의료 헬스케어 신산업 분야

가전 및 서비스 로봇 분야

기회	**거시 환경**	• 저출산/고령화 사회의 수요 증가 • 환경 오염 및 재난 상황에서의 수요 • 로봇에 대한 전반적 인식수준 향상 및 수용도 증가
	경쟁 환경	• 다품종 소량 생산 시대로의 제조 패러다임 변화(요리 로봇 등) • 초프리미엄 시장과 로봇청소기/의류건조기 등 특화 가전 시장 성장 • 바리스타 머신/주 제조/홈시어터 등 뉴라이프 가전 시장 부상
	가치사슬 환경	• 미·중 무역 분쟁으로 인한 선진국시장에서의 반사이익 • 유럽, 북미, 동남아시아 등 수요에 따라 분산 배치된 해외 생산기지
위협	**거시 환경**	• 선진국시장 포화와 보호무역주의 강화 • 글로벌 가전 시장의 파편화
	경쟁 환경	• 스마트/그린 가전 경쟁 심화 및 선진시장의 친환경 규제 • 중국기업의 글로벌 M&A 후 부상 및 중국과의 역량 격차감소 • 드론/모빌리티의 영역에서 중국과의 기술격차 • 미국 등 선진국의 우수한 로봇 기술력
	가치사슬 환경	• Lock-in이 된 GVC 상의 중국의존도 • 부품 및 소프트웨어에 있어서 높은 외산의존도 • 서비스 로봇 경쟁력 확보에 커넥티비티, 고성능 센서, 액추에이터, 배터리 등 부품 경쟁력 확보가 필수
강점	**시장 위상**	• 글로벌 가전 시장에서 선도적 위치 • 전 세계 여러 국가의 가전 시장에서 지배적 사업자
	기술 위상	• 지속적 R&D 투자로 높은 기술/제품 역량 보유
	핵심 역량	• 제품경쟁력, 품질, 신뢰성 바탕으로 축적한 브랜드 파워
약점	**시장 위상**	• CPND 상 CP(콘텐츠와 플랫폼) 역량 미흡 • 아직 시장개발 초기에 머문 서비스 로봇 시장
	기술 위상	• 로봇 구현 기술과 UI 분야에서 선진경쟁국과의 역량 격차, 특히 국방 로봇의 경우 선진국과의 상당한 기술격차 존재
	핵심 역량	• 다양한 기술의 integration 역량 필요. 특히 Man-Machine Interaction 역량 집중육성 필요

컴퓨터 및 소프트웨어 분야

기회	거시 환경	• 항공, 조선, 자동차 등 다양한 분야에서 컴퓨팅 디바이스 및 소프트웨어 수요 급증 • 단순 소프트웨어 중심에서 인문, 사회, 문화적 역량과 비즈니스 기반으로 경쟁력 중심축이 이동
	경쟁 환경	• 생활 침투형 소프트웨어(음악, 건강 등)와 개인맞춤형 앱의 지속적 증가 및 확대 • 생활 밀착형 AI 시장은 전 세계적으로 미개발 시장
	가치사슬 환경	• 기반기술로서 B2C, B2B 시장에서의 역할 중요성 급부상 • 오픈소스의 비중 확대 • 제조업 기반의 산업구조를 정보산업 기반의 산업구조로 재편하려는 디지털 트랜스포메이션의 급속 확산
위협	거시 환경	• 컴퓨터/주변기기/IT 서비스에 있어서 인공지능의 영향력 확대 • 보안기술의 중요성 확대
	경쟁 환경	• 인공지능 연구에 있어서 선진국과 중국의 공격적 행보 • 양자컴퓨팅 등 선진 컴퓨팅 기술과의 격차 확대 • 인공지능 분야에서 미중 사이에 Nut Cracker가 될 가능성이 큼
	가치사슬 환경	• 글로벌 클라우드 컴퓨팅 기업에 의해 이미 국내 시장 잠식 • 글로벌 경쟁에서 중국의 급부상
강점	시장 위상	• 컴퓨터 및 주변기기 부문에서 자체적인 공급사슬 보유 • 공공분야에서 지속적인 컴퓨팅 수요
	기술 위상	• 클라우드 컴퓨팅 분야에서 토종기업들의 약진 • 공공 서비스 분야에서 버스 중앙차선제, 환승 시스템, 버스 도착시간 알림 등 생활 밀착형 서비스 보급 경험
	핵심 역량	• 컴퓨터 및 노트북 하드웨어 및 제조 경쟁력 우위 • 기초 및 핵심분야와는 달리, 서비스 및 공공분야 등에서 개발 경험과 역량 보유
약점	시장 위상	• 글로벌 수준 대비 작은 시장으로 인한 투자 규모의 제한 • 정보보호 산업에서 글로벌 수준의 기술이나 제품 부재
	기술 위상	• 소프트웨어 부문의 글로벌 경쟁력 부족 • 인공지능은 음성, 시각, 언어 등 단순 지능 중심으로 한정 • 실시간 통·번역, 시각지능, 자율학습지능, 협업 AI 분야의 실력 격차
	핵심 역량	• 컴퓨터공학 중심의 소프트웨어 연구에 집중 • 글로벌 IT 기업과의 기술/클라우드/플랫폼/서비스 분야에서의 협업 및 서비스 역량 격차가 큼

디지털 콘텐츠 및 게임 분야

기회	거시 환경	• 콘텐츠 가상화에 대한 사회/기술/경제/환경적 요구 증대, 코로나로 언택트 시장 부상 • 게임에 대한 재인식과 교육/재활/e스포츠 전반으로 확대
	경쟁 환경	• BTS 등 한류 문화에 대한 전 세계 콘텐츠 시장의 인지도 향상과 시장 기반 보유 • 디지털 콘텐츠와 게임을 실어나를 초고속 인터넷 시장의 구비와 높은 보급률
	가치사슬 환경	• 인공지능 스피커의 다양한 모델 개발 보급과 성장 가능성 • 네트워크 경쟁력을 기반으로 한 네트워크 게임의 발전 가능성
위협	거시 환경	• 부정적 이미지를 불식할 정치 · 법 · 제도와의 정합성 요구 증대
	경쟁 환경	• YouTube, Netflix, Walt Disney 등 글로벌 사업자에 의한 시장장악과 국내 시장 잠식. 글로벌 게임 시장에서 중국의 부상 • 게임산업의 위상이 과거보다 많이 하락
	가치사슬 환경	• 디지털 콘텐츠/게임 분야 GVC에서 모호한 한국의 입지 • 디지털 콘텐츠/게임 영역의 CPND 가치사슬의 재편과 글로벌 플랫폼사업자에 의한 시장장악(국내 시장은 통신서비스 기업을 중심으로 CPND상 silo 구조를 형성. MVNO, OTT 등)
강점	시장 위상	• 영화 및 드라마제작 분야에서 글로벌 경쟁력 보유 • 대규모 온라인 게임 시장에서는 글로벌 경쟁력 유지
	기술 위상	• 게임 및 디지털 콘텐츠 분야의 다양한 벤처산업 생태계
	핵심 역량	• 국내 OTT 서비스는 플랫폼 기반 연합 및 차별화된 K-콘텐츠와 인프라 확보
약점	시장 위상	• 개발사/운영사/퍼블리셔 간 첨예한 이해대립의 문화
	기술 위상	• 인터렉션, 실감형, 집단체험형, 인공지능형 등 고기능/다기능 게임제작기술 수준이 미흡함
	핵심 역량	• 콘텐츠의 오픈소스/플랫폼/Scalability 면에서 글로벌 IT 기업과의 역량 격차가 매우 큼

정보통신 및 스마트 이동 단말 분야

기회	**거시 환경**	• 코로나로 인한 새로운 시장요구 증대 • 미·중 갈등으로 인한 시장 구도 변화(탈화웨이 등) • 자율자동차 및 3차원 이동체 출현에 따른 신시장 기대
	경쟁 환경	• 5G 장비 및 단말 시장의 지속적 확대
	가치사슬 환경	• Open RAN과 같은 시장 파괴적 오픈 아키텍처 출현 • 5G 기반 B2B 시장의 확대 • 무선기지국, 관련 소자, 안테나, 프론트홀 장비, 각종 액세스 망 및 CDN 장비 등 매우 큰 연관산업 파급효과
위협	**거시 환경**	• 네트워크사업의 투자 경제성 저하, 수요시장(콘텐츠, 스마트 시장, 자율주행, DX 등) 개발의 지체 • 요금규제와 망 중립성 규제 등 강한 정치/제도적 규제
	경쟁 환경	• 글로벌 OTT/클라우드 사업자에 의한 국내 시장잠식 • 5G 이후 기기/장비 시장에서의 중국기업의 부상
	가치사슬 환경	• 모뎀 칩 시장에서의 Qualcomm의 지배력 • 시장 파괴적인 저궤도위성 기반 글로벌 광대역 인터넷서비스(예로서 SPACE-X의 Star-link Project) • 글로벌 클라우드 사업자에 의한 국내 시장 장악
강점	**시장 위상**	• 글로벌 IP/통신 칩/기기/장비 부분에서 삼성의 높은 수직 계열화 • 국내 통신 서비스 시장 전반의 CPND 간 높은 수직 계열화
	기술 위상	• 5G 표준화 및 상용화 기술 확보 • 세계 최초 5G 상용화 및 선도 서비스 개발 • AI 기술 기반의 경제적 망 운용 및 관리
	핵심 역량	• 전국에 걸친 초고속 인터넷망 및 이동망 구축 • 우수한 개발 연력 및 응용 역량 • 모바일 엣지 클라우드와 같이 차별화된 영역으로부터 국내 역량 강화 후 타 영역 확대 가능성
약점	**시장 위상**	• 글로벌 시장 대비 작은 시장으로 인한 투자 규모의 제한
	기술 위상	• 소프트웨어 인력 부족과 SI 중심의 역량 집중으로 인한 인력 수급 불균형
	핵심 역량	• 글로벌 기기/장비 시장에서의 역량은 역전 위기 CPND상 수요를 견인할 CP 역량 미흡 • Skype/Zoom과 같은 고품질/고사양의 플랫폼 개발 전문 강소업체의 부재

메모리 및 시스템 반도체 분야

기회	거시 환경	• 반도체 시장의 큰 잠재 성장성 • 반도체가 글로벌 패권경쟁의 핵심으로 부상
	경쟁 환경	• 데이터 기반 computing의 부상으로 메모리 수요, 지속적 상승 예상 • PIM 등 memory-centric computing 신시장 등장 • 미·중 첨단기술 패권경쟁에 의한 반사적 • 글로벌 산업지형 변화로 글로벌 M&A 기회 증대
	가치사슬 환경	• 미·중 분쟁으로 인한 디커플링(화웨이 배제) 반도체 GVC 갈등 첨예화 • 반도체 GVC상의 경쟁력 불균형과 반도체를 둘러싼 GVC의 전면적 재편 가능성 • 5G/6G 기반 IoT, AR/VR, 자율주행, AI 컴퓨팅 등 연관산업 파급효과
위협	거시 환경	• 메모리 반도체의 시장/기술 혁신 한계(공정 미세화의 더딘 진행) • 가전/스마트폰 시장포화로 성장 정체와 중국기업의 부상
	경쟁 환경	• 초격차 전략의 실효성/한계 • 시스템 반도체의 패권경쟁/전략적 연합군 결성에서 배제 가능성 • 파운드리에서 TSMC와 경쟁력 격차, Fabless 부문에서 중국의 부상 • 시스템 반도체 인접 분야(전장, IoT, 인공지능, 보안)의 미비
	가치사슬 환경	• 반도체 분야 핵심소재/부품 소싱 배제와 국산화 지연 • 광의의 IT 시장에서 가치사슬상의 이해충돌(삼성전자는 스마트폰에서 애플과 경쟁하면서, 애플에 반도체 공급) • 중국에 의한 한국 Fabless 기업 M&A와 기술 유출 • 원천소재/핵심 측정 장비 부문에서 미·일의 영향, 핵심소재의 높은 일본 의존도
강점	시장 위상	• 메모리 부문에서 압도적 우위(DRAM 73%, flash 43%) • 세계 최고의 IDM(Integrated Device Manufacturer)
	기술 위상	• 메모리 부문의 기술력은 초격차 유지 • 파운드리 부문에서도 기술력은 우수성을 인정받음
	핵심 역량	• 메모리 부문에서의 경쟁력은 세계 1위 • Memory-centric computing 시대를 선도할 잠재력
약점	시장 위상	• 메모리 부문과 비메모리 부문 간의 불균형 성장 • 시스템 반도체 시장 점유율은 현재 4%에 불과
	기술 위상	• CPU, 팹리스 등 시스템 반도체 분야에서의 낮은 위상
	핵심 역량	• 시스템 반도체, Fabless, Foundry, 소재 및 장비의 저조한 경쟁력 • GVC상의 핵심소재/장비 면에서 역량 미흡

융·복합 디스플레이 분야

기회	**거시 환경**	• DoT(Display of Things) 시대에 진입함에 따라 디스플레이 시장의 큰 성장성 • 디스플레이가 센서, 통신 등이 융합된 플랫폼 기기로 발전
	경쟁 환경	• 다기능 융복합 플렉시블 디스플레이(폴더블, 롤러블 등) 기술 진화 • 코로나19로 비대면 미팅 및 보건/의료 수요 증가로 웨어러블, 모바일기기, 원격 미팅 모니터 수요 증가 및 바이오/헬스 센서 추가 디스플레이 신시장 성장
	가치사슬 환경	• 미·중 분쟁으로 인한 디커플링(화웨이 배제) • LED에서 OLED/QD 디스플레이로의 전환
위협	**거시 환경**	• TV, 스마트폰 시장 포화로 성장 정체와 중국기업의 부상
	경쟁 환경	• 다양한 경쟁기술(LCD, OLED, Micro LED, QD) 등장 • 기존 시장 포화 대비 대형 신시장 개발저조 상태에서 중국의 저가격 공략(레드오션화) • 중국 정부의 보조금 지급에 의한 치킨게임 전개 양상
	가치사슬 환경	• 원천소재/핵심 측정 장비 부문에서 미·일의 영향, 핵심소재의 높은 일본 의존도 • 디스플레이 제조공정의 부가가치 감소, 중국기업의 저가 공세 • 온실가스와 화학물질에 대한 환경규제/폐기 시 환경 오염 문제 • 수요시장의 포화로 패널 기업의 성장에 따라 좌우됨
강점	**시장 위상**	• OLED 디스플레이 시장의 절대적 우위
	기술 위상	• OLED 디스플레이 제조 공정, 구동 및 화질 보상기술 • QD 디스플레이 등 차세대 기술 선도 • MicroLED, 플렉시블 디스플레이 등 신기술 선도
	핵심 역량	• 소재부품과 대형 OLED에서 역량 보유 • OLED 제조 공정 기술력
약점	**시장 위상**	• LCD의 저가 공세
	기술 위상	• 중국의 OLED 기술 추격(인력, SCM 확보 등)에 노출 • AR/VR 등 신규 애플리케이션 대응기술 부문에서 선진국과의 격차
	핵심 역량	• GVC상의 핵심 소재 장비 면에서 역량 미흡

의료 헬스케어 신산업 분야

기회	거시 환경	• 헬스케어 패러다임의 대대적 전환 • 고령화 및 데이터 활용으로 보험을 포함한 의료전달체계의 전면 재편
	경쟁 환경	• EMR과 같은 의료 IT 서비스 분야에서 해외 EMR, 국내 이지케어텍이 활동 • 의료 AI 분야에서 해외 Google Deepmind Health, 국내 Vuno, Lunit 등의 기업이 활동
	가치사슬 환경	• 신기술 기반으로 글로벌 제품 생산 및 시장 재편 • 신기술 기반의 스타트업에 대한 M&A 기회 증가
위협	거시 환경	• 규제가 심한 의료건강관리 규제 및 경직된 의료기기 인허가제도 • 첨예한 이해관계자 간 다툼(보험, 병원, 의사, 실버타운, 요양 시설 등)
	경쟁 환경	• 글로벌 IT기업(구글, 애플, 아마존, 마이크로소프트 등)의 의료 빅데이터 분야 투자의 증가 • 의료기기 시장에서 Big 3(GE, Simens, Phillips)의 시장 장악 지속
	가치사슬 환경	• 선발 글로벌 기업 중심의 의료장비기기의 표준화 주도 • 해외 환자유치 시장에서 태국 등의 시장 선점 • 의료서비스 영리화에 대한 거부감과 높은 수준의 규제(시장전략과의 모순 발생)
강점	시장 위상	• 의료 선진국 • 스마트폰 수요 기반 보유
	기술 위상	• IT 부문에서 연관산업의 높은 기술력(센싱, 모바일 기기, 네트워크 등)
	핵심 역량	• 의료시장의 높은 경쟁 강도와 이로 인한 의료시장 다각화 • 의료 선진국으로서 아직 개발되지 않은 임상 지식자산 등
약점	시장 위상	• 아직 글로벌 경쟁력을 확보하지 못함 • 범용 플랫폼 부족 및 의료용 데이터 사이언스 연구자 부족 • 진료 기관, 건강검진센터, 건강보험 등 관계기관과의 연계강화 부족
	기술 위상	• 게놈 기반의 바이오 인포매틱스 분야에서 연구경쟁력 부족 • 아직 미개발상태인 의료 인공지능 및 의료데이터 무결성 검증기술
	핵심 역량	• 아직 사업화 역량과 경험이 충분히 축적되지 못한 상태

2. 자동차조선항공기계 섹터
시장, 경쟁 및 역량 평가

교통수송 분야(자동차, 조선, 철도, 전반)
교통수송 차세대 주력 분야(친환경, 스마트 차량, 선박)
교통 – 신속한 구조 재편 분야(항공우주)
기계 – 신속한 구조 재편 분야(건설&공작기계, 기계설비)

교통수송 분야(자동차, 조선, 철도, 전반)

기회	**거시 환경**(동인, 시장. 성장 등)	• 환경규제 강화와 AI를 비롯한 디지털 대전환에 대한 신속한 대응 시 글로벌 시장 선점 및 유지 가능
	경쟁 환경(기술 및 시장)	• 기술우위와 신속한 수요자 맞춤형 대응으로 지적인 경쟁우위 유지 가능
	가치사슬 환경(탈세계화 및 GVC 재편)	• 재편되는 GVC상 전략적 우위 확보 및 편입 가능성 증대(자동차) • 친환경 규제와 디지털화로 인해 GVC 주도 지속 가능(조선) • 전동화, 모빌리티, 커넥티비티, 자율주행 등 자동차와 디지털 기술 결합으로 인한 자동차산업의 위기에 대비하여 합병, 인수 등 전략적 투자
위협	**거시 환경**(동인, 시장. 성장 등)	• 새로운 글로벌 시장 선점 지연과 탄소중립 등 친환경 규제 및 디지털 전환 대응 미흡 시 중국 등 후발국에 의한 시장잠식 심화
	경쟁 환경(기술 및 시장)	• 노사구조의 경직성으로 글로벌 경쟁에 제약 • 선진국 영역 확대 또는 후발국 급성장으로 넛 크래커 위협 또는 기술역전 우려
	가치사슬 환경(탈세계화 및 GVC 재편)	• 미·중 기술패권이 신냉전으로 확대할 경우 글로벌 시장 분할 등에 따른 GVC 참여 제한 등 위험 상존(자동차) • 탈세계화의 경우, 기술분업 해체 위험성 존재(국내 조선은 설계 및 생산 위주, 해외기업은 원천기술, 기술지원, 핵심 기자재 강점) • 친환경화, 모빌리티와 자율주행 시장의 불확실성과 기술 확보를 위한 과도한 투자로 인한 리스크 상존
강점	**시장 위상**	• 기술 및 가격경쟁력 유지, 글로벌 시장을 주도(조선) • 중국, 인도 등 성장하는 아시아 시장과의 근접성으로 전략적 대응이 용이
	기술 위상	• 주로 catch-Up 기술 분야의 성공한 다크호스 인정, 글로벌 시장 유지 • 설계 및 생산 기술의 글로벌 경쟁력 우위 유지(조선)
	핵심 역량	• 기존 기계공업 위주의 산업 생태계를 전자 및 소프트웨어산업 생태계로의 전환 역량 일부 보유 • 설계 및 건조 핵심기술과 인적 역량 우위 유지(조선)
약점	**시장 위상**	• Mobility as a Service(MaaS)로 대변되는 모빌리티 통합서비스 분야와 기존 자동차산업 시장 재편 소극적 • 경쟁국의 국가 차원 지원 지속에 따른 글로벌 조선 시장 경쟁 심화(조선)
	기술 위상	• 미래 산업의 핵심 부품기술 및 원천기술의 부족으로 개발 능력의 독립성 한계 • 단기 위주의 기술 개발에 따른 원천핵심기술의 취약 지속(조선)
	핵심 역량	• 새로운 시장변화 및 환경에 부합한 신속한 사업 전환 및 기업 구조조정을 할 수 있는 시스템 부재로 대응 능력 부족 • 생산 인력 노후화, 조선업 기피로 인한 우수 기술인력 확보 곤란 • 미국, 중국 등 거대시장 보유 국가들이 친환경 및 스마트 차량과 선박의 핵심 부품기술 확보를 위해 정부 주도하에 자국 내 기업 육성 주도

교통수송 차세대 주력 분야(친환경/스마트 차량, 선박)

기회	**거시 환경**(동인, 시장, 성장 등)	• 기존 차량과 선박 대비 전기 배터리 및 수소 연료전지 등 새로운 에너지원 차량의 가격 격차 축소로 인해 친환경 차량 및 선박 시장으로의 빠른 시장 전환 예상 • 자동차 및 선박의 스마트화 및 자율운항으로 전환
	경쟁 환경(기술 및 시장)	• 새로운 에너지원 및 스마트 차량 기술 개발 확대로 차세대 친환경 및 스마트 차량과 선박 시장 형성이 예상보다 빠르게 진행 • 친환경 및 스마트화 요구에 신속한 대응으로 기술 선점 및 격차 유지 가능
	가치사슬 환경(탈세계화 및 GVC 재편)	• 차량 및 선박의 전동화 진행과 시장의 확대로 경쟁력 있는 전기/전자업계의 신규 자동차 부품 산업 진입 • 친환경, 스마트화에 따라 선박 기자재 강소기업 출현 및 선박 유지보수 등 신사업 창출(조선)
위협	**거시 환경**(동인, 시장, 성장 등)	• 중국 등 후발국의 전략적 기술우위 확보와 혁신역량 확충으로 글로벌 시장의 잠식 및 기술우위 역전 가능성 존재
	경쟁 환경(기술 및 시장)	• 친환경차, 스마트 차량 및 선박의 핵심 부품에 필요한 주요 소재 및 핵심기술 확보를 위한 국가 및 산업, 기업 간 경쟁 심화 • 경쟁국의 국가 주도의 미래혁신기술 선점으로 기술주도권 상실 우려(조선)
	가치사슬 환경(탈세계화 및 GVC 재편)	• 기존 자동차산업의 시장 경쟁 구도 재편과정에서 SW의 취약성이 약점으로 작용, 특히 모빌리티 통합서비스(Mobility as a Service (MaaS)) 분야 • 핵심기술과 SW 취약으로 GVC 내 국내 조선소 비중 축소 우려(조선)
강점	**시장 위상**	• 전동화 차량 기반 자율주행 및 모빌리티 기술 선점으로 시장 지배력 강화(조선: 환경규제 대응 기술 및 스마트화, 자율운항 기술 선점으로 시장을 선도)
	기술 위상	• 현재 우위를 가지고 있는 부품(배터리, 모터 등) 등에서 현재의 위상 유지(조선: 친환경 스마트 기술우위 유지 가능하며 국제 규제 강화와 스마트화 추세는 국내 조선소들에 기술을 기반으로 한 글로벌 점유율 확대)
	핵심 역량	• 새로운 자동차 전동 구동 시스템 개발, 고효율 저가격 배터리 개발 등 전기/전자 및 소프트웨어가 어우러진 인력양성 및 산업 생태계 구축(조선: 글로벌 경쟁력을 갖춘 설계와 생산 역량 확대, AI 등 디지털 기술을 겸비한 인력 양성)
약점	**시장 위상**	• 중국업체의 내수, 기술, 원가경쟁력 기반으로 해외 진출 시도(조선: 글로벌 시장 위축, 경쟁국(중국)의 내수, 국가 정책적 지원, 원가경쟁력 기반으로 세계 점유율 확대 시도)
	기술 위상	• 시장진입장벽이 낮아짐에 따라 Tesla, Rivan, BYD등 신규 진입업체의 입지확대, 시장 잠식 (조선: 핵심원천기술 개발 부진의 기술종속 우려와 중국의 과감한 기술투자에 따른 기술격차 해소)
	핵심 역량	• 전기차 및 수소 연료전지차에 필요한 배터리 및 부품 가격 인하의 한계(기술 및 시장 측면) (조선: 친환경, 스마트화를 위한 환경 및 디지털 분야의 우수 인력 확보 어려움으로 인적 역량 약화 우려)

교통: 신속한 구조 재편 분야(항공, 우주)

기회	거시 환경	• 항공 물류, 운송 시장의 지속적인 성장과 신개념 항공 모빌리티 서비스(UAM) 태동 • 민간 중심 New-Space 시대, 정부의 우주개발 투자 정책
	경쟁 환경	• KT-1, T-50 개발 및 수출, 군용기 분야 신흥국 자리매김 • 세계 4위의 항공우주 생산거점으로 평가됨
	가치사슬 환경	• UAM(Urban Air Mobility) 등 수요 다변화로 신규 플랫폼 대두로 전·후방 산업 증대 예상 • 국제협력/공동 개발 기회 증가
위협	거시 환경	• 막대한 개발비, 장기 투자 회임 특성. 민간 투자 여건 불리 • COVID-19 사태로 인한 일시적인 항공 수요 및 산업 위축
	경쟁 환경	• 중국의 항공우주 강국 부상과 후발국의 저임금 구조 생산기지 성장으로 제조 분야 경쟁력 약화
	가치사슬 환경	• 취약한 국내 기술 기반과 사업성 우선으로 해외기업들의 의존도 증대 우려
강점	시장 위상	• 국제적인 방산 시장 규모 지속
	기술 위상	• 높은 기술 습득력과 우수한 생산 품질 • 연관산업 기반 최고 수준
	핵심 역량	• 군용 항공기 및 중소형 위성 체계종합 개발 수행 역량 확보
약점	시장 위상	• 세계 시장 점유율 미비 및 협소한 국내 민수 시장
	기술 위상	• 선진국의 지속적인 투자로 기술 격차 유지 • 핵심부품 업체 기반 취약 및 영세성
	핵심 역량	• 민수 항공기, 발사체 개발 경험/기반 부족

기계: 신속한 구조 재편 분야(항공, 우주)

기회	**거시 환경**(동인, 시장, 성장 등)	• AI를 비롯한 디지털 대전환에 대한 신속한 대응 시 글로벌 시장 선점 및 유지 가능
	경쟁 환경(기술 및 시장)	• 특화된 분야의 기계산업 육성과 고정밀 핵심기술에 대한 국산화 성공 시 한 단계 상승한 고부가가치 기계 국가의 위상 확보 가능
	가치사슬 환경(탈세계화 및 GVC 재편)	• 코로나 이후 전 지구적 비대면 활동 증대로 인한 IT 강국의 우위로 재편되는 글로벌 가치사슬상의 전략적 우위 확보 가능성 증대
위협	**거시 환경**(동인, 시장, 성장 등)	• 기존 경쟁상대가 아닌 신규경쟁자의 시장진입 가능성 커지고, 기존 기업 간 제조업/서비스 융합이 이루어져 거대 기업이 탄생하는 등 경쟁 심화
	경쟁 환경(기술 및 시장)	• AI, IoT, 스마트 공장 및 ICT 융합으로 인한 스마트화/디지털화/지능화로 산업별 제품의 생산 속도 및 산업구조, 생산 방식, 비즈니스 모델 변화 야기
	가치사슬 환경(탈세계화 및 GVC 재편)	• 미·중 기술패권 경쟁 심화로 신냉전으로 비화 시 글로벌 시장 분할 등에 따른 GVC 참여 제한 등의 위험 상존
강점	**시장 위상**	• 세계적으로 지역별 기계산업의 수요에 맞춘 글로벌 가치사슬 형성 시 GVC 참여기회 확대
	기술 위상	• 스마트 팩토리 구현에 대한 지속적 수요와 디지털 트윈의 가상 공장과 제조업가 시장의 새로운 니즈와 가치 창출
	핵심 역량	• 기계장비에 ICT를 융합한 스마트화 및 자동화가 진행되고 있으며, 산업용 협동 로봇, 3D프린터 등 새로운 제조방식의 장비 수요가 증가함에 따라 기존 기계 기술에 새로운 기술을 접목할 수 있는 융·복합 기술 역량 필요
약점	**시장 위상**	• 기계산업 GVC의 핵심이 조립, 가공생산에서 연구, 설계, 유지보수 등 서비스 분야로 전환되어 제조 비중이 하락
	기술 위상	• 고객 수요 기술 환경이 단순 HW 제작·공급역량에서 ICT 기반의 장치·설비 관리 및 최적 운영을 포함하는 통합 맞춤형 솔루션 서비스(제조+서비스+SW) 중심으로 변화
	핵심 역량	• 우수한 기술인력의 부족. 특히, 중소기업 및 수도권 외 지역에서 우수 인력 유치 어려움 • 중소기업의 재원 부족으로 인한 연구개발 투자 부족으로 대·중·소 기업 간 양극화 심화와 이에 따른 산업 생태계 불균형 심화

3. 건설환경 섹터

시장, 경쟁 및 역량 평가

건설산업 전반

플랜트 분야

건축 분야(아파트, 상업빌딩 등)

교통 분야(도로, 철도, 항만, 공항 등)

도시 분야(스마트 시티, 그린 시티, 지능형 인프라 등)

토목 분야(지하 공간, 수자원, 저수지, 댐, 하천 개발, 사면보강, 지반 개량 등)

안전/방재 분야(예방, 대응, 복구 등)

환경 분야(물/대기 관리, 기후변화 대응 등)

리사이클 분야(폐자원 에너지화, 재활용 등)

건설산업 전반

기회	**거시 환경**(동인, 시장, 성장 등)	• 메가트렌드 진전으로 복합건설 확대: 초고층 스마트 빌딩, ICT 융합 인프라 등
		  - 스마트 시티, 스마트 교통 등
		  - 안전/방재/환경, 리사이클 시장 부상
		• 건설시장의 질적 변화
		  - 노후 구조물 급증으로 재개축/유지관리 성장

	경쟁 환경(기술 및 시장)	• 기술 융합으로 건설 기술 패러다임 변화: 모듈화, 자동화, 디지털화 등 • 극한 설계/시공 기술 경쟁: 초고층, 초장대, 초심도, 메가플랜트
	가치사슬 환경(탈세계화 및 GVC 재편)	• 30년 이상 노후 구조물 급증으로 보강 및 재건설 필요성 증대

위협	**거시 환경**(동인, 시장, 성장 등)	• 저성장에 따른 양적 성장 및 수익성 악화 한계 봉착
		  - 주택 도급, 공공 수주, 해외 플랜트 건설
		  - 국내 인구감소, 고령화
		• 신산업 관련 규제 복잡해 비효율 극심: 스마트 교통, 하이퍼루프, 친환경 에너지 등

	경쟁 환경(기술 및 시장)	• 국내 시장에서 넛 크런치 현상 심화: 중국 등 후발 개도국들의 시장 잠식 확대 - 선진국의 기술 강화, 중저가 입찰 확대, O&M 시장 선점 • 주력 시장 이동, 규제강화로 수익성 저하
	가치사슬 환경(탈세계화 및 GVC 재편)	• EPC 전후방으로 가치 이동 - 시공 단계 가치 저하, 개념 설계 및 유지관리 단계 가치 증대 • 개도국 로컬 소싱 확대 압력 증가 • 금융 연계한 복합개발, 투자개발 확대
강점	**시장 위상**	• 중동, 개도국에서 다양한 시공 실적 - 2019년 ENR 국제 건설사 TOP 250에 한국 기업 12개 랭크
	기술 위상	• 뛰어난 시공 능력: 초고층 빌딩, 초장대 교량, 대형 석유화학 플랜트 레퍼런스 확대 • 최근 신재생에너지 발전소도 레퍼런스 구축 중
	핵심 역량	• 세계 시장 내 좋은 평판: 가격경쟁력, 높은 품질, 성실한 인력 • 코로나 이후 전 지구적 비대면 활동 증대로 ICT 강국 기회 증대
약점	**시장 위상**	• 가격경쟁력 내세운 중국 등 후발주자들의 빠른 추격 • 중동 시장 발주 감소를 대체할 신규 지역 탐색 난항
	기술 위상	• 상세 설계-조달-시공 등 EPC 영역에 주력하고, 사업/기술 범위가 좁음 • 엔지니어링, 운영관리 기술력 부족 • 모듈화, 자동화, 디지털화 등 새로운 기술 변화에 대응 지체
	핵심 역량	• 해외 수주 시 업체 간 과당경쟁으로 사업 수익성 악화 • 시공 위주 사업 전개로 개념 설계, 엔지니어링 역량 부족(관 발주주도) • 수주, 하도급, 관련 불공정 관행 존재

플랜트 분야

기회	**거시 환경**	• 글로벌 대형 시장(2019년 2,317 B$) • DX화, 스마트 플랜트 등 신기술 접목, 신시장 기회 형성
	경쟁 환경	• 산업 내 주력 시장 이동(전통 발전, 오일, 해양 플랜트 → 천연가스, 신재생에너지)
위협	**거시 환경**	• 코로나 19로 당분간 시장 위축 불가피 • 환경규제(ex, 유해물질 배출 제한) 강화, 재해 증가로 비용 상승, 수주 수익성 저하
	경쟁 환경	• 선진국 사업 영역 확대 및 해외 후발국 급성장으로 넛 크래커 위험
	가치사슬 환경	• FEED 등 기본설계 영역 중요성 증가 • 시공 후 운영관리(O&M) 사업 중요성 증가
강점	**시장 위상**	• EPC 강점을 무기로 Global Top tier로 자리매김
	기술 위상	• 상세 설계력, 시공 관리력 우수 • 플랜트 DX화 잠재력 보유
	핵심 역량	• 우수한 인력 및 공사 운영 역량 • 낮은 가격, 높은 품질
약점	**시장 위상**	• 중동 및 동남아 시장 경쟁 심화로 입지 악화 우려
	기술 위상	• 개념 설계력, 프로젝트 기획 관리력 부족 • ICT 업체들과 협업 미진
	핵심 역량	• 글로벌 소싱 체제 구축 미비

건축 분야(아파트, 상업빌딩 등)

기회	거시 환경	• 건축 패러다임 변화에서 시장 기회 일부 발생(신도시, 신축→도시재생, 리모델링) • 디지털 뉴딜로 ICT 융합 영역에서 일부 수혜
	경쟁 환경	• 원가 경쟁에서 기술 경쟁으로 환경 변화(신소재, 모듈화, 디지털, 자동화 등)
	가치사슬 환경	• 종합 건설사 중심 경쟁 구도에서 전문 기술 보유 기업의 영향력 증대
위협	거시 환경	• 경제 저성장, 인구 정체로 양적 성장 한계 봉착 • 부동산 규제, 코로나 위기로 시장 정체 추세 지속 예상
	경쟁 환경	• 시장 정체, 업역 제한 완화로 기업 간 경쟁 악화 • 업체 간 양극화 따른 하위 그룹 구조조정 압력
	가치사슬 환경	• 국내 기술 기반 약한 상태에서 해외 기술 기업들의 영향력 증대 가능성
강점	시장 위상	• 국내 시장에서 강력한 브랜드력 및 산업 지배력 확보
	기술 위상	• 모듈화, 자동화, 디지털화 등 기술 변화 대응 잠재력 보유
	핵심 역량	• 사업 규모, 경험, 신용도, 원가 측면의 강점
약점	시장 위상	• 해외 사업 역량 부족
	기술 위상	• 실시설계, 시공 위주로 개념 설계 등 상위역량 부족 • 중하위 전문 건설사의 기술 흡수 역량 부족
	핵심 역량	• 상위 종합 건설사와 중하위 전문 건설사 간 경쟁력 격차 큰 편

교통 분야(도로, 철도, 항만, 공항 등)

기회	거시 환경	• 교통체제 패러다임 변화에서 신시장 형성(초심도 터널, 초장대 교량, 무인 항만 등)
	경쟁 환경	• 경쟁 구도 변화(인건비 경쟁→데이터 및 ICT 결합 통한 기술 경쟁)
	가치사슬 환경	• 교통 인프라 건설, 개념 설계, 유지관리까지 영역 확장
위협	거시 환경	• 기존 교통 건설 분야는 이미 성숙, 포화(전통 도로, 교량, 터널, 철도, 항만 등)
	경쟁 환경	• 상위 건설사와 중하위 건설사 간 양극화 전개 • 청년 3D 업종 기피로 인력 고령화
	가치사슬 환경	• 모빌리티 공유, 자율주행 등 서비스 기업들의 산업 영향력 강화로 신·구 업체 간 갈등 발생
강점	시장 위상	• 초심도 터널, 초장대 교량 등 고난도 교통 건축물 시공 경험 및 레퍼런스 확보
	기술 위상	• 협력 가능한 ICT 및 데이터 솔루션 기업 국내 다수 포진
	핵심 역량	• 인력관리, 고품질 단납기 시공 역량
약점	시장 위상	• 해외 시공 경험은 아직 초기 단계 • 공공시설물 재건축, 유지관리 예산 부족
	기술 위상	• 기술 환경 변화에 대한 업체들의 상대적 무관심 • 업체들의 기술투자 재원 부족
	핵심 역량	• 국내 관 발주 주도로 민간 기획 역량, 경험 부족 • ICT 기술 결합 프로젝트 설계, 관리 역량 부족

도시 분야(스마트 시티, 그린 시티, 지능형 인프라 등)

기회	거시 환경	• 라이프 스타일 변화, 안전 욕구 및 기후변화 대응, 기술발전에 따라 다양한 신시장 잠재력 • 인구 증감에 따른 소요 인프라 시설 불일치
	경쟁 환경	• 스마트 시티, 그린시티, 지능형 인프라, 기존 노후 인프라 안전관리 등의 선점 경쟁
	가치사슬 환경	• 개별, 부분 토목 공사에서 시티 단위 총괄 프로젝트로 변화(장기, 대형 사업화)
위협	거시 환경	• 국내 전통 도시 인프라 분야 충분히 확충, 정체 상태 • Mega City로 인구 집중 심화
	경쟁 환경	• 전통 토목 사업 내 경쟁 심화
	가치사슬 환경	• 해외에서는 건설 기업과 ICT, 환경에너지, 생활 서비스 기업들의 활발한 제휴, 협력 전개
강점	시장 위상	• 한국의 도시 인프라 경쟁력은 세계적 수준으로 해외 진출 시 충분한 후광 효과
	기술 위상	• 국내 다양한 ICT 환경에너지, 생활 서비스 기업 포진으로 중견, 대기업간 협력 기회 존재
	핵심 역량	• 기술 융합 관심은 높은 편
약점	시장 위상	• 토목 건설 기업 중 대다수가 소규모, 인력 집약형으로 지역 밀착형 사업 전개
	기술 위상	• 대기업들은 디지털 기술 확보 용이하나, 다수 중소기업은 기술 융합 트렌드 대응 한계
	핵심 역량	• 단순 도급, 시공 방식에 익숙 • 고부가 신사업 전환 위한 체질 개선 노력 부족

토목 분야(지하 공간, 수자원, 저수지, 댐, 하천 개발, 사면보강, 지반 개량 등)

기회	거시 환경	• 재해 대비, 스마트/컴팩트 시티 및 코로나 19 따른 시설 수요 급변으로 수요 발생 • 경제위기 극복 위한 해외 인프라 투자 확대
	경쟁 환경	• 인프라 스마트화로 기술 융합 필요성 증대(스마트 시티/워터, 하이퍼루프 등)
위협	거시 환경	• 전국적 사회 인프라 상당 구축, 국내외 시설 사장 성숙으로 대세적 성장 둔화
	경쟁 환경	• 성장 둔화 따른 기업 간 경쟁 격화, 수익성 악화 • 하위 그룹 구조조정 압력
	가치 사슬 환경	• 해외 선진사들은 도급 사업 중심에서 벗어나 투자 및 개발에서 유지관리 및 운영까지 확대
강점	시장 위상	• 아직 국내 사업 중심, 산업 내 해외 수주 경험 활용해 해외 사업 확대 여지 존재
	기술 위상	• 국내 다양한 ICT, 환경에너지, 서비스 기업 존재. 적극적 협력 위한 정부 지원 필요
	핵심 역량	• 현장 관리 역량
약점	시장 위상	• 해외 후발국 급성장으로 차별화 필요
	기술 위상	• 기술 융합 관심은 높지만, 실제 활용 노력 미진
	핵심 역량	• 부가가치 큰 FA, PM, 엔지니어링 역량 부족 • 국내 관 발주 주도로 민간 기획 역량, 경험 부족

※ 광의의 토목은 교통, 도시, 환경, 안전/방재, 리사이클까지 포괄하나 여기서는 겹치지 않는 인프라성 토목 사업 중심으로 분석

안전/방재 분야(예방, 대응, 복구 등)

기회	거시 환경	• 자연/사회 재난 증가, 안전규제 강화로 중요성 증가 • 특히, 20년 이후 국내 노후 시설 폭발적 확대
	경쟁 환경	• 글로벌 시장도 뚜렷한 강자가 없는 상태
	가치사슬 환경	• 플랜트, 건축, 교통, 도시 등 주력 건설 분야 지원 사업으로 최근 수요 증가
위협	거시 환경	• 코로나-19 경제위기로 관련 투자 여력 부족 • 업계 전체적 규제 대응, 불가피 지출 인식으로 소극적 대응
	경쟁 환경	• 향후 글로벌 차원에서 다각적 기술경쟁 전개(구도심 선제적 보수 · 보강, 신도심은 스마트 시티)
	가치사슬 환경	• 기술 확보 및 산업 표준 형성 위한 해외 대기업간 상호 협력 전개
강점	시장 위상	• 아직 글로벌 시장 위상은 미약하나 기술 개발 투자 여력 갖춘 대형 건설사 존재
	기술 위상	• 전문 엔지니어링 업체 형성 시작
	핵심 역량	• 기반기술, 핵심원천기술 개발, 부품/소재 국산화 위해 적극적 정부 지원 필요
약점	시장 위상	• 국내 산업구조는 영세 기업 위주로 노동집약적→기술 확보, 영세성 극복 위한 동시 노력 필요
	기술 위상	• 국내 기반기술은 선진국 대비 격차 상당(최고 기술 보유국 대비 76% 수준)
	핵심 역량	• 국내외 기술격차 및 대기업, 중소기업 간 기술격차 해소 필요

환경 분야(대기 관리, 기후변화 대응 등)

기회	거시 환경	• 환경 오염, 기후변화 대응 등 환경규제 강화 및 신시장 부상으로 안정적 성장
	경쟁 환경	• 국내 공공시장은 포화 상태, 민간시장 육성 및 해외 시장 개척 필요
	가치사슬 환경	• 환경관리의 전 주기화로 시장 확대 가능(ex. 플라스틱: 생산-사용 - 폐기) • 기후변화 협약 대응, 환경 위생 개선 동시 효과
위협	거시 환경	• 하위 산업 분야가 매우 다양해 fragment화 심한 특성. 사업 대형화 곤란 • 오물 해양 투기 금지 등
	경쟁 환경	• 영세업체 위주 산업구조 • 다양한 산업 이슈 상존(Nimby 현상 등)
	가치사슬 환경	• 글로벌 환경규제 강화(각국 도생 분위기 팽배) • 자국 내 자원 회수에 대한 전략적 강조(안보 차원)
강점	시장 위상	• 대도시화, 삶의 질 니즈 증대 따른 환경 이슈 심화로 국내 산업 성장환경 조성
	기술 위상	• 글로벌 경쟁 가능 영역 존재(ex, 해수 담수화, 열/에너지 회수 등) • ICT 기술과 융합해 차별화 가능
	핵심 역량	• 신규 부상 영역에서 기술 특화 개발 시 차별화 가능(ex. 미세먼지, 플라스틱)
약점	시장 위상	• 전체 건설업 중 환경 분야는 아직 Niche • 기업들도 글로벌 Top-tier와 상당한 격차
	기술 위상	• 환경 산업 전체적으로 기반 기술력은 미흡 • 해외 장비/기술 도입에 의존
	핵심 역량	• 글로벌 기업 대비 전반적 열세 상황으로 제도 개선/정비 및 정부 지원 시급

리사이클 분야(폐자원 에너지화, 재활용 등)

기회	거시 환경	• 지속가능성, 순환경제 규제강화로 성장 여지 충분
	경쟁 환경	• 선진국도 아직 초기 단계
	가치사슬 환경	• 전 주기 순환관리개념이 세계적으로 형성 중으로 Catch-up 용이
위협	거시 환경	• 지역 이기주의(Nimby) 따른 개별기업들의 입지 확보 및 운영 공란
	경쟁 환경	• 영세업체들이 다수 포진, 노동집약적 특성 • 수집/처리 과정상 불투명성 이슈
	가치사슬 환경	• 아직 국내 자원 순환 가치사슬이 비체계화
강점	시장 위상	• 지속가능성 관점 산업 필요성 인식 확대
	기술 위상	• 폐플라스틱, e-waste 등 특화 분야 기술선도 노력 가능 • ICT 기술과 융합해 차별화 가능
	핵심 역량	• 기반기술 공공 R&D 및 민간 확산 중요 • 산업화 관련 정책 드라이브 의지 존재
약점	시장 위상	• 국내 건설 매출 차지 비중 미미(시설 건설시장은 2조 원으로 전체 매출 0.5%)
	기술 위상	• 선진국과 기술격차는 큰 편 • 대다수 중소 영세업체는 기술력 확보 난항
	핵심 역량	• 산업 생태계 조성 자체가 미진해 제도 개선/정비 및 정부 지원 시급

4. 화학생명에너지 섹터

시장, 경쟁 및 역량 평가

바이오헬스 분야(의약품/의료기기, 식품, 화장품 등)

정유 및 석유화학 분야(정유와 석유화학산업 간 경계가 희석)

신재생에너지 분야 (태양광, 풍력, 수소)

섬유 분야

바이오헬스 분야(의약품·의료기기, 식품, 화장품 등)

- 환경, 웰빙, 건강에 대한 수요 증가로 인해 미래 산업으로서 큰 기회
- 빅데이터 등을 통한 높은 혁신 가능성
- 시장 위상과 점유율은 낮으나, ICT 인프라, 반도체, 한류 등의 장점을 활용한 글로벌 사업

기회	거시 환경	• 고령화, 만성질환, 전염병 확산 • 바이오 및 융·복합 헬스케어 기술의 발전(특히 보건의료 big data가 구축되면 맞춤형 바이오헬스 제품 개발 및 서비스가 가능) • 친환경, 웰빙 및 건강에 대한 수요 증가
	경쟁 환경	• 식품, 화장품, 의약품/의료기기 시장에서 새로운 혁신 기회 가능성이 큼 • 식품회사, 화장품회사, 제약사, IT 기업, 서비스 기업, 분석 및 big data 처리기업 등 다양한 player들의 융합과 경쟁 예상 • 새로운 BM을 가진 player들의 등장
	가치사슬 환경	• 가치사슬 과정(개발, 제조, 영업 및 마케팅 등)이 전문화, 국제화되고 있음
위협	거시 환경	• 의료비용의 증가와 개인정보보호 강화 등
	경쟁 환경	• 식품, 화장품, 의약품/의료기기 시장의 경계가 파괴되고 경쟁 심화
	가치사슬 환경	• 최근 의약품과 식품 등에서 지역화 회귀 움직임
강점	시장 위상	• 식품: IT 접목 식품 제조 및 prebiotics 분야 소재 기술과 전통 발효기술은 시장 선도 가능성 • 의약품: 전 세계시장(2580억 달러)의 2% 수준, 수출성장률은 높음(연 18.6%) • 화장품: 한방 발효화장품 등에서 시장 선도, ICT, 생명과학, 화장품 분야의 생태계 강점
	기술 위상	• 식품: HMR 간편식 제조기술 세계 최고 수준 • 의약품: 합성 및 바이오의약품 생산 능력 세계 최고 수준 • 화장품: 한방 발효기술의 강점과 국제경쟁력을 가진 CMO
	핵심 역량	• ICT 인프라와 역량, 반도체 및 바이오 센서 기술 역량 • 한류(K-food, K-beauty, K-culture)를 활용한 글로벌 문화사업
약점	시장 위상	• 전반적 바이오 헬스 시장 위상과 점유율은 미미 • 식품: 인스턴트 라면, HMR, 믹스커피 등을 제외한 대부분의 글로벌 식품시장 위상은 낮음 • 의약품: 임상개발 및 허가를 포함한 전 주기 신약개발 역량이 있어야 시장 선도가 가능함 • 화장품: 화장품과 타 산업 융합 측면에서 아직 사례가 별로 없음
	기술 위상	• 바이오 헬스 산업의 기술위상은 세계 top의 78% 수준에 4년 기술격차가 있음 • 식품: 효소 개량, 유전공학, AI, 식품안전 검사 및 플랜트 기반기술은 선진국 대비 미흡 • 의약품: 신약개발 전 주기 중 3상 기술과 바이오시밀러의 전 임상기술은 아직 부족함 • 화장품: 피부 마이크로바이옴 기술의 격차가 큼
	핵심 역량	• 보건의료 big data 구축을 위한 개인정보보호 규제와 이를 통해 맞춤형 서비스 제공 인력/역량 미흡 • 새로운 BM을 개발할 금융 및 창업 융합인력과 전 주기를 경험한 기술 개발 전문가 부족

정유 및 석유화학 분야(정유와 석유화학산업 간 경계가 희석)

- 에너지 대 전환 시대의 도래, 고부가가치 석유화학제품 시장 확대는 위협이자 기회
- 정제국이자 수요국인 우리나라는 석유화학제품의 공급능력 과잉, 연료 수요 감소 등 경쟁 환경에 유의
- 성장성 높은 시장과의 접근성은 좋으나 시장 다각화를 위한 기술력 부재와 국제화 역량 미흡

기회	거시 환경	• 친환경 에너지 수요의 증가　　• 고부가가치 석유화학제품 시장의 확대 • 디지털 전환의 가속화
	경쟁 환경	• Non-OECD 국가의 수요 증가로 인한 market rebalancing 기회
	가치사슬 환경	• 산유국, 정제국, 수요국의 재편(유럽 등은 퇴조): 산유국=정제국(중동, 미국), 수요국=정제국(중국, 인도, 한국), 수요국(유럽, 아시아, 오세아니아)로 재편 • Non-OECD 국가(동남아시아 및 오세아니아 등)로 시장 및 공장 다변화 • 정제 및 석유화학 운용 역량을 활용하여 하류에 진출하는 산유국 기업과 전략적 제휴
위협	거시 환경	• 에너지 대전환 시대의 도래(탈탄소화, 분산 발전, 언택트 확대) • 장기 저유가 기조와 수요 둔화　　　　• 기후변화와 환경규제 강화 • 에너지 지정학적 리스크의 증가(미, 중, 중동 등)
	경쟁 환경	• 원료 확보 어려움/정유시설 노후화 등 경쟁력 약화 • 환경 대응 비용 증가(저유황유 전환 비용, CO2 저감 및 플라스틱규제 대응 투자 등) • 중국 및 인도 등의 설비 확충으로 인한 석유제품 및 범용 석유 화학제품의 공급능력 과잉 • 친환경 에너지 전환 확대로 연료 수요 감소(LNG 발전, 전기차, 신재생에너지, 수소차 등)
	가치사슬 환경	• 산유국의 하류 부문 진출　　• 대형 소비국(중국, 인도 등)의 정유시설 자급률 확충 • 정유산업과 석유화학산업 간 경계 희석(고부가가치화, 차별화, 원가경쟁력을 가진 회사만 생존 가능)
강점	시장 위상	• 성장하는 중국과 아시아 시장과의 지리적 이점 • 이머징 마켓의 성장으로 지정학적으로 인접한 동북아/동남아 지역의 수요 확대
	기술 위상	• 원유정제능력 세계 5위　　　　• 에틸렌생산능력 세계 4위 • 세계 최고의 운영관리(O&M) 효율성　• 정유와 석유화학의 콤비나트형 통합 구조
	핵심 역량	• 성장성 높은 시장 접근성(아시아 등)　• 규모의 경제 • 정유 및 석유화학 생산/운영역량　• 고도화된 정제설비(고품질제품 전환설비)
약점	시장 위상	• 내수시장의 협소와 시장 위상 축소 • 중국 수출의존도가 높은 석유화학제품 시장 위축 가능성
	기술 위상	• 원천기술의 취약(정유 및 석유화학 공장 건설 및 핵심기술 특허 등) • 정밀화학/첨단 소재 원천기술 취약
	핵심 역량	• 원료 경쟁력(원유, 셰일오일 등) 열위 • 제품 및 시장 다각화를 위한 기술 및 국제화 역량 미흡 • 소품종 대량생산 체계로 인해 다품종 소량생산 역량 부족

신재생에너지 분야(태양광, 풍력, 수소)

- 기후변화대응으로 신재생에너지 수요는 증가하나 기술력, 경제성에 대한 경쟁은 극도로 심화
- 고도의 IT 기술, 배터리 기술과의 접목으로 새로운 비즈니스 모델의 발전/서비스 산업 요구
- 고효율 태양광, 수소기술, 부유식 해상풍력 하부구조물 등 세계 최고 기술로 경쟁

기회	거시 환경	• 기후변화대응으로 신재생에너지 수요 증가 • Decarbonization, Decentralization, Digitalization 추세로 인한 새로운 에너지 산업 변환 • 그린뉴딜 정책으로 국내 시장 확대
	경쟁 환경	• 신재생에너지 기술발전으로 경제성 향상 • 분산형 신재생에너지 시스템 확대 및 신규사업모델의 출현(DX 융합)
	가치사슬 환경	• 에너지 생산, 이동, 보관, 활용의 분산화와 smart화로 인한 다양한 player와 가치 창출 기회
위협	거시 환경	• 신재생에너지 사회 수용성 및 보급 제도 개선 미흡 • 신재생에너지 국가 간 무역마찰 및 정책 환경의 불확실성
	경쟁 환경	• 전력산업시장의 보수성과 신재생에너지의 약점 대응(태양광/풍력은 간헐성, 수소는 경제성 등) • 선진국 및 중국과의 경쟁 치열(승자독식 구조)
	가치사슬 환경	• 신재생에너지 제조산업은 중국이, 발전/서비스 산업은 글로벌 IT 기업이 주도할 가능성

강점	시장 위상	• 신재생에너지 시장의 성장
		  □ 태양광: 200조(2018), 연 10% 성장률. 국내 6.5조(신재생에너지 시장의 65%)
		  □ 풍력: 25조(2018), 국내 MS는 1% 미만
		  □ 수소: 2050년 에너지 수요의 20% 전망

	기술 위상	• 고효율 태양광과 수소기술(전기차 및 연료전지) • 부유식 해상풍력 하부구조물 기술은 세계 최고 수준
	핵심 역량	• 태양광산업은 수출 중심의 가치사슬 전반을 보유 • 기존 IT 역량(IOT, Big data, AI 등), 배터리 기술과의 결합 잠재력
약점	시장 위상	• 태양광 시장 상류는 중국 대비 원가경쟁력 약세(미국·일본·유럽 프리미엄 시장 대응) • 국내 풍력 및 수소 시장은 아직 규모가 작음 • 획기적인 보급 정책 없을 시 상대적 시장 위축 가능성
	기술 위상	• 태양광 원가경쟁력 및 풍력 등의 핵심기술 경쟁력 열위 • 수소 생산, 이동, 보관 기술은 선진국에 열세(태양광/풍력은 간헐성) • 수소 및 연료전지는 경제성 문제가 있음
	핵심 역량	• 전력시장의 보수성 및 규제로 인해 새로운 BM 불가능

※ 태양광/풍력의 간헐성은 기술적인 문제가 아닌 본질적인 문제로 다양한 ESS(에너지 저장시스템) 기술과의 결합이나 스마트그리드 기술로 대응 가능

섬유 분야

- 고기능, 친환경, 스마트, 산업용 섬유 수요 증가와 융·복합적 협업을 통한 글로벌 선도 가능
- K-Culture 영향으로 패션 및 디자인 국제경쟁력 창출 가능
- 화학 섬유 관련 융합 인력양성과 교육 강화 필요

기회	거시 환경	• 친환경 수요증가
	경쟁 환경	• 고기능(내염/내열 등), 친환경(생분해성, recycling 등), 스마트(전기전도성, 웨어러블 등), 산업용(건축, 자동차용 등) 섬유 수요 증가
	가치사슬 환경	• 스마트 팩토리 등장, 시장과 가까운 선진국으로 이동 • 범용 및 산업용 섬유는 near shoring으로 이동
위협	거시 환경	• 환경규제 및 대응 비용 증가 • 노령화로 범용 섬유 수요 감소
	경쟁 환경	• 기술 평준화, 과잉생산, 가격경쟁 심화
	가치사슬 환경	• 제조원가가 낮은 아프리카 등으로 확대 • 중국 등 규모 경제 기반으로 원재료부터 통합 생산 유통
강점	시장 위상	• K-Culture 영향으로 일반 섬유 패션 및 디자인 시장
	기술 위상	• 스마트 섬유 산업, 기술 개발 초기로 섬유·의료·안전·전자산업이 융·복합적 협업을 통해 글로벌 선도국가 가능
	핵심 역량	• 가성비 높은 제품 개발 및 스피디한 상품 개발력
약점	시장 위상	• 세계시장 2%인 국내 범용 소재 의류 분야 시장은 고령화 • 인건비 상승으로 원가경쟁력 상실
	기술 위상	• 고부가 고기능 친환경 스마트 섬유 기술력 열위(기술경쟁력은 일본·유럽의 90%, 중국은 우리나라의 95%)
	핵심 역량	• 기초원천기술 및 핵심 응용기술 역량 부족 • 화학 섬유 관련 인력과 교육 감소

5. 재료자원 섹터

시장, 경쟁 및 역량 평가

소재산업 전반
철강 분야
비철 분야
전자재료 분야
이차전지 분야

소재산업 전반

기회	**거시 환경**(동인, 시장, 성장 등)	• 패러다임 전환에 따른 신소재 시장 확대: 모빌리티 기계→전기 플랫폼 전환
		  : 에너지 탄소→수소경제 전환
		• 양적→질적 성장 변곡점에 위치: 소재는 제조업 부가가치 결정 혁신촉진자
		  : 경량화, 고기능화, 친환경, 복합기능 요구 증대

	경쟁 환경(기술 및 시장)	• 신기후체제에서 환경규제대응 능력 관건: 탄소중립, 에너지 효율, 자원순환 등 • 맞춤형 유연 생산과 개발주기 단축 경쟁 • 스마트제조와 디지털 전환 가속화
	가치사슬 환경(탈세계화 및 GVC 재편)	• 산업별 정교한 GVC 재편 추진 • 수요산업 연계 미래지향적 공급망 확충
위협	**거시 환경**(동인, 시장, 성장 등)	• 범용재 수요감소와 보호무역 한계 봉착: 대기업 주도 소품종 대량생산 체제 한계 • 강대국 자원 무기화로 해외종속 우려 • 기후변화 대응 준비 부족 • 원천소재 및 혁신기술 부족: 선진국 국가 주도 신소재 개발 경쟁 치열
	경쟁 환경(기술 및 시장)	• 범용재는 중국, 고부가재는 선진국과의 기술 및 시장 경쟁 심화 • 대표기업 제외 산업 생태계 경쟁력 취약: 소재전문 강소기업 육성 난항
	가치사슬 환경(탈세계화 및 GVC 재편)	• 높은 GVC 의존도 대비 공급망 교란에 구조적 취약 • 고부가, 제조 서비스화 등 밸류체인 고도화 미흡 • 첨단산업 유치 및 제조업 중심 공급망 재구축 경쟁 치열

강점	**시장 위상**	• 다양한 수요산업 연계 생산량/소비량 4~6위
		  : 생산: 2001년 108조 원→2018년 288조 원(6.0%/년)
		  : 수출: 2001년 249억 달러→2018년 941억 달러(8.1%/년)

	기술 위상	• 전통적 Operational Excellence와 접목하여 디지털 전환 가속화 • 에너지 효율, 친환경 공정, 고효율 회수기술 등 글로벌 경쟁력 확보
	핵심 역량	• 범용 소재 글로벌 시장 경쟁력 확보: 설비 대규모화와 안정적 운용, 품질 및 납기 경쟁력 : 모빌리티, 에너지 등 대규모 시장 고부가 소재 공급력 • ICT 융합 디지털 전환 역량
약점	**시장 위상**	• 범용재, 중후장대 산업 시장 편중 • 기업 간, 제품 간 수익성 양극화와 한계기업 증가 • 상하 공정간 Capa 조정 미흡, 생태계 경쟁력 취약 • 미·중·EU 등 기존 시장 대체 신규시장 경쟁 치열
	기술 위상	• 다품종 소량생산 고부가 소재 전문기업 육성 시급 • 디지털 전환 가속화를 위한 타 산업군과 협력 부족 • High-Risk 소재산업의 특성상 장기적 도전적 혁신기술 확보 전략 필요
	핵심 역량	• 범용 소재 성장 모멘텀 약화 • 산업 대전환 대응 미래 핵심소재 자원과 기술력 미흡 • 제조 데이터, 플랫폼, 생태계 경쟁력 확보 전략 필수

철강 분야

- 수요절벽, 공급과잉, 저부가 범용재, 환경규제 → 고부가 신수요, 친환경 디지털 전환, 산업 생태계 강건화

기회	거시 환경	• 글로벌 총생산량 50% 초과 중국발 시장변화 • 고부가화, 스마트화, 친환경화 메가트랜드 변화
	경쟁 환경	• 공급과잉하에서 제품 차별화, 저원가 생산 • 디지털 전환 가속화로 고부가가치화 경쟁 치열
	가치사슬 환경	• 탈중국화에 따른 전 세계 철강 시장 재편 • 신남방, 중동 등 신흥 철강 시장 확대
위협	거시 환경	• 수요절벽, 공급과잉과 보호무역주의 심화로 수익성 악화 • 신기후체제 및 환경 우선 정책 강화
	경쟁 환경	• 원가경쟁력과 직결되는 원료 다변화 중요 • 시장변화 선제 대응을 위한 비교열위 품목 조정 필요
	가치사슬 환경	• 자국 산업 보호 수입 규제와 정부 주도 구조개혁 전개 • 카르텔적 공급 중심 가치사슬에서 전주기 협업 체제 전환
강점	시장 위상	• 현재 조강생산 6위 수준 • 수요산업과의 밀착 강화를 통한 글로벌 시장 다변화
	기술 위상	• 디지털 전환 연계 친환경/저원가 제조기술 선도 • 수소 제철 공정 등 ECO 공정화로 기후변화 적극적 대응
	핵심 역량	• 영일만 기적 등 성공 DNA와 Operational Excellence • 철강 다소비 수요산업과의 상생 협력체계
약점	시장 위상	• 자동차, 조선, 건설 등 중후장대 수요시장 위축 • 내수시장 한계로 수출시장 확대 불가피
	기술 위상	• 저부가 범용제품 중심, 미래산업용 신소재 공급 능력 미흡 • 국내 철강사 고수익 창출 어렵고 환경대응 부담 가중
	핵심 역량	• 대·중·소 기업 간 양극화와 산업 생태계 경쟁력 취약 • 고급 전문인력 부족, 창의성 있는 젊은 인력 흡입력 부족

비철 분야

■ 자원 확보 난항, 신사업 대응 미흡, 환경규제 → POST-Fe 시장 확대, 친환경 디지털 전환, 산업 생태계 변화

기회	**거시 환경**	• 미래 차 등 신산업군 Post-철강 소재 수요 증가 • 주력산업과 신산업 대응 경량금속 국산화 요구 증대
	경쟁 환경	• 중국 환경 문제로 인한 생산량 감축은 기회 요인 • 시장 지배력 강화, 규모의 경제를 위한 M&A 가속화
	가치사슬 환경	• 자동차, 건설, 반도체산업은 국가별 생산시스템 지속 • 해외의존 원료는 Recycling 사업 확대로 GVC 재편 예상
위협	**거시 환경**	• 범용 소재 글로벌 경기 둔화로 수요 감소, 수익 악화 • 자원 부국 원광 수출 및 환경규제 강화, 원료확보 대책 필요
	경쟁 환경	• 글로벌 메이저 M&A, 디지털 전환 및 서비스 중심 혁신 가속화 • 테슬라, Northvolt, GEM 등 신규 진입자 기존 구도 재편 가능
	가치사슬 환경	• 신재생에너지, 바이오, 디스플레이 등 • 신산업은 원료 공급에서 제품 수요까지 연계하는 집적화된 GVC 구성 대비 필요
강점	**시장 위상**	• 세계 5위 수요시장 보유 • 국내 글로벌 수요산업과 밀착 강화를 통한 시장 다변화
	기술 위상	• 저품위 원료 정제 기술과 순환자원 재활용 기술경쟁 중요 • Mid-tech 소재 중심 Global 수준 생산/기술경쟁력 확보
	핵심 역량	• 자동차, 조선, IT 등 주력산업과 동반성장 환경 조성 • 친환경 공정, 고효율 회수기술, Operational Excellence
약점	**시장 위상**	• 상공정 기반 B/M으로 해외자원 변화 취약, 시장 대응력 부족 • 고부가 비철산업 생태계 취약
	기술 위상	• 원료 대응전략, 디지털 인프라, 자원순환체계 미비 • 중국 대비 가격경쟁력, 일본 대비 기술경쟁력 미흡
	핵심 역량	• 해외자원 확보 난항, 글로벌 기업과 협력 및 전문인력 필요 • 대규모 투자 수반 미래 비철산업 신규 진입 동력 부족

전자재료 분야

■ 일 · 중 간 넛 크래커, 신산업 대응 미흡, 환경규제→미래시장 대응력, 수요 연계 신소재 공급 Hub

기회	거시 환경	• AI, IoT, 5G/6G 등 전자소재 수요 증대 • Mechanical→Electrical 플랫폼 전환, 전자화 확대
	경쟁 환경	• 반도체 등 한국 주도 수요 분야 소재 경쟁력 확보 유리 • Cash Cow로서 범용 전자소재 경쟁력 제고 노력 필요
	가치사슬 환경	• 보호무역주의 강화로 내수 기반 경쟁력 중요 • 선진국과 자원 부국 소재 무기화 경향 심화
위협	거시 환경	• 고기능, 소형, 경량화 외 극한환경, 복합기능 요구 • 에너지 효율적 사용 및 친환경 정책 대응 부담
	경쟁 환경	• 일본 고부가 전자소재 시장 지배력 유지 예상 • 고부가 제조기반 서비스 영역 차별화 전략 중요
	가치사슬 환경	• 특정 국가 특정 기업 의존 GVC 재편 시급 • 스마트화, 친환경화, 융 · 복합화 등 시장 대응력 필요
강점	시장 위상	• 국내 글로벌 수요 기업의 고기능 전자소재 공급 Hub로 규모 증대와 시장 선도 가능
	기술 위상	• 글로벌 경쟁력이 있는 전자/반도체, 가전 및 자동차, 에너지 분야 기능성 전자소재 비교우위 확보 가능
	핵심 역량	• 범용재 가격, 품질경쟁력으로 세계시장 성공적 진입 • 국내 글로벌 Top Tier와 TTM(Time to Market) 최소화
약점	시장 위상	• 국내 경쟁우위 점차 사라지며 중국과의 경쟁 어려움 • 수요-공급 간 유기적 협력 생태계 육성 시급
	기술 위상	• 초격차 고부가 제품, 디지털 제조 역량과 산업 생태계 경쟁력 취약
	핵심 역량	• 일본과 중국 사이 넛 크래커 상황 극복이 당면 과제 • 대부분 범용 전자소재는 중국 강세 예상

이차전지 분야

■ 글로벌 Top 경쟁력, OEM 내재화, 원재료 해외의존 → 소재-전지-수요 협업, 폐배터리 재활용, 신시장 대응

기회	**거시 환경**	• 전기차, ESS, IoT 기기 등 전방산업 수요증가로 시장 확대 • 연평균 21.8%↑, 2030년 약 3,500억 달러 규모 예상(SNE)
	경쟁 환경	• 안전신뢰가 확보된 고성능 이차전지 투자와 개발 경쟁 • 신속한 투자 판단, Global 생산 거점화 및 시장개척 우위
	가치사슬 환경	• 배터리 현지/역내 생산체제 대응 일반적 추세 • 원광 → 제련 → 전지 소재 → 셀 제조 GVC 지속 전망
위협	**거시 환경**	• 전지제조 기업 기술력 경쟁국 대비 약 1~2년 정도 우위 • 소부장 기업 기술력 약 2~3년 정도 뒤처진 수준
	경쟁 환경	• 중국과 불공정 경쟁, 인력 유출 등 인력 부족 문제 대두 • 전기차 원가경쟁력과 수익성 확보 경쟁 치열
	가치사슬 환경	• 자동차 OEM의 배터리 생산 내재화 추세
강점	**시장 위상**	• 국내 배터리 3사 포함 5대 메이저 시장 지배력 확대 • 국내 전지업체 주요 OEM 사업 수주 확대(60~70%)
	기술 위상	• 소재-전지-수요 기업 초격차 제조기술 경쟁우위 확보 • 국내 정밀 고속 조립 장비, 고생산성 자동화 장비 개발
	핵심 역량	• 제품 개발력 기반 높은 생산성과 대규모 생산 제조 역량 • 저가 소재 선제적 개발, 적용으로 원가경쟁력 강화 • 전지산업 고경력 인력 보유
약점	**시장 위상**	• 전지제조 기업과 소부장 기업 간 협력 생태계 기반 부족
	기술 위상	• 폐배터리 재활용, 원재료(Li, Co, Mn 등) 수급 및 저가 자재 개발 미흡
	핵심 역량	• 원가 비중 50% 이상 4대 소재와 부품 해외 의존도 높음 • ESS 안전성 이슈, 열악한 운용환경/보급 체계 정비 시급